人类世的哲学

孙周兴 著

未来哲学丛书

孙周兴 主编

商务印书馆
The Commercial Press

未来哲学丛书

主编：孙周兴

学术支持
浙江大学未来哲学研究中心
同济大学技术与未来研究院

商务印书馆（上海）有限公司 出品
The Commercial Press (Shanghai) Co.Ltd

未 来 哲 学 丛 书

作者简介

孙周兴，1963年生，绍兴会稽人。1984年毕业于浙江大学地质学系，获理学士学位；1992年毕业于杭州大学哲学系，获哲学博士学位；1996年起任浙江大学教授；1999—2001年在德国从事洪堡基金课题研究；现任同济大学特聘教授、首都师范大学特聘教授、中国美术学院讲座教授、教育部长江学者特聘教授，兼任国务院学位委员会第七届学科评议组成员、同济大学校学术委员会副主任、同济大学欧洲思想文化研究院院长等。主要研究领域为德国哲学、艺术哲学、技术哲学等。主要著作有《语言存在论》《我们时代的思想姿态》《后哲学的哲学问题》《存在与超越》《以创造抵御平庸》《未来哲学序曲》《一只革命的手》等。主编有《尼采著作全集》(14卷)、《海德格尔文集》(30卷)、《未来艺术丛书》、《未来哲学丛书》等。主要译作有《海德格尔选集》《尼采三书》《在通向语言的途中》《林中路》《路标》《尼采》《哲学论稿(从本有而来)》《悲剧的诞生》《查拉图斯特拉如是说》《权力意志》等。

总　序

尼采晚年不断构想一种“未来哲学”，写了不少多半语焉不详的笔记，并且把他1886年出版的《善恶的彼岸》的副标题立为“一种未来哲学的序曲”。我认为尼采是当真的——哲学必须是未来的。曾经做过古典语文学教授的尼采，此时早已不再古典，而成了一个面向未来、以权力意志和永恒轮回为“思眼”的实存哲人。

未来哲学之思有一个批判性的前提，即对传统哲学和传统宗教的解构，尼采以及后来的海德格尔都愿意把这种解构标识为“柏拉图主义批判”，在哲学上是对“理性世界”和“理论人”的质疑，在宗教上是对“神性世界”和“宗教人”的否定。一个后哲学和后宗教的人是谁呢？尼采说是忠实于大地的“超人”——不是“天人”，实为“地人”。海德格尔曾经提出过一种解释，谓“超人”是理解了权力意志和永恒轮回的人，他的意思无非是说，尼采的“超人”是一个否弃超越性理想、直面当下感性世界、通过创造性的瞬间来追求和完成生命力量之增长的个体，因而是一个实存哲学意义上的人之规定。未来哲学应具有一个实存哲学的出发点，这个出发点是以尼采和海德格尔为代表的欧洲现代人文哲学为今天的和未来的思想准备好了的。

未来哲学还具有一个非种族中心主义的前提，这就是说，未来哲学是世界性的。由尼采们发起的主流哲学传统批判已经宣告了欧洲中心主义的破产，扩大而言，则是种族中心主义的破产。在黑格尔式欧洲中心主义的眼光里，是没有异类的非欧民族文化的地位的，也不可能真正构成多元文化的切实沟通和交往。然而在尼采之后，形势大变。尤其是20世纪初兴起的现象学哲学运动，开启了一道基于境域—世界论的意义构成的思想视野，这就为未来哲学赢得了一个可能性基础和指引性方向。我们认为，未来哲学的世界性并不是空泛无度的全球意识，而是指向人类未来的既具身又超越的境域论。

未来哲学当然具有历史性维度，甚至需要像海德格尔主张的那样实行“返回步伐”，但它绝不是古风主义的，更不是顽强守旧的怀乡病和复辟狂，而是由未来筹划与可能性期望牵引和发动起来的当下当代之思。直而言之，“古今之争”绝不能成为未来哲学的纠缠和羁绊。在19世纪后半叶以来渐成主流的现代实存哲学路线中，我们看到传统的线性时间意识以及与此相关的科学进步意识已经被消解掉了，尼采的“瞬间”轮回观和海德格尔的“将来”时间性分析都向我们昭示一种循环复现的实存时间。这也就为未来哲学给出了一个基本的时间性定位：未来才是哲思的准星。

未来哲学既以将来—可能性为指向，也就必然同时是未来艺术，或者说，哲学必然要与艺术联姻，结成一种遥相呼应、意气相投的关系。在此意义上，未来哲学必定是创造性的或艺术性的，就如同未来艺术必定具有哲学性一样。

我们在几年前已经开始编辑“未来艺术丛书”，意犹未尽，现在决定启动“未来哲学丛书”，以为可以与前者构成一种相互支持。本丛书被命名为“未来哲学”，自然要以开放性为原则，绝不自限于某派、某门、某主义，也并非简单的“未来主义”，甚至也不是要把“未来”设为丛书唯一课题，而只是要倡导和发扬一种基本的未来关怀——因为，容我再说一遍：未来才是哲思的准星。

孙周兴

2017年3月12日记于沪上同济

目

录

第二编　技术统治

第三编　新世界经验

第一编

未来哲学

第一章　马克思的技术批判与未来社会[①]

尽管有过种种历史性的误解和遮蔽，但马克思哲学以及马克思主义哲学仍然属于现代/当代世界最强有力的哲学思潮。这种持久而强大的影响力充分表明马克思哲学具有直面当下、指向未来的内在品质。本演讲着眼于技术哲学，特别是以“现代技术与未来文明”为主题，试图探讨马克思在现代技术哲学史上的开创性意义，以及与此相关的，马克思围绕“异化劳动”来开展的资本社会批判与他的技术批判之间的本质性关联，最后试图通过展望由现代技术规定的未来新文明方向，来重解马克思的共产主义理想。本演讲者认为，今天以人工智能

---

① 本文系作者2018年10月13日在武汉大学主办的“教育部长江学者论坛”上的演讲，原标题为《马克思的技术批判与未来文明方向》。后据演讲稿补充，以《马克思与技术哲学》为题，于2019年4月16日下午在厦门大学马克思主义学院演讲。本次发表时又做了进一步修改，仍保留演讲风格。载《学术月刊》，2019年第6期。

演讲稿有如下开场白：虽然我曾经以马克思主义哲学为专业，但已经差不多有30年没有研读和讨论马克思哲学了。这次斗胆想来谈谈马克思哲学，但在准备过程中却迟疑了好几天，不知从何下手。我知道这是典型的门外心态。想到在我几年前关于尼采的一个学术报告里，现场有一位学生提问：能不能请您用几句话来概括一下尼采哲学呢？我当时不知怎么答题，情急之下冒出了这样三句：1.人生是虚无的；2.文化是虚假的；3.生命是刚强的。我补充说，这就是尼采哲学的“思眼”，是尼采全部哲学的根本点。但现场的学生们还不肯放过我，又有人追问：那么对现代中国影响最大的马克思哲学呢？马克思哲学的“思眼”又在哪里呢？我只好同样概括了如下三句：1.历史是生动的；2.现实是残酷的；3.人是要有理想的。我补充说：要说清楚这三句话，又谈何容易呀？我这样说当然不是——不只是——为了应付，更不是为了搞笑，而是一个严肃认真的想法和讲法，可以作为我今天演讲的引子。这个开场白可参看孙周兴：《三位大哲三句话》，载孙周兴：《一只革命的手》，商务印书馆，2017年，第55页以下。

和生物技术为核心的现代技术，正在加速推动人类身体和精神的双重技术化（非自然化），从而会在不久的将来形成一种新的人类形态和文明样式，后者将有可能接近于马克思设想和论证的未来社会理想。

马克思的技术哲学恐怕还是一个少有讨论的论题，甚至有人会起疑心：马克思那儿有一种“技术哲学”吗？马克思是一位“技术哲学家”吗？有“马克思的技术哲学”吗？当然有，而且我认为，它是跟马克思的劳动理论、资本学说和社会理想联结在一起的。本文拟从技术哲学的角度，特别是围绕我眼下特别关注的“现代技术与未来文明”主题，来讨论马克思的哲学。

本文将围绕如下三点展开：一、技术工业批判：马克思哲学的起点；二、异化劳动与资本社会批判；三、现代技术与马克思的社会理想。我的总体看法是，马克思的技术批判在现代技术哲学史上具有开创性的意义，这种意义恐怕有待进一步的发掘和确认。马克思的技术批判也是他围绕“异化劳动”来展开的资本社会批判的基础；进一步，正是基于对技术工业及其文明效应的深刻洞察和探究，马克思才可能形成他关于未来社会和文明形态的预见和预言。我们今天不得不承认，马克思哲学是有未来性的，马克思之后的世界文明进程，总体上是按照他的预言开展和演进的；他关于以“生产力高度发展”和“普遍交往”为基本前提的共产主义社会理想，是合乎技术人类文明的进程的，也终将得到印证，因为我们分明已经看到，今天以人工智能和生物技术为核心的现代技术，正在加速推动人类身体和精神的双重技术化（非自然化），从而在不久的将来形成一种新的人类形态和文明样式，后者将有可能接近于马克思提出来的未来社会理想。

一　技术工业批判：马克思哲学的起点

众所周知，马克思第一次完成了对资本主义商业社会的系统批判，这种批判工作的伟大成果就是他的皇皇巨著《资本论》（1867—1894年）。时至今日，人们习惯于认为马克思的《资本论》是一部政治经济学著作，这当然是题中之义，因为该书的副题确实就是“政治经济学批判”；人们也主要在历史唯物主义的意义上把《资本论》视为一部哲学著作，这自然也不会有错。不过，在我看来，《资本论》——不光是《资本论》，一般地讲就是马克思毕生从事的资本社会批判——首先包含着一种技术批判，或者可以说包含着一种技术哲学。而且在我看来，正是这一点使得马克思始于《1844年经济学哲学手稿》、在《资本论》中得以完成和系统化的资本社会批判，具有了某种哲学性的深度和指向未来的力量。

毫无疑问，马克思首先洞察到了技术对于资本主义生产方式的决定性意义，他在《资本论》中明确地断言：“各种经济时代的区别，不在于生产什么，而在于怎样生产，用什么劳动资料生产。”[①]马克思这里所谓“怎样生产”的问题关乎技术，因为正是技术决定了物质生产方式。我们知道，马克思所处的时代正是大机器工业化生产蓬勃发展之际，特别是18世纪后期蒸汽机的发明，人们发现能量不仅可以转换，而且还可以贮存和运输，这就为大机器工业化生产提供了基础，从而预示着一个全新世界的到来。马克思敏感地感受到了一个新的技术工业时代的来临，史无前例地开始关注当时以大机器工业为标志的技术生产及其效应。所以，正如以色列当代历史

① 马克思：《资本论》，中译本，中国社会科学出版社，1983年，第168页。

学家尤瓦尔·赫拉利（Yuval Noah Harari）所指出的那样，马克思等人“了解新的科技现实及人类的新体验，因此能够针对工业社会的新问题提出切中要点的答案，也能提出原创的想法，告诉人如何从前所未有的机会中得利”①。

在《1844年经济学哲学手稿》中，马克思的思考和说法看起来是更具哲学性的，他指出：工业的历史和工业的已经产生的对象性的存在，是“一本打开了的关于人的本质力量的书”，是“感性地摆在我们面前的人的心理学”。②而最能传达马克思的技术哲学基本思想的，是下面这段被反复引用的堪称经典的表述：

> 自然科学却通过工业日益在实践上进入人的生活，改造人的生活，并为人的解放作准备，尽管它不得不直接地完成非人化。工业是自然界同人之间，因而也是自然科学同人之间的现实的历史关系。因此，如果把工业看成人的本质力量的公开的展示，那么，自然界的人的本质，或者人的自然的本质，也就可以理解了；因此，自然科学将失去它的抽象物质的或者不如说是唯心主义的方向，并且将成为人的科学的基础，正像它现在已经——尽管以异化的形式——成了真正人的生活的基础一样；至于说生活有它的一种基础，科学有它的另一种基础——

① 赫拉利：《未来简史》，中译本，林俊宏译，中信出版集团，2017年，第245页。赫拉利认为，马克思的划时代的意义在于：“在马克思之前，人们定义和区分彼此的标准是对上帝的看法，而不是生产方式；在马克思之后，比起灵魂和末世的辩论，科技与经济结构问题更为重要，造成的分裂也更加严重。”参看赫拉利：《未来简史》，中译本，第246页。作为一名风行全球的畅销书作者，赫拉利的一些观点和表述固然未必可靠，未必经过有效的论证，但他关于马克思的上述判断却是大体公允的。

② 马克思、恩格斯：《马克思恩格斯全集》第42卷，中译本，人民出版社，1979年，第127页。

这根本就是谎言。在人类历史中即在人类社会的产生过程中形成的自然界是人的现实的自然界；因此，通过工业——尽管以异化的形式——形成的自然界，是真正的、人类学的自然界。[①]

马克思在此表达了他关于科学（科技）、工业与人类生活世界的基本观点，更是实现了对欧洲近代唯心主义（主体性哲学）的一个批判性转换——我愿意称之为"人类学—技术哲学的"转换。我们知道，自笛卡尔以"我思故我在"确立了"自我—主体"（Ich-Subjekt）以后，欧洲近代哲学在康德那里终于完成了一种"对象性思维"以及相应地一个"对象世界"（所谓"现象界"）的建立，事物的存在不再被把握为事物本身的"自在的"（an sich）结构（如实体—属性、形式—质料结构），而是被规定为"为我的"（für mich）"被表象性"（Vorgestelltheit），即"对象性"（Gegenständlichkeit），于是古典的自然世界被把握为——被转换为——"对象世界"，而这个"对象世界"进而被数学化—抽象化，成为一个"形式—数理"的抽象世界。[②]

马克思看到了"对象性思维"和这个"对象世界"的确立，但他同时明确地反对近代唯心主义传统，认为唯心主义没有认识到现实生活世界的变化，在他看来，自然科学已经通过技术工业进入人类生活之中，成为人类生活世界的新基础，这就是他明确表述的，"自然科学将失去它的抽象物质的或者不如说是唯心主义的方向，并且将成为人的科学的基础，正像它现在已经——尽管以异化的形

① 马克思、恩格斯：《马克思恩格斯全集》第42卷，中译本，第128页。
② 关于此点，可参看本书第四编第一章《模仿之学、数之学与未来之学》。

式——成了真正人的生活的基础一样”。由技术工业规定的自然界，是“真正的、人类学的自然界”，马克思的这个观点甚至带有现象学的意义，近乎一种现象学存在学的规定。以我的说法，马克思在此已经洞察到了技术工业的改造作用，就是把“自然人类生活世界”改变为“技术人类生活世界”。[①]也正因此，如果我们仅仅在认识论（知识论）层面上理解马克思哲学，以为这种哲学还停留在认识论的主体—客体之对象性关系的层面上，那我们就难免把马克思和马克思哲学降低和矮化了，因为我们把马克思哲学又回置到欧洲近代唯心论和知识论传统里了——这显然是深受原苏联意识形态影响的中国马克思主义哲学研究和教育中的一个重大误区。[②]

生活世界的巨变必然带来生活世界经验的变化和重构，特别是其中的时空经验的变迁。马克思敏锐地意识到了在一个新的生活世界中人类时空经验的转换和重置，提出了自己的时空观。马克思关于时间的说法是：“时间实际上是人的积极存在，它不仅是人的生命的尺度，而且是人的发展的空间。”[③]而关于空间，马克思给出的一个著名规定是：“空间是一切生产和一切人类活动的要素。”[④]这是马克思从人类生命和人类活动的角度对时间和空间的全新理解，完全不同于传统哲学和科学的时空观。

---

① 马克思在工人劳动条件的改变中看到了技术的决定性意义，即对人类生活世界的改造和颠倒作用：“在工场手工业和手工业中，是工人利用工具，在工厂中，是工人服侍机器。……在一切资本主义生产中，不是工人支配劳动条件，而是劳动条件支配工人。但是，只有机器才第一次使这种颠倒具有技术上的现实性。”参看马克思：《资本论》，中译本，第427页。

② 一般而言，在思想史—哲学史解释中一直都有厚古薄今还是以今解古的立场之争，根本上是一个定向问题：是缅怀和美化过去还是直面当下和指向未来？克罗齐所谓“所有历史都是当代史”至少道出了一点：厚古薄今是一种有失公正的、容易错乱的立场。

③ 马克思、恩格斯：《马克思恩格斯全集》第47卷，中译本，人民出版社，1979年，第532页。

④ 马克思：《资本论》第3卷，中译本，人民出版社，2004年，第875页。

我们知道，在马克思之前，欧洲近代史上有两种典型的时空观。一是牛顿的绝对时空观，时间被认为是与物质运动无关的绝对均匀流逝的纯粹持续性，而空间被视为与物质脱离的、永远不变的绝对虚空，即抽象的三维空间。这是经典物理学的时空观，今天已经成为全球人类普遍的时空经验，它被海德格尔称为“技术—物理的时空观”。二是康德的先验时空观，时间和空间被内化了，被视为认识主体先天的感性直观形式，是人类作为观察者设计的框架，与此相联系的是两门基础性的形式科学即算术和几何学。今天我们可以看到，无论近代经典物理学的时空观还是康德哲学的时空观，两者显然都脱离了生活世界的生发过程和实际经验。与之相反，马克思却前所未有地把时间看作“人的生命的尺度”和“人的发展的空间”，把空间看作“一切生产和一切人类活动”的要素，可谓意味深长，在哲学史上是前所未有的——也许值得遗憾的是，马克思的思考兴趣和重点不在纯哲学上，未及深化他在时空问题上的天才般洞见。[①]

进一步，马克思指出，资本主义生产方式是要以时间消灭空间。在《资本论》手稿中，马克思说：“资本按其本性来说，力求超越一切空间界限。因此，创造交换的物质条件——通讯运输工具——对资本来说是极其必要的：用时间去消灭空间。”[②]在另一处，马克思又做了类似的更具体的表述：“资本一方面要力求摧毁交往即交换的一切地方限制，夺得整个地球作为它的市场，另一方面，它又力求用时间去消灭空间，就是说，把商品从一个地方转移到另一个地方所花费的时间缩减到最低限度。资本越发展，从而资本借以流通的市

① 有关现代时空经验（特别是时空经验）的转换，可参看本书第三编第二章《圆性时间与实性空间》。

② 马克思、恩格斯：《马克思恩格斯全集》第46卷下册，中译本，人民出版社，1979年，第16页。

场，构成资本空间流通道路的市场越扩大，资本同时也就越是力求在空间上更加扩大市场，力求用时间去更多地消灭空间。”[①]这是马克思在1857年讲的话，我们可以把它理解为空间理解的转向和空间生产问题的出现。

在上引《1844年经济学哲学手稿》的相关上下文中，马克思还表达了一些直观性的思想，诸如所谓“感性必须是一切科学的基础”，“自然科学往后将包括关于人的科学，正像关于人的科学包括自然科学一样，这将是一门科学”。[②]又比如所谓“思维本身的要素，思想的生命表现的要素，即语言，是感性的自然界。自然界的社会的现实，和人的自然科学或关于人的自然科学，是同一个说法”[③]。马克思的此类见解和观点虽然未见系统的和具体的论证，但却是极具洞察力的，有些见解和观点的意义要到20世纪，甚至21世纪方能完全显现出来。

二　异化劳动与资本社会批判

现在我们经常愿意把传统形而上学批判的主要贡献归于尼采，因为后者以“上帝死了”这个骇人的口号宣告了欧洲传统哲学和宗教的崩溃和虚无主义时代的到来，以我的理解，实即自然人类文明的基本精神表达方式的衰落和精神表达体系的消解。但在更早些时候，费尔巴哈已经开始了基督教批判，马克思已经开启了传统“柏拉图主义”或“唯心主义”批判。马克思有言：“真理的彼岸世界消

① 马克思、恩格斯：《马克思恩格斯全集》第46卷下册，中译本，第33页。
② 马克思、恩格斯：《马克思恩格斯全集》第42卷，中译本，第128页。
③ 马克思、恩格斯：《马克思恩格斯全集》第42卷，中译本，第129页。

逝以后，历史的任务就是确立此岸世界的真理。人的自我异化的神圣形象被揭穿以后，揭露具有非神圣形象的自我异化，就成了为历史服务的哲学的迫切任务。于是，对天国的批判变成对尘世的批判，对宗教的批判变成对法的批判，对神学的批判变成对政治的批判。"①我们没有找到任何文本证据，表明尼采读到过马克思的这段话，如果尼采读过，我们可以相信他必定会把马克思引为同道，甚至把马克思视为自己思想的先行导师。②

马克思完成了从彼岸到此岸、从超感性到感性的哲学转向，这种转向具有革命性的意义。马克思把"对尘世的批判"落实为资本社会批判，首次试图揭示资本主义生产方式以及社会运行的逻辑。早在《1844年经济学哲学手稿》中，马克思就从"资本""劳动""地租"三个基本概念入手来分析和探讨资本社会机制，发现资本社会的基本特征是"异化劳动"，而"异化劳动"的根源就在于资本占有劳动，就在于私有制。"私有财产只有发展到最后的、最高的阶段，它的这个秘密才重新暴露出来，私有财产一方面是外化劳动的产物，另一方面又是劳动借以外化的手段，是这一外化的实现。"③马克思认为，在资本主义私有制状态下，"异化劳动"具有多样的表现形式，诸如：劳动者与劳动产品相异化，劳动者与劳动本身相异化，人的类本质与人相异化，人与人的关系相异化。④

① 马克思：《〈黑格尔法哲学批判〉导言》，《马克思恩格斯选集》第1卷，中译本，人民出版社，1972年，第2页。
② 我们甚至没有发现任何文献证据，可以表明尼采关注过马克思。这事颇可惊奇。
③ 马克思、恩格斯：《马克思恩格斯全集》第42卷，中译本，第100页。
④ 西美尔：《货币哲学》，中译本，陈戎女、耿开君、文聘元译，华夏出版社，2002年，第16页。故西美尔的"物化"理论可与马克思的"异化"理论相参照（比如卢卡奇发现两者的关联），但两者的解决办法完全不同：西美尔主张根本上无法解决客观文化与主观文化的冲突；而马克思则主张通过制度变革来克服"异化"病症。

我们应该看到，无论是私有财产还是它的后果“异化劳动”，马克思都没有给予完全消极的和否定性的指控，相反，马克思指出：“只有通过发达的工业，也就是以私有财产为中介，人的激情的本体论性质才能在总体上、合乎人性地实现；因此，关于人的科学本身是人在实践上的自我实现的产物。”“如果撇开私有财产的异化，那么，私有财产的意义就在于本质的对象——既作为享受的对象，又作为活动的对象——对人的存在。”[①]

马克思理解了工业—商业社会新型权力关系的核心，那就是资本，也就是货币。市场交换表面上的平等性掩盖了这种由资本或者货币决定的支配与被支配的权力关系。“货币，因为具有购买一切东西、占有一切对象的特性，所以是最突出的对象。货币的这种特性的普遍性是货币的本质的万能，所以它被当成万能之物。”[②]马克思引用了莎士比亚在《雅典的泰门》中的著名说法：货币既是“有形的神明”又是“人尽可夫的娼妇”。作为“有形的神明”，货币“使一切人的和自然的特性变成它们的对立物，使事物普遍混淆和颠倒”；而作为“人尽可夫的娼妇”，货币“是人们和各民族的普遍牵线人”。[③]这里的“神明”与“娼妇”并不构成对立两极，而是在消极意义上标征货币的暴力性和普遍性。

马克思之后，在“货币哲学”思考方面走得更深远的，恐怕是德国社会学家和哲学家格奥尔格·西美尔（Georg Simmel，1858—1918年），其货币哲学完全可与马克思哲学相对照，可以说是对后者的一种发展。在西美尔看来，“货币作为一般的存在形式的物质化

① 马克思、恩格斯：《马克思恩格斯全集》第42卷，中译本，第150页。
② 马克思、恩格斯：《马克思恩格斯全集》第42卷，中译本，第150页。
③ 马克思、恩格斯：《马克思恩格斯全集》第42卷，中译本，第153页。

（Substantierung），依据之事物从它们彼此的相互关系中找到了其意义”[①]。货币在最纯粹的形式上代表着纯粹的交互作用，“货币就成为了人与世界关系的充分表达”[②]。在此意义上，西美尔试图发展一种把货币当作“人类社会中的经验之中介”的现象学。

西美尔的货币哲学大致有如下几个要点：首先，货币本身成为功能。货币本来具有实物与功能双重本性，但在现代社会中，货币的功能化倾向越来越扩大，货币的实物性已经渐趋削弱，到今天的互联网金融和虚拟货币时代，货币的实物性马上要彻底消失了——货币本身就是功能了。这个意思当然不难理解，我们甚至可以说人类货币史差不多是一种“虚拟化的历史”，比如以黄金为代表的金属货币是对实物的“虚拟化”，纸币是对金属货币的“虚拟化”，而今天的网上交易系统和虚拟货币则是对纸币的“虚拟化”，总之是越来越虚化。其次，货币的量化和平均化特性。按西美尔的说法，货币是“一切价值的公分母”。货币把一切价值都量化了，都敉平了。在此意义上可以说，货币最直接而有效地实现了社会价值平等的诉求。第三，货币是绝对的手段，也成为绝对的目的。现代生活中神性—形而上学性消退之后，以货币为象征的工商主义精神占据了统治地位。货币成了现代社会的宗教——这也就是马克思所批判的“拜物教”。

西美尔围绕货币展开的关于“物化、客观化、异化”的讨论看起来似乎要比马克思更冷静和更客观一些，毕竟两者所处的时代已经不同了，两者的哲学背景也全然不同。马克思的时代更多的是资本主义原始积累阶段，资本的嗜血性和残酷性是当时的最大现实，

① 西美尔：《货币哲学》，中译本，第64页。
② 西美尔：《货币哲学》，中译本，第65页。

面对被剥夺的劳动者的悲惨处境，马克思所做的资本批判和货币分析多少带有某种情绪色彩，这原是可以理解的；而西美尔则处身于资本主义全球化和技术工业电气化的新时期，情境已经有了很大的变化。另一方面，两者的哲学立场也是大相径庭的，如果说马克思的哲学是以对德国古典唯心主义和费尔巴哈唯物主义的改造为前提的，那么，西美尔则更多的是以叔本华和尼采的意志哲学为基础的。

西美尔也谈"物化"，他认为物化和客观化是文化成熟的标志，意味着人类劳动和知识等超越了个体的人的局限，比如说经济价值使主观价值客观化，而金钱就是经济价值最物化、最客观化的载体；又比如财产更替方式，前资本时代的财产更替无非有两种方式，一是抢劫（包括偷盗），二是赠送，两者都没有客观的道理和规则可言，而现代资本社会的财产转移的方式变成了交易（交换），后者更需要规则和制度，很显然，交换比抢劫和赠送更客观化，也更文明。[①]所以，客观化程度意味着文明发达的程度。[②]货币使人与人的关系客观化了，从而保证了个人自由。但另一方面，物极必反，现代文化的极端物化和客观化又对精神生活/主观世界构成伤害和威胁。西美尔说，商人赚钱后仿佛自由了，但常常会处于食利者那种厌倦无聊、生活毫无目的、内心烦躁不安的状态，于是只好竭力使自己忙碌起来，终于沦为一架赚钱机器。总而言之，"因为货币所能提供

① 2018年12月中旬发生了一件不无有趣的事：著名学者李泽厚撰文纪念刚刚去世的著名武侠小说家金庸，说自己在上个世纪90年代初在香港接受金庸宴请，并赠予5000美元而被自己拒绝，觉得金庸出手小气了，云云。此文刊出后引起热议，对李泽厚的指控居多。这就充分印证了西美尔的说法：赠送是比交易更不文明的财产转换方式。

② 西美尔：《货币哲学》，中译本，第11页，译者前言。货币承载和关联着千差万别的事物和社会阶层，使它们日趋平均化，从而导致社会文化价值的量化、世俗化和理性化；同时货币又最大程度地保持和促进了个人自由和个体性的发展，经济—文化上的个人主义、自由主义是与货币经济的兴起和发展齐头并进的。

的自由只是一种潜在的、形式化的、消极的自由，牺牲掉生活的积极内容来换钱暗示着出卖个人价值”①。

与马克思一样，西美尔也看到了货币社会的技术本质以及与此相关的人的异化状态的必然性。在西美尔看来，现代技术的优势地位是以近代哲学的理性主义为前提的，而同时，理性主义本身也是技术优势的表现形式，可以说理性主义统治地位既是“技术优势”的原因，又是它的后果；然而“技术优势”也罢，“理性意识的统治地位”也罢，两者都可以用来表征一种精神异化，即技术时代人类越来越疏离于自身存在的完整意义。西美尔指出：“灵魂的精神性和专心镇静在自然科技时代喧嚣的辉煌中麻木了，造成了紧张和茫然地追求的某种模糊感的恶果，造成了一种感觉，即离我们的存在的完整意义如此遥不可及，以至于我们无法锁定存在的完整意义，处于不断地远离它而非靠近它的危险之中……”②

马克思把人类社会的生产方式区分为亚细亚的、古代的、封建的和资本主义的，但主要还是把自然经济与资本主义经济区别开来了。马克思认为，自然经济就是满足自给性消费的生产，自然经济的瓦解与资本主义生产方式的产生有两个条件：一是有雇佣劳动者（工人），他们失去了生产资料只能出卖劳动力，其二是原始积累，也就是有了大规模企业生产的货币财富积累。但这两个条件的根本动因仍旧在商品流通和商业发展，也即商业市场的形成，而其中核心的推动力还是技术工业。因为技术对于资本主义的生产方式的决定性意义，必致劳动异化，所以也可说，技术工业带来了异化。

① 西美尔：《货币哲学》，中译本，第320页。西美尔洞察到生命与形式之冲突无法融通，他对金钱文化的批判明显带有审美主义倾向，其基调完全是叔本华式的悲观主义逻辑。

② 西美尔：《货币哲学》，中译本，第394页。

马克思看到了一个技术—资本主导的新时代的到来，对资本社会的基本逻辑做了深入的分析和讨论，他围绕“异化劳动”来开展的资本社会批判与他的技术批判之间有着本质性的关联，并且他预见了一个以生产力的高度发展和人类普遍交往为前提的全球化进程的远景，他赋予这个社会远景一种所谓共产主义的理想。这些都是马克思哲学的历史性贡献。在他身后，社会历史发生了各种各样的变化，包括剩余价值理论、无产阶级理论、存在决定意识等在内的马克思理论受到了不同程度的质疑，而最大的责难或许在于，马克思对人类社会和人类历史做了一种总体主义/整体主义的思考，在这种宏大思考中，个体自由无法得到确认，个体权利无法得到保障——这是后世的实存主义（存在主义）和自由主义者最容易提出来的一个指控。

三　现代技术与马克思的社会理想

人要获得自由和解放，就必须扬弃“异化劳动”，使劳动从资本的奴役中解放出来。这就是马克思的共产主义理想。

> 共产主义是私有财产即人的自我异化的积极的扬弃，因而是通过人并且为了人而对人的本质的真正占有；因此，它是人向自身、向社会的（即人的）人的复归，这种复归是完全的、自觉的而且保存了以往发展的全部财富的。这种共产主义，作为完成了的自然主义，等于人道主义，而作为完成了的人道主义，等于自然主义，它是人和自然界之间、人和人之间的矛盾的真正解决，是存在和本质、对象化和自我确立、自由和必然、

个体和类之间的斗争的真正解决。它是历史之谜的解答，而且知道自己就是这种解答。[①]

这段著名的“共产主义宣言”已经是大家耳熟能详的，已经得到反复的阐释和讨论，但个中深意未必是人们都能完全理解的，也不是人们能够达成共识的，比如：如何理解对“私有财产”和“异化”的“积极的扬弃”？什么叫“完成了的自然主义”和“完成了的人道主义”？又如何来理解马克思接着说的“只有在社会中，人的自然的存在对他来说才是他的人的存在，而自然界对他来说才成为人。因此，社会是人同自然界的完成了的本质的统一，是自然界的真正复活，是人的实现了的自然主义和自然界的实现了的人道主义”[②]？所有这些都还值得我们深究。

首先我愿意认为，19世纪后期以来的人类生活世界的变动和人类文明的进程，尤其在物质生产和社会组织层面上，总体来说是合乎马克思在19世纪做的总体预言的。我们也必须指出，国际共产主义和社会主义运动的曲折和失败，并不能证明马克思的共产主义理想的虚妄；甚至，社会主义革命的局部成功也并不一定能确证马克思的共产主义理想——更何况我们看到在大约一个半世纪的时间里，出现了太多假冒的马克思主义者、社会主义者以及各种变相的理论和说辞。

在我看来，在后马克思时代的人类历史（世界历史）进程中，至少有几项重要的事实是合乎马克思当年给出的预言的：

第一，在现代技术推动下的生产力高度发展。全球饥饿和贫困

① 马克思、恩格斯:《马克思恩格斯全集》第42卷，中译本，第120页。
② 马克思、恩格斯:《马克思恩格斯全集》第42卷，中译本，第122页。

人口得以大幅度减少，瘟疫和流行病总的说来也得到了一定程度上的有效防治；人类寿命得以不断延长，1900年人类平均寿命只有39岁，现在已经超过73岁，近乎翻了一番。这完全是现代技术为人类带来的福祉，现代技术工业通过现代食物生产、现代药物和医疗体系延长了人类的自然寿命，而且有望通过生物技术（基因工程）与人工智能（机器人）的合作，在不久的将来进一步延长人类寿命，使人类进入“长生”和“永生”的轨道之中。光凭这一点，今天一味反技术工业者可以休矣。[①]因为在我看来，“长生”和“永生”的愿望属于人类的基本本能，是不容置疑和否定的。

第二，全人类的普遍交往。随着全球化进程的推进和完成，通过19世纪中期以来快速形成的以轮船海运为主体的全球物流体系，进而通过20世纪相继出现的飞机、广播电视和电脑网络，特别是通过20世纪后半叶以来的互联网，现代技术为全球人类民族与民族、国家与国家、人与人之间的“普遍交往”提供了物质基础，也为全球民主商谈制度的普遍化提供了可能性条件。如我们所知，马克思早就把“普遍交往”设为他的共产主义社会理想的基本前提之一。这个前提现在已经完全成了现实，今日人类无疑已经不再是“区域性的”人了，而是成为当年马克思所说的“世界历史性的”人。虽然反全球化或逆全球化的地方主义、种族主义的声音从未消停过，最近一些年来甚至有加强之势，但现代技术及其工业体系同样也在巩固和推进全球化进程。

第三，高福利社会的不断增加。如今在全球范围内，高福利国

① 如果说技术悲观主义（技术虚无主义）不可取，那么同样地，技术乐观主义（技术万能论）也是成问题的。对于现代技术，我更愿意赞同斯蒂格勒的说法：技术既是“毒药”又是“解药”。

家越来越多，特别是在欧洲和美洲，出现了人类历史上未曾有过的高福利社会保障制度。高福利体系是在社会物质财富高度积累和现代民主制度成熟之后才可能实现的。我认为，这同样完全符合马克思关于生产力高度发展以后社会形态变化的预言。我们完全可以预期，尤其是随着人工智能技术的进展，技术工业将进一步提升人类生产力，降低人类劳动总量，从而推动全球民族国家的高福利化。

第四，区域性同盟和联合体的出现以及全球共商政治机制的初步形成。虽然由于主权国家、主权货币的存在以及民族宗教的留存，在世界范围内还时有文明冲突和种族对抗，但全球商讨的机制和规则已露端倪。首先当然是联合国的形成，成为第二次世界大战后国际关系的最大变局，对战后基本格局和国际秩序具有决定性的意义。此外，国际性的和区域性的政治、经济、军事的同盟和联合体（组织）不断出现和重组，同样具有历史性的意义。

因此，我愿意进一步猜度，马克思的社会理想将在未来得到最终印证和实现，共产主义理想有望在不远的将来得到真正的实现。今天以人工智能和生物技术为核心的现代技术，正在加速推动人类身体和精神的双重技术化（非自然化），从而在不久的将来形成一种新的人类形态和文明样式，后者将有可能接近于马克思提出来的未来社会理想。

这方面的迹象和征兆有如下两项：

其一，今天的全球技术工业正朝着“最后的斗争”挺进，那就是越来越多的失去了劳动机会的“无用之人”——尼采所谓的“末人”？——与少数新兴技术产业资本家、技术专家以及其他特权阶层之间的斗争，这场未来的“最后的斗争”将不再是为生存而斗争，而是为了“劳动机会”——而这是马克思早已预见到了的一点，同时也是马克思经常受到怀疑的地方。通过“最后的斗争”，“劳动”将成为生活的必需和意义，而不再是负担和折磨。

其二，随着人类体力劳动和重复劳动被替代，也随着主要由生物技术带来的人类寿命的进一步延长，人类将在技术性意义上获得解放，但同时，随着自然人类不断被技术化（也即非自然化），人类将在自然性意义上不断被削弱和废黜，最终有望达到“自然性”与“技术性”的平衡，而这个可能的平衡状态应该就是马克思所预言的共产主义社会。到这一步，马克思所讲的“自然主义”和“人道主义”便得到了完成。

为什么马克思还活着？为什么马克思哲学依然具有现实的指引意义和规定力量？在我看来，这是因为马克思具有天才般的未来之眼和未来之思，也因为朝向未来的马克思是一位技术哲学家，对现代技术和由技术所规定的人类文明现实具有深入的理解和思考。这在技术工业方兴未艾的19世纪中期是十分难能可贵的，毕竟在当时，传统文化势力（即我所谓的“自然人类精神表达系统”）依然占据着支配性地位，技术工业还处在发展的初级阶段。20世纪出现的飞机、电视、网络“三大件”，20世纪中期出现的核武器，以及今天正在加速推进的新技术即人工智能和基因工程，都是马克思当年无法具体想象的，但他却能对未来人类文明的总体格局和运势有大尺度的把握和预测。

当代历史学家赫拉利比较分析了世界上几个与马克思同时代的历史人物，为我们提出了一个严肃的假设性的问题：为什么到最后马克思和列宁成功了，而洪秀全和马赫迪却失败了？赫拉利回答说：个中原因当然不在于信仰之优劣，而在于“马克思和列宁更努力地理解当代的科技和经济现实，没有忙着研读古代经典或审视预言中的梦想”。根据赫拉利的描写，曾经有人希望列宁用一句话来讲清楚什么是共产主义，列宁径直答道：“共产主义就是苏维埃政权加全国电气化。”[①]这个回答简洁而有力，没有技术工业，没有电力、铁路、无线电，哪里来的共产主义？可惜后来的国际社会主义运动又被带歪了，从根本上违背了马克思的理想规定，不少号称“社会主义”的国家走向了马克思所预言的社会理想的反面，即“普遍贫困”状态。今天我们又来到了一个历史的门槛上。赫拉利断言：这可能是“智人”发出的末班车，错过的人将不会有上车的机会了，就像当年未听从马克思教诲的一些民族国家。

赫拉利大概还算不上马克思主义者，他的诸多想法和说法也不乏争议，但无论赫拉利是不是具有马克思主义立场，无论他的诸多观点有多少可疑之处，作为一位历史学家，他的总体思路是清楚的，他对待马克思和马克思哲学的姿态是公正的，关于马克思的评价也是恰当的。我同样愿意重申：面对新技术文明和新技术世界，马克思的教诲依然有效。

---

① 赫拉利：《未来简史》，中译本，第245页。洪秀全是太平天国的领袖，马赫迪是伊斯兰教的救世主。在赫拉利看来，当技术工业新时代到来之际，复古派和宗教保守主义的失败是必然的。

第二章　尼采与未来哲学的规定[①]

未来哲学将是何种哲学？哲学如何取得其未来性？本文尝试从尼采晚期的“未来哲学”概念出发，对未来哲学做一种基于历史反思的展望和预感，认为未来哲学具有世界性、个体性、技术性、艺术性四大特性和规定性。所谓“世界性”是指未来哲学的人间—大地—生活世界性，未来哲学是一种基于境域—语境的关联性哲思；所谓“个体性”是指未来哲学将接续现代实存主义/实存哲学的思想成果，以个体之思与言为己任，以个体自由的主张和维护为目标；所谓“技术性”是指未来哲学将直面技术统治模式，成为一种受技术规定，又力图超越技术的命运性思考；所谓“艺术性”是未来哲学将与未来艺术在“奇异性”意义上构成共生互构的关系，未来哲学将是一种艺术化的哲思，正如未来艺术是一种哲学化的创造。

“未来哲学”这个提法出现在19世纪中后期的德国，先有路德维希·费尔巴哈，后有弗里德里希·尼采，两者开始了关于“未来哲学”的预思和筹划；而在这两位哲学家之间，还夹着艺术大师理查

① 本文系作者2017年12月16日下午在浙江大学主办的“哲学与未来思想”工作坊的即兴讲话，事后记录成文。扩充稿于2018年3月30日下午在河南大学（开封）演讲。修订稿于2019年6月26日在香港中文大学哲学系演讲，感谢王庆节教授、张锦青教授等的参与和讨论。演讲风格仍予保留。原载《同济大学学报》，2019年第6期。

德·瓦格纳，后者在1850年前后尝试提出“未来的艺术作品”的构想。[①]或问：在此时此际集中出现“未来”之思，是偶然的吗？当然不是啰。我们可以说这是时势命运所致，当其时也，欧洲经历工业革命已有百年左右，技术工业已经初步改变了自然生活世界，资本主义的生产方式和制度体系已经基本形成，自会有先知先觉的人物敏锐地洞见时代和文明之变。今天我们看到，其实卡尔·马克思也属于此列。[②]

19世纪80年代后期，在《查拉图斯特拉如是说》问世之后，尼采试图建造他的形而上学哲学大厦，所谓“哲学主楼”是也，但终于未能如愿；晚期尼采除了出版了几种篇幅不大的著作之外，还留下一大堆多半语焉不详的笔记残篇（遗稿），后被辑为《权力意志》一书，这个时期的全部笔记要翻译成中文，恐怕超过了100万汉字。[③]在此运思实验中，尼采屡屡使用了“未来哲学”这一概念，甚至于把自己1886年出版的《善恶的彼岸》一书的副标题立为“一种未来哲学的序曲”。尼采显然已经认识到，哲学必须调转目光，开启未来之思。曾经做过古典语文学教授的尼采，此时早已不再古典，而成了一个面向未来、以“权力意志”和“相同者的永恒轮回”为“思眼”的实存哲人。

我在《未来哲学序曲——尼采与后形而上学》一书的“结语”部分，专题讨论了尼采意义上的或者说由尼采开启的“未来哲学”

① 举其要者，费尔巴哈著有《未来哲学原理》（1843年），尼采著有《善恶的彼岸——一种未来哲学的序曲》（1886年），瓦格纳著有《未来的艺术作品》（1850年）。

② 参看孙周兴：《马克思的技术批判与未来社会》，载《学术月刊》，2019年第6期；本书第一编第一章。

③ 即科利版《尼采著作全集》第12、13卷，可能还得加上第11卷的后半部分。中译本参看尼采：《权力意志》，孙周兴译，商务印书馆，2010年。

构想，并且揭示了“未来哲学”的三重意义，即“未来哲学”的后哲学意义、实存论前提和技术—艺术—政治主题。[①]我的基本意思已经在那里得到了表达。其实，我关于“未来哲学”的讨论可以说由来已久，主要体现在我对技术时代的人类生活的思考上面，自20世纪90年代以来陆续发表过一些文章。[②]不过这些讨论多半是零碎的，有的属于即兴发挥，也有的甚至是不无随意和零碎的议论，未能形成足够严格和充分深入的思考。而通过《未来哲学序曲》一书的写作，我在这方面的想法总算获得了比较稳重的清理和推进。

关于“未来哲学”，我的一个大致想法是：虽然文人和人文都有怀古伤逝的情怀，都有我所谓的“乐园情结”，中西皆然，但今天我们必须看到，这是自然农耕社会和手工技术时代的文化特征和人格特性，也可称为“自然人类文明”的精神特征，而进入现代技术—工业—商业时代之后，这种情怀已经渐渐失落了，已经变得越来越不合时宜了，或者说，已经是不可能的了。在一个技术统治的新时代里，全球人类生活被吞并、被整合入一个技术工业网络的现实之中，与传统文明的断裂已成一个无可挽回的事实，这时候，包括哲学在内的人文科学必须对自己做出重新定向和定位。无须讳言，我这个想法当然含有针对目前国内复古思潮和古典研究热潮的意图和动机。古典学当然是一门重要的学问，以我多年以来的研究重点（尼采和海德格尔研究），我是不可能反感于古典研究的，但我以为，古典研究不可成为学界主流和学术热门，普遍流行的古典理想更有

① 参看孙周兴：《未来哲学序曲——尼采与后形而上学》，商务印书馆，2018年，第277页以下。

② 相关文章散见于孙周兴：《我们时代的思想姿态》，同济大学出版社，2009年，以及孙周兴：《一只革命的手》。作者最近直接以“未来哲学”为专题的文章，有《未来才是哲思的准星》一文，载《社会科学报》，2017年6月8日。

可能沦为一种文人梦呓。

我今天的报告主题是：未来哲学的规定和方向。所做的议论难免与我自己此前的讨论有一些重合和重复之处。但这一回，我希望趁机把自己关于“未来哲学”的思考做一次尽可能系统化的表达。我想说的是，主要由尼采开启的“未来哲学”至少有四重可能的特性或规定性，即：世界性、个体性、技术性和艺术性。这四项的意义并不是完全显赫的，且有不少歧义（比如所谓的“技术性”），故需要做一番解释。

一　晚期尼采的“未来哲学”概念

我们看到，前期和中期的尼采并未使用过“未来哲学”概念，这个概念属于《权力意志》时期的晚期尼采。在《权力意志》时期的遗稿中，尼采有一则笔记提到“未来哲学”，它看起来是一本名为《快乐的科学》（*Gai saber*）的书的提纲，而这本书的副标题直接被设为“一种未来哲学的序曲”——如前所述，它也是《善恶的彼岸》的副标题。这则笔记共列出了五节的标题：1.自由精神与其他哲学家。2.世界阐释，而不是世界说明。3.善恶的彼岸。4.镜子。欧洲人自我反映的时机。5.未来哲学家。[①]此时的尼采正处于激情澎湃又踌躇满志的创造时期[②]，经常会急吼吼地记下一些写作计划和草案。上面这个提纲显然只是其中的一个计划，它虽然只是一个残篇，但意蕴丰富，是足以让我们深入挖掘一番的。

① 尼采:《权力意志》上卷，科利版《尼采著作全集》第12卷，德文版，柏林/纽约，1988年，1［121］；中译本，第38—39页。有关这则笔记的解释，可参看孙周兴:《未来哲学序曲——尼采与后形而上学》“结语”，第277页以下。

② 尼采在1888年（发疯前一年）一年间竟写成五本书（现被辑为科利版《尼采著作全集》第6卷），令人惊叹尼采的天才，也让人怀疑此时尼采的心智是否正常。

首先，尼采在此做了一个划界，把“自由精神”或者“自由思想家”（Freigeist）与“其他哲学家”区划开来。所谓“自由精神”是尼采所谓的从骆驼、狮子、婴孩的“精神三变”之后的创造性精神，尼采也称之为“未来哲学家的宣谕者和先行者”①；而“其他哲学家”则应该是指传统的欧洲哲学家，即尼采所谓的“放毒者”——总是忙于虚构“另一个世界”的“柏拉图主义者”。

其次，关于“世界阐释”（Weltauslegung）与“世界说明”（Welterklärung）之间的明确区分，再次表明尼采虽然有狂野的思想气质，但表达和用词却是相当审慎而准确的。如我们所知，“阐释”（Auslegung）②与“说明”（Erklärung）之争后来成为20世纪哲学人文科学的持久的争论焦点，尤其表现在狄尔泰、海德格尔和伽达默尔的阐释学哲学路线上。传统哲学和科学一直只是在“说明”自然和世界（主体是“因果说明”），而现在我们要的是“阐释世界”。在尼采时代已经出现了“阐释学/解释学”（Hermeneutik），阐释学家施莱尔马赫（1768—1834年）明显是尼采的前辈学人，阐释学家狄尔泰（1833—1911年）比尼采早生了11年，两人差不多是同时代人。不过我们未发现尼采与阐释学和阐释学家们有何关联。尽管如此，今天我们却不得不承认尼采的先见之明。尼采也清晰地看到了哲学和科学的“说明”方法的基本特性：“把前后相继的顺序越来越清晰地展示出来，此即说明（Erklärung）：没有更多的了！”③

---

① 尼采：科利版《尼采著作全集》第5卷，德文版，柏林/纽约，1999年，第61页；中译本，赵千帆译，孙周兴校，商务印书馆，2015年，第71页。

② 通常（包括我自己）也译为“解释”。现在我认为，以“阐释”译Auslegung，以“诠释”译Interpretation，可能是更合适的译名选择。相应地，Hermeneutik应改译为“阐释学”。相关讨论可参看孙周兴：《试论一种总体阐释学的任务》，载《哲学研究》，2020年第4期。

③ 尼采：科利版《尼采著作全集》第11卷，德文版，柏林/纽约，1988年，35［52］，第536页。

再者，所谓“善恶的彼岸”也许更应该译作“超善恶”。为何要“超善恶”呢？我们知道尼采自称为“非道德论者”——尼采大概是人类历史上头一个敢这样自我命名的！但尼采要反对的是“奴隶道德”，转而提倡“主人道德”，就此而言他其实并非主张不要道德，他所谓的“超”和“非”，目标对象是宗教—道德（以宗教为依据和背景的道德），在欧洲即基督教的“奴隶道德”，是一种弱化生命、使人颓废和衰竭的道德。

至于“镜子”，尼采赶紧补了一句，说的是“欧洲人自我反映的时机”。尼采的意思很清楚，长期以来，特别是近代以来，欧洲人形成了自以为是的“老大”心态，自视为高人一等，“欧洲中心主义”甚嚣尘上，又借助于技术工业开始在全球范围内不断拓展殖民统治。在这方面，尼采依然表现出先知之见，认为自负的欧洲人应该自我反省和自我批判了，这就是他所谓的“镜子”。

最后一项是总结性的“未来哲学家”，以此来响应前面第一条讲的“自由精神”或“自由思想家”。

以我的理解，就义理来说，上述残篇中的中间三项是关键所在，即“阐释”“超善恶”和“镜子”，其中传达出来的恰好是尼采的形而上学批判的思想姿态，即“后哲学”“后宗教”和“后种族主义”的立场。这是尼采关于“未来哲学”的三个前提的设定。我在拙著《未来哲学序曲——尼采与后形而上学》“结语”中做了几点阐述[①]，这里还有必要加以重述和发挥：

（一）未来哲学首先是一种科学批判，也是一种哲学批判和宗教批判。科学批判是尼采从《悲剧的诞生》时期就已经开始进行的一

① 参看孙周兴：《未来哲学序曲——尼采与后形而上学》，第284—285页。

项工作，矛头针对当时被他叫作“苏格拉底主义”“科学乐观主义”或“理论文化”的希腊知识（哲学和科学）传统，即反对以“因果说明”为主体的科学—理论方式，特别是后者对人类生活的日益侵占和对人文科学的全面挤压。在后来的思想中，尼采延续了这种科学批判，更把它扩展为对以哲学—宗教为核心的形而上学的批判。与此相关，未来哲学之思有一个批判性的前提，即对传统哲学和传统宗教的解构，尼采以及后来的海德格尔都愿意把这种解构标识为“柏拉图主义批判”，在哲学上是对“理性世界”和“理论人”的质疑，在宗教上是对“神性世界”和“宗教人”的否定。①

（二）未来哲学是一种实存哲学。一个后哲学和后宗教的人是谁呢？是何种类型的人呢？我们知道尼采晚期提出了一对概念，即“末人”与“超人”，以此来思考“后人类状况”。所谓“末人”就是“最后的人”；而所谓“超人”（Übermensch），按照尼采的说法，“超人”的意义在于“忠实于大地”——“超人”不是“天人”，实为“地人”。海德格尔曾经提出过一种解释，谓“超人”是理解了权力意志和永恒轮回的人，他的意思无非是说，尼采的“超人”是一个否弃超越性理想、直面当下感性世界、通过创造性的瞬间来追求和完成生命力量之增长的个体此在，因而是一个实存哲学意义上的人之规定。因此，未来哲学应具有一个实存哲学的出发点，这个出发点是以尼采和海德格尔为代表的欧洲现代人文哲学为今天的和未来的思想准备好了的。

（三）未来哲学还具有一个非种族中心主义的前提。这就是说，未来哲学是世界性的，而不是种族主义的和地方主义的。由尼采们

① 值得强调指出的是，这里的“理论人”和“宗教人”都是尼采本人的词汇。

发起的主流哲学传统批判已经宣告了欧洲中心主义的破产，扩大而言，则是种族中心主义的破产。在黑格尔式的欧洲中心主义的眼光里，是没有异类的非欧民族文化的地位的，也不可能真正构成多元文化的切实沟通和交往。然而在尼采之后，形势大变。尤其是20世纪初兴起的现象学哲学运动，开启了一道基于境域—世界论的意义构成的思想视野以及区别于传统超越性思维的关联性思想方式，这就为未来哲学赢得了一个可能性基础和指引性方向。我们认为，未来哲学的世界性并不是空泛无度的全球意识，而是指向人类未来的既具身又超越的境域论。

以上是我们对尼采晚期一则笔记的讨论。我们从中引出的关于“未来哲学”的想法具有猜度和重构的性质。尼采本人也许还没想得这么多、这么远，但他的思想中显然已经蕴含了“未来哲学”的基本因素和主要预设。这时候的尼采正在计划他的哲学大书《权力意志》，虽然终未成书，但尼采是不是以为自己这本《权力意志》讲的是“未来哲学”？——这个问题我们先放一放。

从上述“后哲学”“后宗教”和“后种族主义”三个批判性前提出发，我们可以进一步引申出“未来哲学”的四个规定性，即：世界性、个体性、技术性、艺术性。“规定”即“使命”，两者在德语中是同一词Bestimmung。我们从这四个规定性中可以猜度“未来哲学”的可能方向和任务。

二　未来哲学的关联性/世界性

未来哲学是“世界哲学”，或者说，未来哲学具有“世界性”。当我这样说时，我的意思不只是说，未来哲学将是一种国际性或者全球性的哲学，而不再局限于特定的民族和地域。未来哲学当然具有国际性意义上的世界性。地球上的各民族文化早已进入全球化时代，进入马克思所说的“世界历史时代”了。这一点自不待言了，哪怕在当今之世，民族主义、种族主义和地方主义思潮风行，恐怕也只是短时的逆流而已。不过，我所讲的未来哲学的“世界性”，还不只是指哲学已经进入全球交互和沟通模式之中，成为国际性的哲学，而更多的是意指，哲学具有了“大地—世界性”或者“生活世界性”。

在西方，从马克思、尼采到现象学，特别是通过海德格尔的现象学以及后继的法国现象学，现代哲学已经完成了一次颠覆性的灵—肉、天—地倒置：传统哲学（形而上学）是尼采所谓的“彼世论”或者“另一个世界论”，或者也可以说“两个世界论”，因为它总是假定在我们这个“虚假的”具体感性生活世界之外有一个真正值得我们追求的“另一个世界”，一个超感性的世界，一个理性的或神性的或自由的世界，这“另一个世界”在天上而不在人间大地，在“彼世”而不在“此世”。在灵与肉之间，传统哲学（和宗教）落在灵上，而否弃肉身（身体）——否弃肉身就是否弃大地。这个悠久的欧洲哲学传统被马克思叫作“唯心主义”，被尼采叫作“柏拉图主义”，后者与基督教文化合流之后，达成了“民众的柏拉图主义”。尼采认为，如此这般被这种传统塑造出来的人性是颓废的和变态的，是“末人”和“庸人”。尼采设想了一个新人类类型，即他所谓的“超人”。不过，尼采讲的“超人”绝不是神人或强人，既不是奥特曼和孙悟空，也不是希特勒和斯大林。“超人”的意义绝不是超然于世，也不在于强权暴力，也不在于高高在上的天国（那就又重归传统哲学和宗教了），而毋宁说，“超人”的意义在于回归人间大地——“忠实于大地”。

胡塞尔开创的现象学在基本精神气质上同样是反传统的。胡塞尔现象学哲学的义理系统殊为复杂，我们这里不可能展开议论，而只能做基本的定向和简化的理解。我认为，现象学的首要意义在于，通过对传统抽象理论的批判，解构尼采所谓的两个世界论（“另一个世界论”），把观念世界——本质领域、抽象世界、超感性世界——感性化。胡塞尔所谓的“本质直观”既可以说是要告诉我们，“本质—共相”（普遍之物）并不是超感的和抽象的，同时也可以说是要揭示，直观并不被动和消极，而是积极的赋义行动，连最简单的观看行为也并不简单，而是高度复杂和丰富的意义给予行为。这也就是说，现象学撤除了尼采所谓的感性世界—超感性世界的分隔和屏障，把两个世界合二为一了，超感性的观念—普遍本质世界就在我们具体的感性生活世界之中，或者说就是感性生活世界本身，是被我们直观把握的，即被我们直接地看到的。

事情难道不是这样吗？传统的抽象理论总是设置了各种“中介”，普遍的共相—本质是不可直接通达和获得的，而是要通过各种理论和方法训练才能间接地达到的。现象学则认为，这不是真相，我们当下直接地理解某个观念，而无须理论或者方法的“中介”。好比此刻我说“红”，我没有说一块红的布或者一包红的烟，但在座各位直接就理解了“红”这个观念、这个本质，根本无须“中介”；即便是一些更为抽象和高度抽象的观念（共相、本质），比如说“自由”，比如说“正义”，相信每个人都会有自己的理解和见解，大家关于“自由”或“正义”的看法和想法不一定趋同，而是有各种差异的，但当我此刻说“自由”或“正义”，大家都心领神会，直接就理解了，直接就可以进入讨论了。在我看，这种无中介的直接理解的可能性，这种本质/观念的直接性，正是胡塞尔所谓“本质直观”的真义。

今天我们会问：在20世纪林林总总的哲学思潮中，为何唯有现象学具有恒久的革命性的意义和影响力？现象学的意义还必须在哲学史上获得定位和确认。在我看来，现象学以及与之相关的哲思——广义现象学①——最典型地标志着欧洲—西方哲学在事物/存在的理解方面已经进入第三个阶段了。

在第一个阶段即古典存在论/本体论哲学中，事物的存在或意义被认为就在于事物本身，事物是康德所谓的“物自体”或“自在之物”（Ding an sich），无论是“实体—属性”的结构还是“质料—形式”的框架，都是对事物之自在存在（物本身）的规定；而在第二个阶段即近代主体主义的知识论哲学中，事物的存在或意义是主体所赋予的，是康德所谓的“为我之物”（Ding für mich），这也就是说，事物只有进入我们的表象思维的范围之内成为我们的“对象”，才具有存在性和存在意义，或者说，事物的存在就是“被表象性”或者“对象性”，存在＝对象性，是被主体所设定的“实在”；到了现当代时期，特别是在现象学哲学出现之后，哲学进入第三个阶段了，我们大概可以称之为语言哲学的阶段或者说世界—境域论的阶段，这时候，事物的存在或意义既不在于“自在之物”（物本身），

① 现象学不是一个狭隘的哲学思潮，而是一种思想姿态和思想可能性，就此而言，不但尼采哲学是现象学的，而且维特根斯坦哲学也是一种现象学。关于尼采哲学的现象学特性和意义，可参看孙周兴：《尼采的科学批判，兼论尼采的现象学》，载《世界哲学》，2016年第2期；关于维特根斯坦的现象学倾向，主要可参看徐英瑾：《维特根斯坦哲学转型期中的“现象学”之谜》，复旦大学出版社，2005年。

也不在于主体表象思维的“对象性”即“为我之物”，而在于物—我、客—主的“关联性”——胡塞尔的意向性学说告诉我们，意向意识本身包含着与对象的关联，即“先天相关性”；事物的意义在于它以何种方式被给予我们，或者说以何种方式与我们发生关联。后来海德格尔径直把这种意义称为“关联意义”（Bezugssinn）。

于是，我们就不难看到，在西方哲学史的三个阶段上，事物的存在或意义经历了三个步骤的演进和更替，即“自在”（An sich、in itself）—“为我”（Für mich、for me）—“关联”（Bezug）的演进和更替。还必须指出的是，在此历史演进过程中，第三个阶段的变化对于西方哲学文化来说具有最深刻的、革命性的意义——海德格尔因此干脆名之为指向“另一开端”的“转向”（Kehre）。

如果说古典存在学和近代知识学根本上都是一种“超越论”以及超越性思维，那么，到第三个阶段，即在广义现象学之后，哲学主流方向进入到一种关联性思维之中了。从“超越性”到“关联性”，这对于西方哲学传统来说是一个前所未有的、断裂性的巨大转变。所谓“关联性”实际上就是“境域性—世界性”。海德格尔在《存在与时间》中雄辩地指明，周围世界的器具是相互指引、相互关联的，共同构成一个“因缘整体”。海德格尔在现象学上的突破正在于此。胡塞尔虽然看到了“视域/境域”（Horizont）对于意义构成的决定性意义，但他仍旧执着于内在之“我”如何可能切中外在之“物”这样一个超越性的知识学问题；前期海德格尔的“境域—世界论”则把传统哲学的超越问题转化为基于关联的指引性问题，问题于是变成：具体有限的关联境域如何指引着更广大的境域，最终指向普全的境域即“世界”。这就开启了一个“世界现象学”的方向，后来在兰德格雷伯、黑尔德等人的当代现象学中得到了进一步的开展。[①]无论如何，我都愿意认为，关联性意义和关联性境域的发现是海德格尔《存在与时间》的一大成果。

美国汉学家安乐哲甚至认为，与西方传统的超越性思维不同，中国传统思维是关联性思维。所谓超越性思维，安乐哲把它简化为一种“上帝模式”：A决定B而B不能反过来影响A，则A超越于B。安乐哲说，中国思维不是这样的，中国人从来不会承认这样一种超越性，而总是认为万物相互关联。[②]我赞同安乐哲的判断，只是我认为，他可能过于简化了超越性思维，需要有所补充。其实在我看来，西方超越性思维是有两个方向的：一是哲学—科学的超越性思维，我称之为“形式性超越”，二是基督教神学的超越性，我称之为“神性超越”。进一步我们更得看到，传统哲学和神学的超越性思维方式已经趋于没落，而以现象学为代表的20世纪哲学已经开启了关联性—世界性的致思新路。

概而言之，当我们说未来哲学是“世界哲学”时，我们表达的是三重含义：一是指未来哲学具有国际性意义上的世界性，是全球哲学；二是指未来哲学的人间—大地—生活世界意义上的世界性——未来哲学指向大地，目光是朝下的；三是指未来哲学具有区别于超越性思维的关联性思维的特征，或者说关联性—世界性的思想特质。这第三重含义才是最要紧的，但也必须指出，这三重含义又是有内在联系的，是一体的。

① 特别可参看克劳斯·黑尔德：《世界现象学》，中译本，孙周兴编，倪梁康、孙周兴等译，生活·读书·新知三联书店，2003年。

② 中国人的这种思维方式当然是跟汉语的特性紧密相关的，汉语本身是一种关联性语言，汉语没有形式语法，词类界限不明，词义强烈地依赖于语境（上下文）。可参看孙周兴：《超越之辩与中西哲学的差异——评安乐哲北大学术讲演》，载《中国书评》第一辑，广西师范大学出版社，2005年4月；以及《存在与超越——西哲汉译的困境及其语言哲学意蕴》，载《中国社会科学》，2012年第9期。

三 未来哲学的个体性前提：个体之思与言

与未来哲学的“大地—世界性”不无关联，个体性是未来哲学的第二个特性。未来哲学首先是个体哲学，也即实存哲学。个体之思是西方哲学史的一大难题。中古欧洲有言：“个体不可言说。”个体之所以难思难言，原因大致有两个方面：一是因为个体总是变动不居，游移不定，总是在发生、生成和运动之中，你是一个个体，但当我说你是什么时，无论在何种意义上讲你都已经不再是你了；二是因为当我们言说个体时，我们似乎没有别的办法和手段，只好动用普遍—共有的概念（康德所谓的“知性范畴”），这也就是说，我们通常只有通过普遍主义—本质主义的知识—科学的途径去言说个体和个体存在。20世纪的维特根斯坦也还忙于论证一点：“私人语言”是不可能的，语言总是公共的；尤其是，不可能有个体私人地遵守的规则，因为遵守规则意味着做相同的事情。而什么是相同的事情呢？只有不止一个人参加的实践（语言游戏）才能确定。

在这方面，古希腊哲学家亚里士多德恐怕是一个典型，他的哲思起于“个体”（tode ti）之“在场”（ousia），在此意义上可以说他是头一个“实存哲学家”，但最后，他却创设了欧洲哲学史上第一个范畴理论——第一个“范畴表”（所谓“十范畴”），并且开启了只探讨“完满的形式”的形式逻辑体系。亚里士多德在哲学史上的意义首先在于，他通过范畴理论，首先建立了存在形式与思维形式（语言形式）的同一性（即通常所谓的“存在与思维的同一性”），从而使得关于个体存在的普遍化述说成为可能。也正因此，我们经常说他的哲学是一种摇摆的哲学，以前的哲学教科书甚至说他摇摆于唯物主义与唯心主义之间。[①]

在现代实存哲学/实存主义兴起之前，本质主义—普遍主义（所谓“柏拉图主义”）是哲学的主流，而个体之思一直隐而未发，未能成其气候。亚里士多德之后，个体实存之思时隐时显，但也未曾完全绝迹。我们且不说原始基督教的实存经验以及奥古斯丁神学的实存主义倾向，即便在近代科学乐观主义的氛围中，也仍旧有诸如神秘主义的实存思索，也仍旧有18世纪维柯的新科学和哈曼的哲学等等。正是有了这样的历史性积累，加上时代处境的诱发和激发，才有了在19世纪中期以后日益凸显出来的实存哲学/实存主义思潮。

所谓“本质主义”既是一种普遍化的知识—科学方式，又是一种同一性的制度设计和模式。而现代实存哲学/实存主义的个体之思本身就是要反抗“本质主义”的普遍化知识和同一性制度，这就是对哲学主流传统的批判性解构。这项工作变得越来越迫切，因为“本质主义”的知识和制度体系通过现代科学和技术工业获得了不断强化和固化。现代实存哲学/实存主义这方面的努力应该说是相当成功的，尤其是在20世纪上半叶，通过海德格尔等哲人的努力，它突然咸鱼翻身，浮现为欧洲哲学中至少可以与“本质主义”传统并举和对抗的主流之一；而在20世纪的下半叶（特别是六七十年代），它甚至成了欧洲学生运动以及其他社会抵抗活动的哲学基础。盛极而衰，随着欧洲学生运动的落幕，实存哲学/实存主义也渐渐消隐了，然而，这并不意味着这种哲学思潮变得完全无效、不起作用了。

除了对“本质—实存”的立场性颠倒，现代实存哲学不断地尝

① 关于亚里士多德的哲学进路，可参看孙周兴：《后哲学的哲学问题》，商务印书馆，2009年，第48页以下。

试以非本质主义方式形成对个体此在的思考和言说。经由基尔凯郭尔、尼采等实存哲学家的准备，在海德格尔的《存在与时间》中达到了一个顶峰，形成了被称为“基础存在学/实存论存在学”或“此在的形而上学”的实存哲学体系。

如今我们来回顾，我们不得不承认，无论是从哲学批判意义上还是在对个体实存结构的揭示意义上，实存哲学/实在主义的个体之思和言都属于20世纪欧洲哲学的最大成就。而且在我看来，这一成就是具有未来性的，即是说，它将在未来的哲思中保留下来，成为未来哲学的一个本质要素和基本前提。

未来哲学是个体哲学。在今天和未来高度技术化的时代，这一命题尤其具有了现实迫切感。如果说传统以本质主义为主导的哲学主流和制度形式构成对个体的宰治，那么，在今天我们遭受了，而且正在遭受加速进展的现代技术对个体的强力剥夺。制度性宰治和技术剥夺相互叠加，个体此在已经被数码化和均质化了，进入艺术家安瑟姆·基弗（Anselm Kiefer）所谓的“数码集中营”之中了。这时候，保护个体和个体自由变成当务之急。

令人惊奇的是，尼采对于这样一种处境和哲学的使命早就有了天才般的预感，他在《权力意志》时期的一则笔记中这样写道：“必须证明的必然性：一种对人和人类的越来越经济的消耗、一种关于利益和功效的越来越坚固的相互缠绕在一起的‘机构’，包含着一种对立运动。我把这种对立运动称为对人类的一种奢侈和过剩的离析（Ausscheidung）：在其中应当出现一个更强大的种类，一个更高级的类型，后者具有不同于普通人的形成条件和保持条件。众所周知，对于这个类型，我的概念、我的比喻就是‘超人’（Übermensch）一词。”[①]尼采这里的说法虽然还不免含混，但其思想的基本定向是相当清晰的，而这也让我们不得不重新思考他所谓“超人”的意义。[②]

四　未来哲学的技术性：政治统治或技术统治[③]

我们这里的“技术性”规定，并不是说未来哲学将成为一种技术化的思考，也不仅仅是指技术问题成为哲学的主题，而毋宁是说，人类已经进入技术统治时代，技术统治压倒了政治统治——技术成了最大的政治。未来之思是“技术统治”前提下的思考，现代技术本身对未来之思具有指引作用。在此意义上，我们说未来哲学的“技术性”。

回顾历史，人类文明社会一直是“政治统治”占主导地位的。无论是封建皇权制度、资本主义制度，还是社会主义制度，虽然形态和性质各异，但根本上都是“政治统治”的形式。一般而言，“政治统治”是自然人类的权力实现方式。人类不同大小的组织和团体同样也具有“政治统治”的性质，哪怕是一个学校、一个班级、一个小组，都有一种权力运作和商讨议事方式。“政治统治”的实现方式主要是话语商谈，虽然商谈性质和程度不同，但即使是封建制度和极权统治，也少不了商谈和讨论。毫无疑问，现代民主制度是一种更全面和更彻底的商谈制度。

然而，现代技术的进展却造成了一种更强大的统治形式，亦即

---

① 尼采：《权力意志》上卷，科利版《尼采著作全集》第12卷，德文版，10［17］，第462页；参看中译本，第526页。

② 参看孙周兴：《末人、超人与未来人》，载《哲学研究》，2019年第2期；本书第四编第二章。

③ 此节可参看孙周兴：《技术统治与类人文明》，载《开放时代》，2018年第6期；本书第二编第一章。

我们所讲的“技术统治”。从大的方面说，技术工业的发展必然伴随——要求——统治形式的切换，现代资本主义制度的形成正是这种切换的实现，或者说是“技术统治”势力的上升，突出地表现在19世纪中叶发生的欧洲资产阶级革命运动中。进一步，在20世纪上半叶，技术工业武装了资本主义国家，飞机、枪炮、坦克等先进武器使第二次世界大战在很大程度上变成技术装备的竞赛。但如果说飞机、枪炮、坦克等武器带来的暴力杀戮还是自然人类可以感受和经验的，那么，作为第二次世界大战结束的标志性事件，1945年8月6日广岛原子弹的爆炸所造成的超大规模灭绝，则是自然人类完全无法想象和理解的事情了。原子武器的杀伤力和灭绝性是绝对的，被德国哲学家京特·安德斯（Gunther Anders）称为“绝对的虚无主义”。在安德斯看来，有了核武器，人类就进入了一个新状态，人类已经无法掌握和驾驭自己的产品，人类的世界终结了，人类的历史终结了。[①]按我们的说法，原子弹爆炸真正确立了“技术统治”。

安德斯所谓“绝对的虚无主义”当然与尼采的虚无主义诊断相关，但他把虚无主义与现代技术联系在一起了，认为现代技术正在实施对自然人类的有组织的毁灭，技术发展的必然终极结果是：世界将成为一个“没有人的世界”。我们看到，安德斯的这个说法恐怕正在实现过程之中。今天，作为自然物种的人类正面临双重威胁，即自然力的加速下降和高智能机器人的出现。所谓自然力的下降，特别是人类繁殖能力，在由技术工业（特别是化工产品）造成的环境激素的影响下，现在正在加速下降。在座的各位谁也逃不掉，因为连南极的企鹅们都无法避免，我们能逃掉吗？企鹅们只是比我们

---

① 参看安德斯：《过时的人》第一卷，中译本，范捷平译，上海译文出版社，2010年，第8页。

慢一点而已，目前它们身上的环境激素大概是我们人类身上的一半。在可以预见的将来，人类应该还持存着，但恐怕不再是作为自然物种的人类了。另外就是今天已经出现的超越人类智力的高智能机器人，我们已经知道了霍金的预言和担忧，在他看来，留给自然人类的时间已经不多，不会超过百年了，人类终将丧命于人工智能。

“技术统治”到底意味着什么？我所谓“技术统治”压倒“政治统治”到底意味着什么？我认为个中意味至少有如下三点：其一，现代技术已经成为人类的主宰力量，或者说，现代技术已经脱出了人的掌控范围，是人力（无论是个人还是集体）无法控制和支配的了；其二，技术成为人类制度构造和社会治理的基本手段，社会生活被格式化和同一化，可计算性（数据）和量化标准成为社会唯一尺度，而且如今呈现出日益加剧之势；其三，政治统治作为一种权力运作和商讨方式，当然还在今天的社会现实中起着重要的作用，但它已经越来越成了技术统治的表现形式，是为技术统治所规定的，一句话，今天的全球政治以及区域政治越来越成了技术资本的博弈。

在技术统治的新时代，传统社会的政治方式和政治现象经历了彻底的变化。举一个简单的例子：传统社会里基于冷兵器的武装革命和游击战，在技术时代里已经变得完全不可能了。在自然人类的冷兵器时代，被压迫和被剥削的民众造反是可能的，比如中国历史上陈胜吴广之类的农民起义，游击战也是可能的，比如切·格瓦拉在非洲和南美丛林里闹革命；而要是放到今天，占有现代化武器的国家机器要把造反者和起义者消灭掉，已经成了分分秒秒、干脆利落的事，无论滋事者躲藏在哪里。谁若以为人们今天仍旧可以上山打游击、闹革命，那对于个人来说就是一种可怕的、危险的想法了。本·拉登当年藏身的地方差不多是全球技术工业少有的一块“飞地”

了，但也进入了美国全球卫星监控体系的范围之中了，他终于也落得个死无葬身之地的下场。

或问：我们关于“技术统治”的观点是在主张一种“技术决定论”吗？不，我们宁可说是一种“技术命运论”。这种“命运论”起于海德格尔。以海德格尔的说法，是发起于欧洲的“存在历史”（Seinsgeschichte）之命。如我们所知，后期海德格尔用“集置”（Gestell）一词来规定现代技术的本质。他所谓的“集置”是指现代技术中的人类通过各种“置弄”方式来处置存在者（比如摆置、订置、置造、伪置等），同时当然也是指人类被现代技术所摆置，处身于存在历史的“另一开端”的命运之中。技术之“集置”是命运性的，它是存在历史对人类的规定（命定）。既为命，我们就得听命吗？海德格尔大概想说，我们正是缺了命运感，早就不会听命了，才一步步地落到了现代技术的宰治之下。①

未来哲学是技术哲学。未来哲学必须对“技术统治”给出应对之策。在“技术统治”这个前提下，技术悲观论（多半是人文学者们的主张）和技术乐观论（多半是技术专家们的主张）都是不可取的，都有自己无法克服的困难。那么，有没有一条中间道路呢？我认为海德格尔正是在尝试走出一条中间道路，他所谓“泰然任之”（Gelassenheit、let be）表面看起来是一种消极无为的姿态，其实却是在寻求一种合乎命运的抵抗方式。海德格尔是要告诉我们：若要“克服”技术，必先“经受”技术。②

① 相关讨论可参看本书第二编第三章《海德格尔与技术命运论》。

② 在当代人文领域内，对于现代技术的最积极的声音可能来自哈贝马斯，但也无非是主张商谈，通过政治、技术、人文等领域的沟通来形成关于技术进展和方向的可能共识。参看哈贝马斯：《作为“意识形态”的技术与科学》，中译本，李黎、郭官义译，学林出版社，1999年。

对于今日席卷全球的现代技术和资本工业，我们当然要抵抗，但却是一种听命或者认命的抵抗。这种姿态并不是“技术决定论”或“技术宿命论”，而是“技术命运论”，在思想立场和人生态度上类似于尼采所主张的“积极的虚无主义”。“技术命运论”是一种听起来自相矛盾的二重性姿态：既承认技术的统治，又坚持抵抗的意义。

五 未来哲学的艺术性：艺哲关系之重构

未来哲学的艺术性比较好理解，实质上就是艺术与哲学关系的重构。这个重构过程是在19世纪后期到20世纪的历史阶段开展的，也许我们今天也还在这种重构过程中，也许未来依然将继续展开这种重构。

在主流传统柏拉图主义的知识谱系中，艺术一直处于被哲学贬低和歧视的低端位置。这是西方文化史上的老话题了，“敌视艺术”甚至成了柏拉图的一大“罪状”。在近代知识论中，艺术与哲学的关系通过感性与理性的认识论对立而得以确立。虽然在近代的历史进程中，在尼采所谓“科学乐观主义”的历史氛围中，也出现了诸如维柯和哈曼等少数先知先觉的思想家试图破除理性对于感性、哲学对于艺术的权力秩序和等级关系，但真正的破局者是19世纪后期的尼采。在《悲剧的诞生》时期，尼采就把创造的艺术与批判（认识）的哲学之间的关系设为民族文化的轴心关系，认为一个美好的文化状态（比如希腊悲剧时代）是艺术—哲学协调共生的关系，而至苏格拉底时代，理论—科学兴起，知识冲动失去了控制，艺术与哲学的姐妹关系转化为等级对抗关系，艺术受到了理论文化（科学文化）的挤压。尼采给出的诊治方案是：重新调适艺术与哲学的关系，期待一种艺术性的哲学和哲学性的艺术，以及与此相应的一个新人类类型，即所谓“哲学家—艺术家”（Philosoph-Künstler）。后来的海德格尔接过了尼采这一思路，把它转化为作为语言—存在方式的“诗”（Dichten）与“思”（Denken）的关系问题。而究其根本，海德格尔在这方面未脱离尼采的基本思想策略。

尼采和海德格尔等思想家关于艺术—哲学关系问题的重思为战后当代艺术的兴起做了准备，也可以说在当代艺术中获得了印证。当代艺术本身就是艺术与哲学关系的重构过程，艺术与哲学对立关系得以消解，两者进入相互渗透和相互介入的状态。当代艺术（无论是装置、行为艺术还是新媒体艺术）根本上都属于“观念艺术”。然而，要以传统的眼光来看，“观念艺术”这个名称是不无荒唐的，“观念”如何可能成为“艺术”呢？“观念艺术”如何可能？如我们所知，在历史上，无论是柏拉图还是黑格尔，他们之所以贬低艺术，都是因为艺术达不到普遍“理念”或“观念”。他们怎么也不可能设想一个艺术获得再生的后哲学时代的到来。

今天更应该问的恐怕是：“观念”为何不可能“艺术”？我认为，“观念艺术”这个名称最好地阐释了当代语境中发生的“艺术哲学化”和“哲学艺术化”的双重差异化运动。“观念艺术”向来就是哲学艺术（哲学化的艺术）。无论是当代艺术的开创者约瑟夫·博伊斯（Joseph Beuys）的“扩展的艺术概念”以及他关于艺术超越视觉中心、转向物质研究的主张，还是当代艺术家安瑟姆·基弗通过艺术探究“基本元素”的努力，艺术主题的替代见证了我们所谓艺术与哲学关系的重构。[①]

① 可参看孙周兴：《哲学与艺术关系的重构——海德格尔与当代德国文化变局》，载孙周兴：《以创造抵御平庸——艺术现象学演讲录》（增订本），商务印书馆，2019年。

未来哲学是艺术哲学，是我们自然人类最后的抵抗。今天我们面临着一个全新的技术统治景象：互联网、虚拟技术、智能技术的发展正在加速把人类带向一个非自然化的，甚至非人化的状态。自然人类文明的传统要素越来越被技术文明所挤压和消灭，人类文明和知识体系中可形式化和可数据化的部分将很快被智能技术化。然而，我们仍然可以预期的是，在奇思妙想—奇异性—想象力—创造性意义上，艺术与哲学构成互构交织共生的关系，将成为自然人类文明的最后地盘。

第三章　海德格尔与未来哲学方向①

海德格尔被视为20世纪最伟大、最有影响力的思想家之一，但他也是一位备受争议的思想家。海德格尔思想的意义到底何在？我们今天为何还要读海德格尔？或者我们可以追问：对于人类未来思想和文化，对于人类未来生活来说，海德格尔的哲学给我们什么样的启示？本文围绕尼采晚期提出的“未来哲学”概念，讨论海德格尔前后期两个不同的“未来哲学”推进方案，以及对实存—本质关系、思—诗关系、思—信关系的三个“重构”，进而从海德格尔的技术之思出发，预感和探测在自然人类文明向“类人文明”的转变过程中人类思想的前景、方向和主题。

今天会议的主题是“海德格尔与思想的前景”，源于我2017年3月在上海做的一个题为《海德格尔与未来哲学》的报告；我今天的报告对前者做了大幅度的扩充，希望对此论题做一次全面系统的清理。各位知道我一直在做海德格尔翻译和研究，但其实，最近几年

① 本文最初为作者2017年3月28日下午在上海社会科学院哲学所做的报告《海德格尔与未来哲学》；修改扩充稿以《海德格尔与思想的前景》为题，提交给由中国人民大学、同济大学、商务印书馆联合主办的“《海德格尔文集》30卷发布会暨海德格尔与未来哲学研讨会”（2018年6月9日，北京）；终稿以《海德格尔与未来哲学》为题，于2019年11月7日在同济大学欧洲思想文化研究院主办的“海德格尔论坛”上报告。本文终稿未发表过。

来我的主要工作已经转向尼采哲学和艺术哲学了，估计未来一些年也是这样。我主编的科利版《尼采著作全集》已完成一半左右，也已经写了一本关于尼采的书《未来哲学序曲——尼采与后形而上学》，前年已经在上海出版①。在艺术哲学方面，我主编的《未来艺术丛书》已出版11卷，即出5卷，一共将会有30卷；我自己关于艺术现象学和当代艺术的两本文集也已付梓。总的说来，海德格尔哲学已经不再是我的工作重点了，但在今天这个场合，仿佛是为我多年的海德格尔研究工作以及刚刚出版的中文版《海德格尔文集》30卷做一个总结，我还得来谈谈海德格尔，粗泛浅白之论，没有多少新见。

先来说说“未来哲学”。在哲学史上，“未来哲学”首先是费尔巴哈的一个概念。在尼采出生前一年（1843年），费尔巴哈出版了《未来哲学原理》②一书。在该书“引言”中，费尔巴哈明言：“未来哲学应有的任务，就是将哲学从‘僵死的精神’境界重新引导到有血有肉的，活生生的精神境界，使它从美满的神圣的虚幻的精神乐园下降到多灾多难的现实人间。”③费尔巴哈这里关于“未来哲学”的定位，在总体方向上看，显然是与后来马克思的哲学规定以及更后来的尼采的“未来哲学”设想同趣的。

晚期尼采对“未来哲学”概念进行了几年的琢磨，可惜没来得及真正深入和系统地阐述，只留下了一些残篇笔记。海德格尔呢？

① 孙周兴：《未来哲学序曲——尼采与后形而上学》，上海人民出版社，2016年；修订版由商务印书馆于2018年出版。

② 1846年收入《费尔巴哈全集》第2卷。该书于1934年在上海出版过一个中译本（柳若水译），书名被译为《将来哲学底根本命题》，后有洪谦的新译本《未来哲学原理》，于1955年由生活·读书·新知三联书店出版。全书共65节，前半部分论述哲学史，后半部分讨论他的人本学哲学。

③ 费尔巴哈：《未来哲学原理》，中译本，洪谦译，生活·读书·新知三联书店，1955年，第1页。

他的未来意识更强烈，虽然他没有直接用“未来哲学”或者“未来思想”之类的说法，但无论是关于文艺（艺术）还是关于哲学，他都坚持以有没有“未来性”来加以衡量，比如他说，德语诗人荷尔德林为何具有重要意义？是因为这位诗人最具“未来性”。[①]当然，海德格尔这时候已经不再愿意用“哲学”来标识他的思想以及他心目中的未来的思想，他后期的演讲《哲学的终结与思想的任务》（1964年）已经明确地对“哲学”与“思想”做了一个对立性的区分。这种区分是有道理的，“未来哲学”不再是传统“柏拉图主义”意义上的“哲学”了，而是“后哲学的”，故最好另立名堂。

不过，我们仍旧可以采用尼采的命名，把海德格尔的“后哲学的哲学”意义上的“思想”称为“未来哲学”。这样我们便可以来讨论“海德格尔与未来哲学”了。我们今天的讨论可以分如下几点：一、海德格尔与“未来哲学”的准备和尝试；二、“未来哲学”的前景和方向；三、“未来哲学”的可能形态：技术—生命—艺术的哲学。最后我想强调指出，人类正处于前所未有的断裂性的文明大变局中，这时候，我们不得不确认思想的姿态：未来才是哲思的准星。

一　海德格尔与未来哲学的准备和尝试

海德格尔被视为20世纪最有影响力的思想家，但围绕他的争议始终不断。此公性格阴沉，品德不佳，加上在政治上曾经误入迷途，如何令人喜欢？海德格尔的意义到底何在？我们今天为何要读和谈海德格尔？或者我们可以追问：对于人类未来思想和文化，对于人

① 参看海德格尔：《哲学论稿（从本有而来）》，德文版，美茵法兰克福，2003年，第401页；中译本，孙周兴译，商务印书馆，2014年，第480页。

类未来生活来说，海德格尔的哲学给我们什么样的启示？套用他自己的说法，如果海德格尔的哲思不具“未来性”，我们当然不必读他和谈他了。

海德格尔自称一辈子只思考一个问题，就是“存在”（Being）问题。在《存在与时间》中一开头，他就说要重提“存在的意义问题”。“存在”问题是个什么样的问题呢？大家知道在我们国内，在当代汉语学界，现在连个译名都还有争议，以前译为“存在”，现在有人坚定地建议把它译成“是”，而且仿佛已成一股风气。相应的学科名ontology，以前译为“本体论”或“存在论/存在学”，现在被改译成“是论”了。情况相当混乱，十分不妙。我们在此姑且不理睬这些纷争乱象，我更愿意认为，海德格尔其实还是想处理我们通常所讲的人与自然的关系。一般地，希腊人本来就把Being（希腊文的on）理解为Physis，那是显—隐、长—消之二重性运动。而在当时，尤其是在哲学和科学时代之前，人与自然/存在的关系还是温和的、柔软的，是“学习—模仿”（mimesis）关系。后来，特别是欧洲新时代（近代）以后，情况就发生了大变，就是我们现在所熟悉的主体—客体对象性关系的建立，人与自然的关系变成了主客对象性关系，在康德那里“存在”变成了“被表象性”或“对象性”。这种人—自然的对象性关系是一种暴力的对抗关系，通过18世纪下半叶以来的技术工业展开出来，后果相当严重，现在人类文明和文化整个都不好了，由传统文化（哲学和宗教）构造起来的精神价值体系已趋于崩溃，一切坚固的东西都消失了，人世间已经没有了可以坚持和依靠的东西——除了马克思所说的“交换价值”。尼采把这种时代状况称为“虚无主义”。怎么面对之，怎么克服之？这大概就是海德格尔面临的问题。

海德格尔著述宏富，《全集》已达102卷，要全部读完，也算是一件可怕的事，在我看来却是大可不必的。但纵观海德格尔一生，我理解他给我们提供的无非是两个方案，第一个方案，我愿意说它是把人放大的方案，是一个“大人”方案，代表作是《存在与时间》（1927年）；第二个方案则是把人缩小的方案，是一个“小人”方案，代表作是《哲学论稿（从本有而来）》（1936—1938年）。这两者之间区别蛮大的。

我们先来说说第一个“大人”方案。这是前期海德格尔主要在《存在与时间》中形成的方案。此时的海德格尔做了什么呢？他把人放大了。但怎么放大的，放大到什么地步，却是说来话长，我们这里只能简述之。海德格尔是现象学思想家，他首先是接着胡塞尔现象学来说的。胡塞尔认为，事物的意义不是它本身给出的，也不是自我—主体给出的，而是由事物所呈现于其中的视域（境域）来给出（规定）的。这一点至为重要，在哲学史上具有转折性意义。海德格尔更进一步，说人（此在）是在一个有着因缘关系的世界境域里照料和烦忙，跟事物打交道，事物才获得了意义。这个想法有意思，不过也带有危险。海德格尔最后只能说，人的存在（此在）与世界是等值的，唯当此在在，才有世界。[①]

这里包含着两个关键的想法。其一是，此在通过活动——照料于物和照顾于人（烦忙与烦神）——构成一个整体，甚至可以说人创造了世界。但这个想法不算多么稀奇，在思想史上，意大利思想家维柯早就已经有此说法了，马克思也有此主张。其二是，事物的

① 原话为：“如果没有此在实存，也就没有世界在‘此’。”参看海德格尔：《存在与时间》，德文版，图宾根，1993年，第365页；参看中译本，陈嘉映、王庆节译，商务印书馆，2016年，第495页。

意义取决于人所创造的世界。这就是把人的存在（此在）放大了。放大以后怎么办？还不好办，还是有一个“虚无”“有限性”的问题。人的有限性在海德格尔那里被解为“时间性”。而“时间性”是曾在、当前、将来三维构成的整体性。若是按以前的线性时间观，时间被理解为直线的流逝，那么人就不免悲观和不免虚无了，因为人无非是一个“等死者”。但海德格尔却为我们提供了一种三维循环的整体时间观，况味就好多了。在这方面，海德格尔显然是承继了尼采在“相同者的永恒轮回”思想中阐发出来的“瞬间/当下—时间”观——我命之为“圆性时间”，以区别于传统的“线性时间”。[①] 区别在于，在时间观上，尼采以过去与将来碰撞的“瞬间/当下”（Augenblick）为核心，而海德格尔则以“将来”为定向——这个改变十分重要，也意味着哲思（以及人文科学）的重新定向。海德格尔也说“等死”，但不是坐以待毙，而是积极无畏地面对。在他看来，人只要直面死亡（虚无），向死而生（仍旧是“练习死亡”！），面向将来，继承过去，承担当下，则还是能获得自己的整全性（完满性）的，人看起来就不残缺了。

这套解释在理论上被叫作“基础存在学”（基础本体论），说白了，就是要把存在学/本体论的基础设在此在的实存结构上，或者说是以人为本的存在学/本体论方案。这套办法怎么样？现在想来也还是不妙，一是因为它过于主体哲学化了，把什么都往“人/此在”身上推，就会有问题，就会走向极端主体主义或唯我论。二是在策略上，它仍然没有逃脱苏格拉底的路子，无非是让人直面死亡和虚无。怎么“直面”呢？说来容易做来难，不是想直面就直面的，也不是

① 参看拙文《圆性时间与实性空间》，系作者2019年4月28日下午在四川大学文科楼做的演讲，收入本书第三编。

每个人任何时候都能直面的。或者不如说，海德格尔这里的路径依然是尼采在“相同者的永恒轮回”思想中表达出来的“积极的虚无主义”策略。

1930年之后海德格尔实施思想的“转向”，进入后期海德格尔思想阶段，这时候他想出了第二套解释方案，我愿意把它看作把人缩小的办法，可谓“小人”方案。海德格尔自己也意识到，他的前期哲学虽然意在通过新的“此在”和“世界”理解消除主体性，反对主体主义，但本身却又把主体主义推向了极端之境。后期海德格尔试图另辟蹊径，转向非主体主义之思。人本来就不大，只是通过近代科学和技术工业，人夸张了自己的伟大。在瘟疫（流行病）、地震、海啸、火山、洪水等等重大自然灾难面前，人类依然脆弱不堪，人实际上十分渺小，说没了就没了。14世纪欧洲的黑死病使约四分之一人口消失，即使到20世纪，1918年的“西班牙流感”也导致了5000万人死亡。人类至今无力对抗病毒。地球本身的运动更是人力无法掌控的。有一次地震时，一个村庄掉入地缝里，地又合上了，这个村庄就这样无影无踪了。地质史的时间概念以“代”“纪”“世”来计算，连最小的年代单位“世”通常也以千万年计，而人类的历史在地质年代表上差不多还是零，是可以忽略不计的。[①]现在，莫非可以忽略不计的人类历史居然就快要结束了吗？人类虽然渺小，但今天的人类却是无比骄傲和自负的，总以为自己成了老大，自然的征服者和自然界的主人。人类越来越失去了敬畏感，而敬畏感正是宗教和道德的基础。这就是说，如果没有了自然观上的谦恭，那么

① 地球现在所处的年代是第四纪的全新世（Holocene），迄今才11700年，但有地质学家主张，以1945年（第二次世界大战结束）为界，人类已经进入一个新的时期即“人类世”（Anthropocene）。

宗教信仰和伦理报应，就都失掉了根基。

海德格尔要重思人的位置。如果人不大，那么到底谁大？海德格尔说，天大、地大、神大。这差不多是中国道家的思法了。首先，海德格尔在世界的四个基本元素——“四重整体”（Geviert）——中，把人设为其中之一，所谓“天、地、神、人”“四方”或“四元”（das Vier）之一；在这“四方”中，只有人是一个要死的东西，是“短命鬼”。其次，从人与自然（存在、本有）的关系上，海德格尔把人设为服从者、响应者、被占有者、被规定者。这样一来，人怎么存在，人类文化怎么产生出来，都需要有一个重解。比如说到真理，海德格尔就说，真理（aletheia［无蔽］）不是人事，而天事；说到语言，海德格尔就说，根本的语言不是人言，而是天言（道说）。若此，人就被放到了一个较低的谦卑的位置上了。

这时候，思想或者哲学的焦点问题，就在于怎么让人放下身段，放弃用知识和理论的途径，用虚怀敞开（Offenheit）的心态对待事物，对待比人更强大的东西。人的有限性问题因此就被转变为人如何服从“神秘”、听从“存在”——后期所谓“本有”（Ereignis）——的问题。这当然还是一种“神思”，虽然它在许多方面已经不同于传统宗教的解释路径。

上面我们已经大致说了海德格尔的两种方案，这两种方案都希望对人与自然、人的存在、人的有限性、人怎么承担虚无提供解释。两种方案有一个共同点，即：都希望离开传统哲学和科学的途径，另辟蹊径，寻找一种非科学、非理论的道路。前一种方案（所谓“大人”方案）后来被解释为实存主义（存在主义），至于后一种方案（所谓“小人”方案），可谓众说纷纭，我愿意把它叫作“后哲学的哲思”，也是“后神学的神思”。它还是开放的、未定型的。它指向未来——是一种“未来哲学”。它所传达的是技术工业时代里一种非科学、非理论的思想要求，而首要地，它要求我们对非科学、非理论的解释可能性和解释空间保持开放姿态。在这一点上，我认为海德格尔的努力是成功的。

二 未来哲学的前景和方向

进一步，如果从“方法”或“套路”的角度，我们要问：海德格尔的思想对于“未来哲学”有何种启示意义呢？海德格尔为“未来哲学”开启了何种前景和方向？我曾经把海德格尔在哲学/思想上的“实质性成就”或“重大推进”表述为三个“重构”，即：实存—本质关系的重构、思—诗关系的重构、思—信关系的重构。①

海德格尔接续了尼采的形而上学批判事业，其核心任务落实于对实存（existence）与本质（essentia）之关系的重构，个中问题却是一个老掉牙的哲学问题：individuum est ineffabile［个体是无法言说的、不可言传的］。个体为何不可言说？原因无非在于，我们的语言能力有限，尤其在哲学和科学占上风的文化中，我们的言说习惯于运用公共的、普遍的语言，这就有掩盖和扭曲个体的风险。另外一个原因在于个体本身，个体是非同一的，是差异化的，是不断变化和生成着的，因而是变动不居的，你一说A，A已经是非A了。亚里士多德是个体哲学的开创者，但他很清楚，要说个体，还得动用普遍范畴，得用“十范畴”来描述这个“个体”（tode ti）的“在场”（ousia）。在早期弗莱堡时期，海德格尔对亚里士多德哲学用力甚

① 此节原以《海德格尔的三个思想进展》为题，于2016年11月5日在中国人民大学哲学学院举办的“海德格尔在当代”学术会议上做主题发言。

多，相反地却很少关注柏拉图哲学，原因就在于：亚里士多德哲学对个体言说问题来说是更有意义的。这时候海德格尔接触到了胡塞尔现象学，从此真正踏上哲思之路。以我的理解，由胡塞尔开创的现象学哲学的根本意义在于，它把以往认为抽象的、疏离于我们生活世界和生活感受的观念领域当下直接化了，使之成为生动的、温热的、当下发生的、随时可启动的。好比我们在今天这个语境下讨论，是可以立即直接发起关于任何抽象本质（观念）的讨论的，无须任何“中介”。这就有可能把超感性的本质世界与感性的生活世界之间的区隔拆除掉了。现象学“本质直观”的这种直接性给海德格尔很大的刺激，让他首先在20年代初（早期弗莱堡讲座），借助于胡塞尔现象学方法，在对亚里士多德哲学的阐释中，形成了所谓“形式显示的现象学”。其核心问题正是：如何思与言动态的不确定的个体及其存在，即个体生命及其生活世界？

进一步的问题是：这种非形式化的个体言说如何获得普遍意义？这是一个令海德格尔十分困惑和纠缠的问题。海德格尔给出的两个边界是：1.纯私人的个体言说无意义，也无可能；2.理论的（主流传统哲学和科学的）个体言说未触及和激发个体生命及其生活世界，反而导致“脱弃生命”（Entlebung）①。实存哲学/实存主义须守住这两个“边界”，或者说不得不介于这两者之间。当海德格尔说“此在”（Dasein）的本质是“实存”（Existenz）时，他说的是：个体性的此在的普遍意义（形式意义）表现在“实存结构”中。在《存在与时间》中，他也把这种普遍意义或者“形式的东西”称为“本质

① 这时候的海德格尔还喜欢在肯定意义上使用“体验”（Erleben、Erlebnis）一词，而所谓“脱弃生命”明显是与“体验”相对立的。

性的结构”：“我们就日常状态清理出来的不应是任意的和偶然的结构，而应该是本质性的结构；这种本质性的结构在实际此在的任何存在方式中都保持自身为规定着存在的结构。”[①]

现在我们看到，在1930年前，海德格尔的实存哲学受现象学的激发，试图改造旧哲学和旧哲学词语，但仍旧动用了旧哲学的话语，形成了一套在他看来指向此在实际生命，有可能显示此在实际处境，并且对此在生命具有实行诉求的实存论思想词语，从而达到了个体分析和言说的顶峰，实即实存论沉思和言说的顶峰。这样一种努力，在我看来也可以视为对“实存与本质”这一形而上学基本关系的重构。

其次是思与诗关系的重构，也可以表达为哲学与文艺/艺术关系的重构。思—诗关系或哲—艺关系是一个更容易被轻佻地讨论和处理的问题，也是海德格尔经常被诟病的一点。若哲学要搞成文艺样子，或者要像文艺这样来搞，那还是哲学吗？那还要哲学吗？记得多年前在北京，我被两位做分析哲学的学者纠缠不休地追问，逼问我：哲学被用于解释诗歌，像海德格尔做的荷尔德林诗的解释，那么我们何苦去读他的解释？我们不是更应该直接去读荷尔德林的诗歌吗？我玩笑道：对呀，要是没他的解释，没人直接去读荷尔德林的诗啊。确实，荷尔德林被埋没了好久，正是像狄尔泰、海德格尔这样的哲学家的解释，才让这位诗人及其诗歌重启生机。

在这件事上，我认为我们必须从文化大局着眼来看海德格尔这方面的努力。海德格尔的基本想法是：1.本质主义/柏拉图主义的哲学主流传统已致“知识冲动”失控（尼采语），在哲学—科学时代里思—诗、哲学—艺术关系蒙受扭曲和异化，致使人类文化（欧洲

① 海德格尔：《存在与时间》，德文版，第16—17页；中译本，第20页（译文有改动）。

文化）轻重失度；2.形而上学的完成意味着人类文化进入后哲学—后宗教时代，而其中的核心文化主题正是思—诗（哲学—艺术）关系的重构；3.这种重构意味着唤起一种后主体主义或非主体主义的思—诗行动和思—诗关系（这个时候海德格尔把思—诗了解为人言应合语言本身的方式），也意味着思—诗两者之间的一种二重性（差异化区分）的关系；4.在此形势下，最艰难的课题恐怕是如何确认和维持思的严格性品质，思想毕竟不是文艺，思想的严格性如果不是逻辑的严格性，那么它是什么？

再就是思—信关系的重构，也就是哲学—宗教（神学）关系的重构。海德格尔前期是把神学定位为一门实存论意义上的“实证科学”，指出哲学与宗教相互“调校”的关系；而在后期思想中，海德格尔一方面完成了对传统哲学—神学关系的批判，从形而上学的问题结构和“超越”（Transzendenz）方向的角度，把神学规定为与“存在学”（“本体论”）的“先验—形式追问”相区分的“超验—实存”追问；另一方面又在其“本有”（Ereignis）之思中重启后神学的神性之思。这方面的工作，我曾经围绕《哲学论稿（从本有而来）》“最后的上帝”一节，把它描述为“具有神性指向的期待之思”。

我认为，思—信关系的重构，是后期海德格尔“本有”之思的重点和难点。海德格尔明言：“最后的上帝/最后之神”既不是“曾在的诸神”，也不是“基督教的上帝”，而是与这两者相对立的。[①]失神的思想更接近于神性，更能向“上帝”开放。那么，这个“最后的上帝”是什么？又是何方“神圣”呀？我们恐怕还只能猜度：1.海德格尔肯定“神性/神圣”维度的永存，所谓“本有”居有人，

① 参看海德格尔：《哲学论稿（从本有而来）》，中译本，第481页。

所谓“天、地、神、人”，都是对此维度的描绘；2.海德格尔认为神圣维度的显现并不取决于人的积极行动，更不在于主体性，但需要人的准备，所谓“返回”“期待”“等待”“泰然任之”等等表达都含有这样一种指向；3.可以预期未来的“神性”是世界的，而不是单体民族国家和种族的，自然也不是对诸民族传统宗教“神性”的简单恢复。

我以为，上面讲的海德格尔的三个重构已经为“未来哲学”做了全面规划。总结起来，我们可以指出如下几点：1.未来哲学具有实存论的起点。这是后哲学和后宗教的人类文化状态所要求的，也是19世纪中期以来的传统文化批判的成果。而当我们说实存论的个体思与言是未来哲学的起点时，同样也意味着本质主义—普遍主义（也意味着西方中心主义）的破产。2.未来哲学具有艺术性。未来哲学既以将来—可能性为指向，也就必然是未来艺术，或者说，哲学必然要与艺术联姻，结成一种遥相呼应、意气相投的关系。在此意义上，未来哲学必定是创造性的或艺术性的，就如同未来艺术必定具有哲学性一样。3.未来哲学要协助唤醒一种神性敬畏。在一个后宗教的时代里，心灵的神圣之维依然留存，我们依然需要一种“后神学的神思”。[①]

三　未来哲学的可能形态：技术—生命—艺术的哲学

无论是海德格尔从前期的“大人”方案转向后期的“小人”方案，还是他对实存—本质关系、思—诗关系、思—信关系的三个

① 参看孙周兴：《后神学的神思》，载《世界哲学》，2010年第2期。

“重构”，一方面都可以被理解为海德格尔对尼采所揭示的“虚无主义”问题的回应和解答尝试，另一方面都隐含着海德格尔对现代技术世界和技术困境的深度思考。

海德格尔的技术之思出于两个基本动因：一是对西方形而上学哲学史的解构；二是对当今人类生活世界状况的洞察。海德格尔的哲学传统批判工作的基本结论是：哲学—科学—技术—工业—商业体系已经获得历史性展开和全球性完成，而人（今天是全人类）已经落入技术圈套之中了。着眼于今天人类生活状况，海德格尔看到了现代技术无所不在的支配性和控制性力量，技术已经成为现代文明最核心的驱动力，而且，人类已经从通过技术加工自然进展到通过技术加工人类自身，也即开始加工人类的身体自然了。海德格尔未能看到基因工程等生物技术的全面进展，但在20世纪50年代的一篇文章中，他就预言了这一点。[①]

人类原是自然的一部分，生于自然而归于自然，就像花开花落，自然而然；现在，现代技术把人类与自然隔离开来了，我们已经完全不能接“地气”了。海德格尔对此是有深切感受的，甚至于产生了一种对于“无根”（即“去自然化”）的恐惧感。在20世纪60年代的一次访谈中，海德格尔说：当他看到美国人从月球上拍摄的地球的照片时，他竟有一种恐惧感，感觉人类已经被“连根拔起”了[②]——这话现在不免让人笑话。如今登上月球，大家有的只是喜悦和欢呼，哪里还会有“去根”的感受呢？

在海德格尔看来，现代技术已经疏远于技术的原初含义，即古希

① 参看海德格尔：《形而上学之克服》，载海德格尔：《演讲与论文集》，中译本，孙周兴译，商务印书馆，2018年，第101页。

② 海德格尔：《讲话与生平证词》，中译本，孙周兴等译，商务印书馆，2018年，第798页。

腊的techne的原初含义。首先，古希腊的techne［技艺］的原始意义是“精通”，是“精于此道”，是指向操作、实践的“知道”（Wissen）。它虽然也是一种“知”，但这种“知”与episteme意义上的“知识”或“科学”是有区别的。相应地，所谓的technikos也不只是工匠或艺术家，而是一般地指有所精通的“高手”。其次，古希腊的techne［技艺］是“技”与“艺”不分的，当时也还没有工匠与艺术家之职业分别。再者，古希腊的techne［技艺］体现了人与自然的亲和性，当时所谓的“模仿”（mimesis），根本上乃是一种“应合”，传达的是一种敬重自然的人生观和一种以和谐为重的“自然观”。

现代技术（Technik）则完全变了样，是与古代技术大有区别的。关于现代技术，海德格尔大致形成了如下几个基本想法：1.现代技术具有形而上学的基础，是形而上学本质的展现，尤其是以近代主体性形而上学为前提的；要是没有主体性形而上学的观念前提，现代技术的出现还是无法设想的。2.现代技术已经与艺术分道扬镳了，虽然艺术也并非不受现代技术的影响。职业艺术家的出现当然也是这一进程的后果之一。3.在现代技术中达到了一种形式性与实验性的结合，即形式科学与实验科学的结合，从而区别于古代的techne［技艺］。这是近代之初发生的大事。数学的形式性就不用说了，物理学的基本概念（质点、力、加速度等）都是完全形式的规定。在今天，几乎全部自然科学和工程技术都以形式化/数据化为准则和目标，舍此便不成“学”了。而问题在于：完全形式的东西怎么可能被实质化？“普遍数理”的形式科学是如何可能被实验化，或者说被转化为实验科学的？这些似乎还是哲学史和科学史上未解的课题。4.现代技术体现了人对自然的暴力关系。在近代形而上学中确立起来的主体—客体对立的对象性思维方式，本身已经是一种强制姿态。

以此为基础的科学（知识）的事物探究越来越成为基本的，甚至唯一的，技术成为人类控制自然，到最后也控制自身的支配性力量。①

我们知道，海德格尔用自创或者说改造的一个德文词语“Ge-stell”来规定现代技术的本质。已故学者熊伟把这个Ge-stell译为“座架”，流传甚广，也有意思。我把它译为“集置”，完全是一个基于字面的翻译，因为该词前缀Ge-就是“集”，而词根stell就是“置”。什么意思呢？我想此词虽然费解，但也未必把它想得很玄乎，它其实也没有人们描述的那么玄乎。海德格尔的意思是，现代技术已经成为人全面“置弄”事物的方式，比如在观念层面上，人要“置”事物为“对象”，这就是哲学上讲的“表象”（Vorstellen）——我们已经耳熟能详的“表象”这个译名并不合乎字面义。德语Vorstellen的字面意思是“置于面前”，因此我们似乎更应该把它译成“置象”才好；在生产上，人要“置造/制造”（Herstellen）事物；又比如，在某处发现了一个新油田或者新矿床，但我们现在还开采不了，技术手段还不够，不过以后迟早是要开采的，于是我们已经预先把它掌握了，已经把它“置订/订置”（Bestellen）了。凡此种种，都是“置”（stellen）的方式，合在一起就是“集置”了。海德格尔以“集置”（Ge-stell）来表示现代技术的本质，按照我的理解，意思就是事物都被技术人所“置弄”和“摆置”了，而全人类都已经进入这种“置弄”和“摆置”活动中了。②

当代世界的基本面是由现代技术决定的。我们的日常生活、我

① 更详细的讨论可参看孙周兴：《现代技术与人类未来》第二节，载孙周兴主编：《未来哲学》第一辑，商务印书馆，2019年，第65页以下；本书第二编第二章。

② 好比说南极的企鹅，仿佛还没被技术“置弄”呢，但其实，在企鹅身上也已经发现了大量的环境激素，只不过这个量比内陆的人类和动物少一些。你能说企鹅没有被技术“置弄”吗？

们的心思和身体、我们的社会组织和治理方式，眼下都被技术控制了，都被技术化了。而且，技术问题不再是一个区域性的问题，而是所谓全球性的问题了。现代技术成了今天全人类最大的福祉，也成了人类最大的患难和危险，成了人类整体的“命数”。海德格尔所思的“集置”（Ge-stell）是从存在/存有历史的角度对现代技术之本质的规定，同样传达了人类被技术所“置”而进入技术统治之危险中的状态。

就现代技术对于人类生活世界的重塑和改造而言，20世纪出现的技术首先要数我所谓的“三大件”，即飞机、电视和计算机（互联网），它们深刻地改变了人类日常生活和经验方式。在这“三大件”中，除了计算机网络，海德格尔经历了前两者（飞机和电视）[①]。而就我所谓的现代技术“四大风险”——即核能核武、环境激素、基因工程和智能技术——而言，海德格尔同样未能经历全部，恐怕也未能完全设想现代技术的不断加速度进展，但毫无疑问，海德格尔已经敏感地洞察到了两点：一是现代技术的统治地位的不可动摇性，二是人类身体进入非自然化（技术化）和人类心灵进入计算化（技术化）的必然趋势。

所谓技术的统治地位，我也把它表达为：技术统治压倒了政治统治。实际上，当尼采宣告“上帝死了”即传统哲学和宗教衰落时，他已经表明传统“政治统治”时代的终结。政治统治是自然人类约2500年“文明社会”的基本统治方式，其核心的组织力量是哲学和宗教（哲学偏于制度，而宗教重于心性）。尼采的先知先觉在于，他预感到了这个以哲学—宗教为主体的自然人类精神表达系统的衰落。

① 据海德格尔的孙女回忆，虽然家里没有电视，但她爷爷经常去邻居家看电视足球转播。

而真正地确立技术的绝对统治地位恐怕要到20世纪的第二次世界大战结束之际，即日本广岛原子弹爆炸。原子弹以其绝对的暴力宣告了一个“转折点”的到来，即技术工业全面获胜、技术文明得以真正确立的“转折点”。海德格尔以隐蔽的方式把它描述为“存在历史”（Seinsgeschichte）的“转向”（Kehre）。

我们已经看到，核能核武还只是现代技术的极端风险之一，虽然它是最直接、最显露、最具暴力摧毁的力量。而其他三个风险要素就要隐蔽得多。主要由化工产品和药物造成的环境激素，通过水和气的全球流通，已经使整个地球成了污染球，正在整体上摧毁包括人类在内的动物的自然繁殖能力，而且呈现出不断加速的趋势。人类自然力的崩溃已是指日可待。然而，基因工程却不断告诉我们人类自然寿命的技术性延长的可能性，在不远的将来，基因工程将对人类自然生命进行彻底的加工改造，人类将活得更长久。一方面是人类自然力的急剧下降，另一方面是人类寿命的不断延长的可能性，两者看似矛盾，但其实都源于技术化，都是自然人类身体的去自然化（技术化）的同一进程的表现。

在人类精神和思维方面，我们面临的是更为显赫惊人的人工智能（机器人）的发展，在我看来其实就是精神/心灵的非自然化或技术化（算法化）。在人工智能的三个等级中，今天的技术水平大概只处于从“弱人工智能”（Artificial Narrow Intelligence，简称ANI）到“强人工智能”（Artificial General Intelligence，简称AGI）的发展阶段，根本还没有到“超人工智能”（Artificial Superintelligence，简称ASI）的等级，但已经引发了不无恐慌的争论。争论的焦点在于人—机关系，即到底是人—机共生还是人—机对立？悲观者如刚刚去世的物理学家霍金，他预言人类还有一百年，终将亡于机器人；另一个悲观派巴拉特把智能技术称为“人类最后的发明”，并且认为灾难已不可免除。

总而言之，在上述四大高风险技术要素的规定下，人类已进入身心两方面的去自然化（非自然化）和技术化（计算化）的进程之中了。人类需要重新定义自己（人类恐怕正在变成我所谓的“类人”）；人类的生命形态、生命本性、生命结构、生命意义需要重新规划。对于正在到来或者说即将到来的史无前例的剧变，人类尚未做好准备，这时候光有科学技术专家已经不行了，需要各方势力的介入，尤其需要哲学家和思想家出场了。

但哲学能做什么？未来哲学能做些什么？未来哲学可能具有何种形态？我们尚不得而知，我们大概只能做一些想象和预感。

其一，从人类向“类人”[①]、从“自然人”到“技术人”的转变和过渡中，技术哲学将是未来的“第一哲学”（prima philosophia）[②]。不断衰落的传统哲学和传统宗教是自然人类的精神状态的表达和需要，而现在它们已经不再能对新的文化和新的现实发挥有效的构造作用和组织力量了，未来新哲学（思想）面对由现代技术所规定的文化和生活现实，所以首先必然是一种技术哲学。

其二，面对自然人类生命本体的颓败、类人生命（技术人、硅基生命[③]）的产生，未来哲学要担当起新生命规定和规划的任务，成为一种生命哲学。生物技术（基因工程）的快速发展已经让人产生

① “类人”是我对未来人类（技术人类）的一个暂时命名，或者也可称之为“技术人”。可参看孙周兴:《技术统治与类人文明》，载《开放时代》，2018年第6期；本书第二编第一章。

② 更应该说，未来的“第一哲学”是“技术哲学—生命哲学—艺术哲学”的合成。

③ 《未来简史》一书的作者赫拉利预言:“在未来，硅基将取代碳基，成为主要的生命形式，这将是有生命以来出现的第一次重大变局。”赫拉利:《人工智能会最终消灭人类吗?》，作者2017年7月6日在中信出版集团举办的首届“X World”大会上的报告。

了对未来生命的可能方向和形态的普遍担忧。当生命本身成为一种技术和技术对象，而技术有可能失去人类的控制时，这种担忧是不言自明的。另一方面，在人类生命在未来实现长生以后，生命的规定、意义、方向、节律以及生活世界经验及其尺度，都需要根本性的改造和重建。我愿意说，这属于未来生命哲学的任务。

其三，未来的类人社会如果还有个体化的问题，将需要一种艺术哲学。在未来技术世界中个体有可能被极度放大，在虚拟空间中被平均化、同质化和形式化（数据化），但因此也可能被极度缩小，被缩小成一个没有任何实质的绝对孤独的点。抵抗技术同一性制度的强制，保卫个体存在的意义和自由，将是未来艺术哲学的使命。

其四，未来哲学的首要的和根本的课题或许在于：如何提升全球政治共商机制，以节制或平衡现代技术的全面统治和加速进展？前述的技术哲学—生命哲学—艺术哲学都将服从于这一基本课题，旨在形成一种适合于未来类人社会（技术人类社会）的“大政治”（全球类人政治）。

四　未来才是哲思的准星

作为结语，我想最后提出三个问题：1.如何理解“技术统治”？我所谓的“技术统治压倒了政治统治”到底意味着什么？是要鼓吹一种技术决定论吗？ 2.什么是恰当的面对技术的姿态？如何既避免技术乐观主义又避免技术悲观主义？ 3.在今天由技术支配的文明现实中，哲学如何启思？未来哲学何为？还能何为？

这是三个一直令我困惑的难题。在此我并不试图解答，而只能提出问题，并且联系海德格尔思想来谈些看法。

问题一：如何理解“技术统治”？我们说后期海德格尔提出了一个“小人”方案，这个方案的形成显然是跟他的技术之思相关的。海德格尔是从“存在历史”的大视野出发来思考现代技术的，并且把现代技术看作“存在历史”的“命运”（Geschick）。这种命运感是一种宿命论吗？海德格尔承认现代技术的支配性地位——我把它发挥为“技术统治压倒了政治统治”——这时候，他是在主张一种“技术决定论”吗？

毋庸讳言，后期海德格尔显露出一种对技术世界的深度的无力感。当他说“只还有一个上帝能救我们”，当他讨论“集置”“危险”与“转向”时，他显然认为，在今天的世界文明中还看不到有哪一种力量，哪一种文明势力或文化元素，能够抵抗现代技术，能够对已经占领全球的技术工业的加速运行起到节制、平衡的作用，或者哪怕是起到减速缓解的作用。今天的情况也还如此。世界上一些古老的非欧文明被卷入技术工业后，在短短几十年间被迅速地摧毁，几乎没有还手之力。在这样一种无力抵抗的情况下，我们自然也就失去了把握未来和预言未来的能力。今天主要由技术专家们提供出来的一些关于人类和文明未来的预测，经常处于相互矛盾的乱象中，令人无法采信。人文学者们的思考更趋乏力，发不出有力的声音。还有，人文学者与科技专家之间的相互猜疑和怀疑，已经到了前所未有的地步。这些都是令人泄气的实情。

问题二：如何面对技术世界？什么是恰当的面对技术的姿态？这在今天是摆在每个人面前的严肃问题。你不得不采取一种姿态，是积极拥抱技术还是反技术？流行的姿态是技术乐观主义与技术悲观主义。人文学者中，包括海德格尔在内，多少都会流露一点悲观哀怨的情调。但我认为，海德格尔总的来说属于是中间派，还是采取了一种“中道”的态度，那就是他所谓的既说“是”又说“不”的“泰然任之”（Gelassenheit、let be）。[1]我们已经在现代技术的“集置”力量中难以脱身了，这时候，我们对技术难以简单地表态，无法直接说“是”或者“不是”，“好”或者“不好”。我们分明看到了现代技术带来的各种负面因素，甚至于看到了技术时代里作为物种的人类正在面临的灭顶之灾，于是不好意思简单地肯定技术；而另一方面，反技术的立场终究也会有问题，会让人感到虚情假意，你一边利用着技术成果，一边责骂着技术，不假吗？

当年海德格尔自己不开车，但坐他夫人开的车；他自己家里没有电视机，但经常到邻居家里看足球比赛节目。所以他比较聪明，主张对技术说“是”又说“不”。如果他干脆说要反技术，不就太假了吗？当然，对于海德格尔所讲的“泰然任之”（Gelassenheit），我们还不能做过于简单的了解。它在字面上的意思就是英文的let be，用中文讲就是让它去吧。如果这样解就还太简单了。它的第一层意思确实是要冷静、不要慌乱——都这样了，慌有何用？进一步，“泰然任之”还指向对事物，包括技术对象的态度，就是对事物要从容、宽厚些，不要太急色、太欲求、太挑衅。海德格尔这里传达出来的姿态固然含有一点点无奈，但要不然又能如何？

问题三：未来哲学何为？这又是一个难题，也是从今天的思想和学术处境发起的问题。我之所以要从尼采哲学和海德格尔思想出发讨论“未来哲学”这个课题，其实是突出地强调“未来哲学”这个主题（正如我们前面说的，尼采对此主题语焉不详，而海德格尔则只谈后哲学的“思想”），是因为我们看到今日学界无所适从的乱

① 我认为可以把海德格尔以“泰然任之”为标识的技术姿态称为“技术命运论”。参看孙周兴：《海德格尔与技术命运论》，本书第二编第三章。

象。国内当前复古思潮日盛，古典主义和保守主义成了文化讨论的强势声音，国际形势似乎也朝着有利于保守主义和民族主义（地方主义）的方向演变。然而，无论中外，“复古”永远只是一种由文人们虚构和幻想的“乐园假设”，即假设从前有过“乐园”，后来“失乐园”，现在我们要“复乐园”。甚至早期尼采（在《悲剧的诞生》时期）都没有摆脱这个传统，甚至海德格尔的早期希腊之思也给人如此印象。但这种乐园情结无疑是无力的和颓废的。“乐园假设”意义上的“复古”只可能成为文人的自恋，而不可能反映现实，指向未来。

未来哲学何为？未来哲学当然具有历史性的维度，甚至还需要像海德格尔主张的那样实行“返回步伐”，但它绝不是古风主义的，更不是怀乡病和复辟狂，而是一种由未来筹划与可能性期望牵引和发动起来的当下当代之思。直而言之，“古今之争”绝不能成为未来哲学的纠缠和羁绊。在19世纪后半叶以来渐成主流的现代实存哲学路线中，我们看到传统的线性时间意识以及与此相关的科学进步意识已经被消解掉了，尼采的“瞬间”轮回观和海德格尔的“将来/未来”时间性分析都向我们昭示了一种循环复现的实存时间和创造性的“时机时间”——我称之为“圆性时间”，它是一种非物理的、非线性流变的、关乎人类创造性事务的时间，因其“圆性”，故为空间化的时间，是海德格尔后期所谓的“时—空”（Zeit-Raum）。它不是现成性的时间，而是可能性—未来性的时间，这也就为“未来哲学”给出了一个基本的时间性定位：未来才是哲思的准星。

第二编

技术统治

第一章 技术统治与类人文明[①]

随着现代技术的加速进展，现在我们得以越来越清晰地认识到，尼采所谓的“上帝死了”不仅意味着基督宗教的颓败，更应当意味着自然人类精神表达方式的衰落，即传统宗教、哲学和艺术的衰落，换种说法，是自然的人类文明正在过渡为技术的“类人文明”，技术成为一种统治力量，“技术统治”压倒了“政治统治”。“类人文明”这个表述主要指向人类身—心的双重非自然化或技术化，即目前主要由生物技术（基因工程）来实施的人类自然身体的技术化，以及由智能技术（算法和机器人技术）来完成的人类智力和精神的技术化。本文进一步认为，未来哲学的根本课题恐怕在于：如何提升全球政治共商机制，以节制技术的加速进展，应对可能的技术风险，平衡技术的全面统治。

很高兴参加今天的“技术与社会”工作坊。我这次主要是来学习的。本人虽然是理科（地质学）出身，但如今，加速发展的现代科技对我来说主要是传说和想象了，需要重新学习。我曾经断言：在今天，人文科学（人文学者）与自然—技术科学（技术专家）之

① 本文系作者2018年6月24日在《开放时代》杂志社、北京大学中国社会与发展研究中心主办的“第五次开放时代工作坊——技术与社会”上做的报告，感谢北京大学哲学系干春松教授的点评。原载《开放时代》，2018年第6期。收入本书时做了较大幅度的增补。

间的隔阂是有史以来最深最大的，原因是多方面的，主要原因跟我下面要讨论的“技术统治”有关，但也与人文学者的“乐园情结”和无介入能力有关。现在大家仿佛被逼急了，总算有了一些介入的姿态和动作，比如我们今天的会议。

我今天报告标题中的两个提法，即“技术统治”与“类人文明”，是我近期正在重点琢磨的主题。“技术统治”的对应项是“政治统治”，我的说法是“技术统治已经压倒了政治统治”；“类人文明”的对应面则是“人类文明”，我的说法是“自然的人类文明正在颠倒为或者过渡为技术的类人文明”。我们的世界历史性的人类文明正处于——已经处于——重大的、断裂性的变局之中，上列两点可以用来表达这个史无前例的文明变局。而要讲清楚这个大变局，我们还得从尼采开始。

一　“上帝死了”：技术统治时代的到来

大致从1884年起，哲人尼采开始讲他著名的“查拉图斯特拉故事”。在《查拉图斯特拉如是说》的序言中，尼采告诉我们：查拉图斯特拉在山上修炼十载，终得正果，于是下山，跟人说“上帝死了”，但没人睬他。1889年1月初，尼采在意大利都灵街头疯掉了；1900年8月25日，这位落寞的疯子尼采终于死于德国魏玛。我们大约到现在才能真正反应过来，原来尼采所谓“上帝之死”就是“人之死”，即自然人类的颓败和没落。

长期以来，人们以为尼采说的“上帝死了”只不过是——主要是——欧洲基督宗教和伦理的失势和沦丧，是基督教价值体系和基督教文化的崩溃。这当然是真的，而且已经在20世纪的欧洲—西方的生活世界中充分表现出来了。不过，仅仅停留于这样的看法上显然还是不够的，还不免肤浅。首先是因为，尼采的“上帝死了”不只是针对基督教和神学来说的，而且也是针对哲学（存在学/本体论）来说的。后期尼采自称为“积极的虚无主义者”，并且进一步界说了虚无主义者要做的“双重否定”，即：

> 对于如其所是地存在的世界，他断定它不应当存在；对于如其应当是地存在的世界，他断定它并不实存。[①]

尼采此说直截了当，而且极为精准，但个中意义不容易理解。什么叫“如其所是地存在的世界”？什么叫“如其应当是地存在的世界”？此类表述译成中文后几成难以索解的鬼话。我们这里只好简而言之，尼采所谓“如其所是地存在的世界”指向“本质”或“存在事实”，其实就是哲学——存在学/本体论——构造出来的“本质世界”或者“观念领域”；而所谓“如其应当是地存在的世界”指向“应当”或“理想”，其实就是宗教——基督教神学——构造出来的“神性世界”或者“理想世界”。所以，尼采这个断言的前半句否定了希腊哲学传统，后半句否定了希伯来—犹太基督教神学传统，从而全盘否定了欧洲传统形而上学，于是有“虚无主义”。

然而在我看来，更为要紧的事情是要认识到，传统哲学和宗教——尼采一概称之为“柏拉图主义”——乃是自然人类的精神状态的主要构成方式和表达方式。尼采肯定已经看到了——预感到了——这一点。通过哲学和宗教，传统的“自然人类”变成了“理

① 尼采:《权力意志》上卷，科利版《尼采著作全集》第12卷，德文版，9［60］；参看中译本，第418页。

论人”和“宗教人”。在早期的《悲剧的诞生》(1872年)中,尼采就已经告诉我们:自哲学产生之日起,特别是苏格拉底这个希腊“丑八怪”出现之后,伟大的悲剧艺术猝然死去,“理论文化”成了欧洲的主流文化,欧洲人就成为“理论人”了。尼采进而批判基督教文化,认为耶稣把当时已经存在的基督徒的生活方式系统化了,从而生成了基督教的教义和教条,欧洲人终于也成了“宗教人”。

无论是“理论人”还是“宗教人”,在尼采看来都是以“超感性世界”(“另一个世界”)为追求目标的“颓废人”,都是去自然化(去身体化)的病弱者。全面清算“理论人”和“宗教人”,可以说是尼采毕生思想的基本任务,尤其是后期尼采所谓的“权力意志”概念和忠实于大地的“超人”理想,传达了他要挽救“感性世界”和提振自然人类生命力的隐含意旨。尼采生得太早了,他自己也知道这一点,说自己的读者在100年后——不过在这一点上,他显然低估了自己的思想力量。事实上,尼采死后不久,就成了“哲学明星”和哲学讨论的持久热点。

现在我们看到,以“上帝死了”的预言,尼采英明地预见了自然人类文明的衰落和终结,即传统哲学—宗教—艺术的终结,或者我愿意说:自然人类精神表达系统的崩溃。诚然,跟马克思一样,尼采身处大机器工业生产时代,大概还只能算是技术工业发展的初级阶段,他甚至连飞机都没见过,更未能亲历现代技术的加速进展和现代技术统治地位的快速确立。但他与马克思一样具有“未来之眼”,洞见到了一个文明大变局的到来。

尼采死后,欧洲哲学和科学开始强劲反弹,1900年产生的弗洛伊德的精神分析和胡塞尔的现象学哲学,正是其中的标志性事件。之后约30年间,有一批哲学家追随胡塞尔的现象学哲学,形成了一股“存在学/本体论”（Ontologie）复兴运动，他们纷纷标榜自己的哲学是“存在学/本体论”，堪称一时奇观，甚至被称为欧洲哲学史上继古希腊哲学和德国古典哲学之后的第三个高峰。他们的意图在于重振欧洲知识理想，或者为欧洲的知识理想奠定一个新的基础。然而，相继发生的两次世界大战却残忍地粉碎了欧洲知识人的最后梦想，这一场主要以“现象学”和“存在学/本体论”为标识的最后的哲学盛宴终于破灭，而这同时也是欧洲中心主义的破灭。

海德格尔参与和经历了上述历史变故，他的《存在与时间》（1927年）就是所谓“存在学/本体论”复兴运动的顶峰之作。然后进入20世纪30年代，在第二次世界大战的枪炮声中，海德格尔跟上了尼采的节奏，开始从整体上彻底批判传统形而上学，终于悟及存在历史之“天命”乃是现代技术。命已定，不可抗。把形而上学批判坐实于技术批判，这是海德格尔超出尼采的地方，而这一步是他在30年代中期的《哲学论稿（从本有而来）》①中完成的，同时也形成了他对自己的前期哲学的自我批判和修正。

海德格尔的技术哲学被认为是最深的也最难的，说最深，是因为他把现代技术问题形而上学化了，更准确地说是把它“存在历史”化了；说最难，主要是因为他所做的关于现代技术之本质的规定，即他讲的“集置”（Ge-stell，一译“座架”），后者被说成20世纪最晦涩难懂的哲学词语。其实我认为，我们大可不必把海德格尔的技术之思弄得过于复杂。在大的格局上看，海德格尔无非是想说，现代技术—工业—资本（商业）体系起源于现代（近代）科学，而现

① 海德格尔后期的隐秘之书，包含着这位思想家后期思想的基本内容，参看海德格尔:《哲学论稿（从本有而来）》，中译本。

代（近代）科学脱胎于古希腊哲学和科学（形式科学）。他这个想法有无道理呢？当然有，今天占领和席卷全球的技术网络和大数据，难道不就是以一门形式科学为基础的吗？今天这个算法时代难道不是脱胎于古希腊的形式科学吗？若然，今天全球人类就都处于希腊哲学和科学的规定之中，现时代就是希腊的。

诚然，海德格尔试图把现代技术（Technik）与古希腊的“技术/艺术”（techne）区分开来，但这种区分与我们上面的判断并不冲突。作为“精通/知道”的techne［技、艺］依然具有手工性，体现着希腊人与自然（physis）的“模仿”（mimesis）关系。现代技术则是以现代主体性形而上学为基础的，而且实现了形式性与实验性的神奇结合——“普遍数理”的形式科学是如何可能被实验化，或者说被转化为实验科学的？迄今为止，这似乎还是一个未解的课题。最关键的一点在于，现代技术把主体性形而上学的主—客对象性关系展开为一种人与自然的暴力关系，技术成为人类控制自然，最后也返回来控制自身的支配性力量。在20世纪50年代的一篇文章中，海德格尔就做了一个预言：人类马上要开始通过技术来加工自己了，而当时生物技术（基因工程）尚未真正起步。

如前所述，海德格尔用“集置”（Ge-stell）一词来规定现代技术的本质。我愿意重复强调的是，我为此提供了一个完全字面的汉语翻译，即“集置”，因为面对这个充满歧义的外来哲学词语，我认为只有这样的字面翻译是最安全的，或许也是最可靠的，留下了更多的意义联系和更大的解释空间。德语Ge-stell的前缀Ge-就是“集”，而词根stell就是“置”和“设”。以我的理解，海德格尔是以“集置”来描述现代技术以多样的方式对事物的“处置”，对事物的

“置”和“设”。[①]

海德格尔的“集置”（Ge-stell）也表明了现代技术统治地位的确立。但所谓“技术统治地位”却要在第二次世界大战结束之际才为人们所认知。1945年8月6日早上8点16分，美军在日本广岛投下了一颗原子弹，相当于两万吨TNT当量的核弹在600米上空爆炸，6000多摄氏度的高温把一切化为灰烬，冲击波使所有建筑摧毁殆尽，强烈的光波使成千上万人双目失明，许多人的眼睛变成了两个窟窿，近20万人丧生。以前冷兵器时代的自然人类哪里能想象这样一种极端的大规模屠杀！广岛原子弹爆炸震惊了全人类。第二次世界大战于此宣告结束。作为原子弹研发的推动者，爱因斯坦当日就知道了日本原子弹爆炸，震惊之余深感后悔：“我现在最大的感想就是后悔，后悔当初不该给罗斯福总统写那封信……我当时是想把原子弹这一罪恶的杀人工具从疯子希特勒手里抢过来。想不到现在又将它送到另一个疯子手里……我们为什么要将几万无辜的男女老幼，作为这个新炸弹的活靶子呢？”[②]此后几年里，爱因斯坦积极投身于和平事业。在1948年7月致“国际知识界和平大会”的信中，爱因斯坦写道：“作为世界各国的知识分子和学者，身负着历史重任，我们今天走到了一起，……我们从痛苦的经验中懂得，光靠理性还不足以解决我们社会生活的问题。深入的研究和专心致志的科学工作常常给人类带来悲剧性的后果。”[③]

几年以后，海德格尔的弟子、阿伦特的夫君安德斯终于回过神

① 比如“表置”或者“置象”（vorstellen，通译为“表象”）、“置造”（herstellen，“生产、制造”）、“订置”（bestellen）、“伪置”（verstellen，伪装）等等，所有这些“置”和“设”的方式集合起来，就是海德格尔所谓“集置”（Ge-stell）的意思了。

② 参看马栩泉：《核能开发与应用》，化学工业出版社，2005年，第169页。

③ 参看杨建邺：《科学的双刃器：诺贝尔奖和蘑菇云》，商务印书馆，2008年，第269—270页。

来，意识到随着原子弹的爆炸，一个新时代到来了："1945年8月6日人类开创了一个新的时代，从这一天起人类具有了彻底灭绝自己的能力。"[①]这个新时代，安德斯把它称为"绝对的虚无主义"的时代，并且认为，原子弹标志着世界、人类和时间的终结。哲学家安德斯从此不再哲学，就像奥斯维辛之后不可写诗。

广岛原子弹的爆炸以一种极端的方式宣告了技术统治时代的来临，一个由现代技术决定的所谓"绝对的虚无主义"时代的到来——以我的说法，技术统治已经压倒了政治统治。政治统治是自然人类约2500年"文明社会"的基本统治方式，它通过商谈来实现，无论是古代的专制政制，还是现代的民主制度，虽然程度不等，但都是通过商谈来完成的政治统治和治理方式。特别就欧洲而言，政治统治的核心的组织力量是哲学和宗教——哲学通过本质主义（普遍主义）方式为集体组织提供论证和辩护，而宗教通过信仰主义方式为个体心性提供慰藉和救赎。所以，当尼采宣告"上帝死了"即传统哲学和宗教衰落时，他已经预见了传统"政治统治"时代的终结。

海德格尔也总算先知，他看到了这样一个真相：战争和政治只是表层和表象，而作为"集置"（Ge-stell）的现代技术才是根本。而一旦确认现代技术的统治地位，无论思想立场还是生活姿态，都得有一个根本性的转换。

二　致命风险：现代技术四大因素

前面讲的原子弹只是现代技术中最显性的风险因素。原子弹爆

① 参看安德斯:《过时的人》第一卷，中译本，第8页。

炸之后，现代技术呈现不断加速之态，表面上太平盛世，但实际上今日人类面临现代技术的风险越来越大。我把其中最大的技术风险概括为如下四项：核能核武、环境激素、基因工程和智能技术，可简化为“核能—激素—基因—智能”。这四项是深度地改变自然人类，甚至对人类造成致命作用的现代技术因素（技术风险）：

第一，核武核能（Nuclear weapon and Nuclear Power）：这个技术因素与物理学学科（核物理）的进展有关。1945年7月16日，第一颗原子弹在美国新墨西哥州阿拉默多尔引爆；20天后，美军在日本投下两枚原子弹，直接导致了第二次世界大战的结束。此后核武器一直受到政治控制，至今再也没有被用于战争。1968年的《核不扩散条约》限制了核技术国际贸易。20世纪50年代开始人类和平利用核能，即建设核电站，就是利用核裂变（Nuclear Fission）反应所释放的能量产生电能的发电厂。自60年代末至70年代，世界上建造了大批单机容量在600—1400MWe的标准化和系列化核电站，至2015年底世界上共有448座核电站。但核电站报废之后核废料的处理一直是一大难题，我们知道，美国三里岛核电站、苏联切尔诺贝利核电站、日本福岛第一核电站均发生过泄漏事故。迄今为止，对已经在地球上出现，而且将越来越多的核废料，人类还根本找不到周全的应对之策。尽管核弹的惊人震慑作用似乎为战后人类带来了和平，核能的开发利用至今也还没有引发巨大的毁灭性灾难，但两者却是悬于人类头上的“达摩克利斯之剑”。

第二，环境激素（Environmental Endocrine）：这个技术因素与化学学科有关，或者说是化学工业造成的后果。与其他几个技术因素相比较，“环境激素”是比较隐蔽的一类，对于许多人来说还是陌生的，但如果我们放大一些说水污染和土壤污染，人们就非常了解了。[1]什么是“环境激素”？按照科学的定义，“环境激素是指干扰动物与人体正常内分泌机能的外源性化学物质”[2]。环境激素对生物体生殖、发育等机能产生阻碍和伤害作用，甚至有引发恶性肿瘤与生物绝种的危害，直接危及生物多样性和生物安全，如今已经对自然人类和其他物种的繁殖构成了威胁，成为当代世界最敏感和最严重的生态环境问题之一。简单说来，环境激素就是一种削弱人类和动物的生殖能力的化学物质，所以有“化学去势”（chemical castration）一说。十几年前的一个科学报告表明，在过去50年当中，地球上的雄性动物的雄性能力已经下降了一半，而再下降一半只需25年。越发达的国家（工业化程度越高），男性越虚弱，而工业化程度低的族群则还有较强的生育能力。现在为什么欧洲出问题了？因为非洲和中东的移民进入欧洲后还有较强的繁殖能力，而欧洲人却不想，也不能生育了，即是说，生育的能力和意愿都大幅下降了。[3]不光是人类中的男性，一般动物也一样，比如公蜂也出问题了，将直接危害生态系统中的生物链。这些都是拜环境激素所赐。今天越来越严重的人类性衰败或性萧条，以及人类生育意愿下降，都只是环境激素

① 最近上海开始严格地实行“垃圾分类”，网上有好多个段子讽刺和调侃。其实这个事情我是支持的，但我知道这已经来不及了，已经没大用了。为什么没用了呢？要知道我们把一只塑料袋埋到土地里面，约70年它才能完成“降解”，变成泥土，而在70年左右的过程中，它不断排放出环境激素来伤害人类。100多年来，人类埋入土地里的塑料袋和其他化工产品已经太多了。所以我说已经来不及了，已经控制不了了，我们现在再努力，当然还有一定的意义，但说实话已经无可挽回了。

② 曾北危、姜平主编:《环境激素》，化学工业出版社，2005年，第1页。我之所以要把“环境激素”单列为现代技术的“四大件”之一，原因在于它是现代化学工业导致人类生存环境恶化的最显著标志，而且将危及作为物种的自然人类的延续。

③ 最新数据说巴黎黑人和与黑人混血的人口已经占48%，已经到了这样一个比例，那么巴黎还是白人的巴黎吗？这种情况会越来越严重。但还有另一句话：欠工业化族群的好日子也不长了，因为技术工业是全球化的，包含在水和空气中的环境激素是全球流通的，任何动物都脱不了身的，最后都会拉平的。

影响下自然人类颓败的表现和后果。[①]

第三，生物技术（Biotechnology）：它是一个主要与生物学学科相关的综合性学科领域。生物技术是指用活的生物体及其物质来改良植物和动物，或者为了特殊用途而培养微生物的技术。作为当今世界发展最迅猛的学科，生物技术完全可能对未来生命本身和未来人类文明产生决定性的作用和影响。以色列历史学者尤瓦尔·赫拉利在《人类简史》中断言："智人"在生物工程（基因工程）、仿生工程和无机生命工程（即人工智能）的发展下，将创造出现有人类无法定义的新物种，这已经不仅仅是拥有超能力的超人，而是终结7万年智人历史的数字物种，近似于神的存在。在《未来简史》中，赫拉利进一步指出，人类将通过生物技术开启"长生"之路，"智人"将成为"神人"。但是，由于这种技术涉及对人类自身的自然性（本性）的改造和加工，又由于这种技术目前的进展含有种种不确定性，所以今天人们对它的反应是惧怕和恐慌居多。

第四，人工智能（Artificial Intelligence，英文缩写为AI）：主要与数学学科相关，是目前最热门，也最有争议的技术领域。但要给"人工智能"下定义也不容易，最简单的定义是美国麻省理工学院帕特里克·温斯顿（Patrick Winston）教授给出的，说人工智能就是"关于可实现思维、推理和行为的计算的研究"[②]。人工智能的核心

① 有美国学者用"性萧条"（sex recession）来描述当代人类普遍性欲下降的现象。人们对此现象的解释各色各样，诸如所谓"约炮"文化的兴起、巨大的经济压力、飙升的焦虑人群比例、脆弱的心理健康、抗抑郁药物的广泛使用、网上黄片、按摩棒的流行、交友软件、智能手机、信息超载等等，但我认为这些都不是根本性的，根本的原因在于环境激素导致人类自然能力的加速下降。相关讨论可参看凯特·朱利安（Kate Julian）:《年轻人性生活为什么这样少?》（Why Are Young People Having So Little Sex?），载《大西洋月刊》（*The Atlantic*），2018年第12期。

② 帕特里克·温斯顿:《人工智能》，中译本，崔良沂、赵永昌译，清华大学出版社，2005年，第10页。

是算法，当然是以计算机和大数据为基础的，所以在我看来，人工智能根本上是起源于古希腊的形式科学（比如几何学、算术、逻辑学等）以及欧洲近代“普遍数学”（mathesis universalis）理想的终极实现。对于人工智能，今天人类的反应是复杂多样的，可谓众说纷纭，乐观的与悲观的声音都有。雷·库兹韦尔的“奇点理论”假设，人类与其他物种（物体）相互融合的“奇点”即将到来，“奇点”也就是电脑智能与人脑智能兼容的那个神妙时刻，或者说人工智能超越人类智能的时刻。库兹韦尔给出预言，声称这个“奇点”时刻是2045年。①

所谓“技术风险”当然是对自然人类的自然存在而言的。自然人类一直面临的风险来自自然的不可测、不可知和不可抗的运动和变化，比如地震、火山、海啸、洪水，以及瘟疫（流行病），可称为“自然风险”。现代技术工业在防灾和防疫方面取得了重大进展，比如自然灾难预测和技术救助，又比如通过疫苗和药物对流行病的防御和治疗。就人类历史上的瘟疫而言，在技术时代也依然在发生重大疫情，但总的来说疫情危害不断降低，历史上动辄造成上亿人死亡的大规模疫情不再出现——1918年的“西班牙流感”致死5000万人，应该是自然人类遭遇的最后一次大疫情。这当然是现代技术为人类带来的福祉，但它同样也带来了我所谓的“技术风险”，而且同样难控和难抗。

回头来看，上面讲的四大“技术风险”其实是由物理学、化学、

① 库兹韦尔的说法是：“我们血液中的智能纳米机器人会保护我们的细胞和分子，进而维持我们的健康。这种纳米机器人还会通过毛细血管进入大脑，并与我们的生物神经元互动，直接扩展我们的智力。……基于加速回报定律，在未来的30年间，这些技术的功能会比现在强大十亿倍。”参看雷·库兹韦尔：《人工智能的未来》，中译本，盛杨燕译，浙江人民出版社，2016年，第273页。

生物学和数学四门基础科学造成的效应和后果，也可见出“基础科学”的力量。由物理学带来的核武核能，是现代技术统治地位的最直接、最赤裸裸的宣示。主要由化学工业和制药技术产品带来的生存环境恶化，最早，也最隐蔽地开始改造——败坏——碳基人类生命。生物学在最近几十年里突飞猛进，特别是基因技术的进展，人类已经进入海德格尔所说的控制、编辑和加工人类自身的过程中了。最后是以数学以及相关学科为基础的智能技术，在我看来，其本质就是人类精神和心灵的技术化或者说计算化（算法化）。

三 类人文明：人类身—心的非自然化

“类人”是我对未来新人类的规定和预期。我所谓的“类人”并非费尔巴哈为了强调人的类本质而提出来的“类人”。我指的是今天已经开始、未来将加速实现的被非自然化或被技术化的“人”。“类人”根本上就是“技术人”。从人类到“类人”，从自然人类文明到“类人文明”，是技术统治时代里正在发生的过渡或反转。其实，这种过渡或反转在一定程度上已经实现了，因为今天的人类已经算不上严格意义上的“自然人类”了，比如正如我们前面描述的，由技术工业制造出来的化工产品和药物所导致的环境激素，已经在整体上改变了包括人类在内的地球动物的体液环境和体液构成，特别是使雄性动物的自然繁殖能力大幅度下降。就此而言，碳基生命的根基已经受到了动摇。

向“类人文明”的过渡就是自然人类身体与精神两个方面的非自然化或技术化。在身体方面，主要通过环境激素和基因工程，自然人类的体质正在被加速技术化。一方面是我们前面所述的环境激素正在摧毁人类的自然生命，自然人类赖以繁衍的地球生物链面临断裂和破碎。而另一方面却是基因工程正朝着在技术上克服衰老和死亡、不断延长人类生命的方向前进。这就造成了一种相互冲突的局面：环境激素将导致自然人类生命的衰弱和速朽，无人能逃避，只有程度（速度）上的差异，比如先进工业化的族群与后进工业化的族群之间的差异；而基因工程似乎正在帮助人类实现“永恒”和“永生”美梦——而这不正是传统哲学和宗教的一贯梦想吗？

其实在我看来，这是人类自然（身体）被技术化的同一过程的双重表现：一是人类生命被技术所阉割，日益失去自然繁衍的能力，二是人类通过技术而获得永生。在阉割中永生，这是何种纠缠？

与人类身体的技术化相比较，人类精神/心智的技术化更加显赫，因此也是更让人恐慌的。那就是近几年来被广泛和热烈讨论的智能技术（机器人技术）的飞速发展。智能技术的核心是算法。因此，人类精神的技术化实际上就是计算化、算法化和数据化。我们知道，当前人工智能技术还只是在初级阶段（所谓“弱人工智能阶段”），但相关的争论、预言和猜测已经铺天盖地而来。在我看来，关键问题只在于未来的“人—机”关系，即：人机终将和谐共生（人机合体）还是人类终将被机器人所掌控和支配，甚至人类终将丧命于机器人？有人把智能技术称为人类“最后的发明”；有人预言人类将在百年之内被人类的产品——机器人——所消灭。已故的物理学家霍金恐慌地断言，人类将亡于机器人，人类只有100年左右的时间了。霍金的立论估计主要是智力方面的考虑，因为机器人下围棋已经胜过了世界顶级高手，以后还将有超越人类千倍万倍的智力，这时候当然可以担心我们自然人类怎么办。有数据表明犹太人的平均智商要比美国白人高出15个点，他们在各个领域的优势已经十分可观了，如果将来有超越人类千倍万倍亿倍的智力类型，那将如何了得？自然人类还有存在的价值吗？①

但我们看到也有少数乐观主义者，他们主张人工智能是一种解放力量，认为人工智能将彻底地解放人类，那将是一种智力和体力两方面的彻底解放；他们认为人—机最后会构成一个新系统，未来人工智能不会试图奴役人类，相反，“人工智能、机器人、过滤技术、追踪技术以及其他技术将会融合在一起，并且和人类结合，形成一种复杂的依存关系。在这个层级中，许多现象发生的等级将高于现存的生命以及我们的感知水平，而这就是‘奇点’出现的标志”②。这就是凯文·凯利提出的所谓“软奇点”，在他看来，我们创造的东西将让自己成为更好的人，同时我们也离不开自己的发明。

我个人倾向于凯利的“软奇点”之说。这大概是目前我能看到的最积极和最善意的未来预言了。我所谓的“类人”本来就是未来的技术化的新人类，是“技术人”或“智能人”，也可以说是人—机达到某种平衡的新人类型。在思想立场和姿态上，我会靠近于尼采，主张一种“积极的虚无主义”，因为“虚无主义”命题不只是对人生无意义状态的判定，更是把人生无意义状态与自然人类文明的终结以及一种新文明类型（我所谓“类人文明”）的开启联系在一起，这时候，一味伤逝和哀叹只可能具有自残意义。

而“类人文明”的形成，将依赖于在不远的将来人类被普遍技

① 按照我的猜度，霍金的预判是有道理的，因为技术工业从1760年光景开始，到1945年（原子弹爆炸）是个巨大的转折点，这之间大约180年，如果可以假定一种曲线对称原则的话，再往下走还有约180年，人类和人类文明将进入一个新的状态。180年已经过去了八九十年，所以说后面还有100年，说的是自然人类还有100年左右。但根本上，以后的人类运势到底如何，恐怕还没有人说得上来。

② 凯文·凯利：《必然》，中译本，周蜂等译，电子工业出版社，2016年，第338页。

术化过程中人文政治共商机制与技术资本体系之间开展的积极而艰难的博弈。

四　未来哲学的使命：如何提振全球共商机制？

从效应上看，我们上面描述的现代技术四大“风险”仿佛构成了相互对立、逆反的两组：核能核武与环境激素为一组，而智能技术与基因工程为另一组。核能核武和环境激素对于自然人类具有致命的杀伤力，而智能技术和基因工程（生物技术）似乎是为抵抗前者而出现的。这种“搭配”可谓现代技术的一大“陷阱”，它使得简单的乐观派（科学乐观主义者）与悲观派（反科学—反技术主义者）姿态都丧失效力。智慧和狡猾如海德格尔者，就只好主张对技术世界持既“是”又“不”的态度。

既“是”又“不”是正在到来的“类人生命”和“类人文明”的基本特征。“类人生命”不再以自然人类的和谐理想为目标，而是展现为受制于技术统治的生命冲突和生命流变，即生命的技术化与技术化的生命。在人类向“类人”的过渡和转向中，世间一切都动荡起来了，“类人文明”成为一种动词/动态文明，正如前苏格拉底的早期文明（艺术文化）一样。有论者看到了这一点，断言“我们正在从一个静态的名词世界前往一个流动的动词世界”[①]。变局如此突兀，我们对此还缺乏准备，还来不及准备。老基辛格（Henry A. Kissinger）最近说，这时候光有科技是不行了，需要哲学介入。

那么哲学如何介入？未来哲学何为？哲学的当务之急是什么？

① 凯文·凯利：《必然》，中译本，第IX页。

我想首先需要的是一种生命哲学，是关于类人未来新生命的规划。如上所述，人类已进入由技术所规定和推动的去自然化（非自然化）和技术化（计算化）的进程中了，而且正在不断加速推进。在人类向“类人”的反转中，生命问题凸显为第一位的问题，生命的本质需要重新定义，生命形态和结构需要重新规划，生命的价值和意义需要重新确认。如果通过基因技术，人类/类人寿命（存活期）被大幅度地延长，则生、死、时间、代际、家庭、婚姻、生育、生产、劳动、人际、时间等等关乎生命的问题和现象，就都需要我们重新考量了。毫无疑问，关于“类人生命”的哲学将是另一种生命哲学，有别于关于自然人类的生命思考。尼采所谓“重估一切价值”的要求看来不仅指向过去，也是指向未来的。[①]

未来哲学将面临个体自由问题的全新处境。技术世界是一个同质化、同一化的世界，在未来甚至越来越成为一个形式化、计算化的世界。在技术支配下，个体将被极端普遍化，因而极端虚空化，成为虚拟空间中一个无所不在的先验形式因子；而另一方面，正因为这种普遍主义的同一化进程将消灭个体性，使个体淹没于虚无。个体若有若无。德国当代艺术家安瑟姆·基弗敏感地看到了这一点，即未来越来越推进的数码化，一个全面监控系统对于人类的虚无化作用。基弗断言：“要是没有一种外部影响，要是没有一种灾难，则人类一直为之奋斗的自由，将渐渐地被这种监控所消除。”[②]在技术极权主义时代里如何保卫个体性和个体自由，将成为未来哲学的一道难题。

① 参看本书第四编第三章。

② 安瑟姆·基弗：《艺术在没落中升起》，中译本，梅宁、孙周兴译，商务印书馆，2016年，第246页。

今天我们看到，19世纪后期以来发展起来的实存哲学/存在主义哲学，以及随后在20世纪下半叶兴起的当代艺术，它们在根本动机上是一体的，都是对传统本质主义（普遍主义）的同一性制度模式的抵抗，对个体实存意义和自由权利的主张，它们将在未来面临更严峻的挑战。

在类人文明中，技术将成为最大的政治。未来哲学的首要的和根本的课题恐怕在于：如何提升全球政治共商机制，以节制技术的加速进展，应对各种技术风险（包括技术工业未能消除的自然风险），制衡技术的全面统治？前述的类人生命的哲学思考以及关于个体此在的实存哲学—艺术哲学思考，都要服从于这一根本课题，旨在形成一种适合于未来类人社会的“大政治”——可谓“全球类人政治”。其实在当代哲学的语境里，哈贝马斯已经开启了这方面的思索，主张以“交往理性”平衡“工具理性”，试图回答如何采取措施来控制技术进步和社会生活世界之间的自然形成的关系问题。[1]哈贝马斯的方案听起来不免软弱无力，意思就是通过有效的自由对话和商谈，形成关于技术发展方向和进度的共识。但在未来“类人文明”的生成中，全球政治共商机制仍旧具有重要的开端性意义。

最后让我们再次回到尼采。1888年12月份，尼采写下了一则题为“大政治”（或译“伟大的政治”）的笔记。在这则笔记的后半部分，尼采提出三个定律，其中的“第一定律”如下：“大政治想把生理学变成所有其他问题的主宰；它想创造一种权力，强大得足以把人类**培育**为整体和更高级者，以毫不留情的冷酷面对生命的蜕化者和寄生虫，——面对腐败、毒化、诽谤、毁灭的东西……而且在生

① 哈贝马斯：《作为“意识形态”的技术与科学》，中译本，第94页。

命的毁灭中看到一种更高心灵种类的标志。”[①]尼采此时客居意大利都灵，已濒临疯癫，心思极其紧张而脆弱，但我们今天不得不承认，尼采实在是太天才了，实在是太强大也太伤感了。

或问：什么是尼采的“大政治”？尼采的“大政治”是一种“生理学”，就是一种“生命政治”或“生命哲学”！估计尼采自己也怕人不明白，紧接着又在“第二定律”中予以重申：“第二定律：创造一种对生命的袒护，强大到足以胜任大政治：这种大政治使生理学变成所有其他问题的主宰。”[②]在自然人类文明向技术人类文明的大变局中，尼采看到了什么是颓败，什么是未来，并且在其晚期“权力意志”哲学中开展了一种以“末人”与“超人”为基本关系的生命政治—生命哲学思考。[③]

在1885年秋至1886年秋之间写的一则笔记中，尼采写下了一则莫名其妙，但仿佛又意味深长的笔记，它同样涉及尼采的“大政治”：

> 从现在起，对于更广大的支配性构成物，将出现一些前所未有的有利条件。而这还不是最最重要的；国际种族联合体的形成已经变得有可能了，它们为自己设定的任务是把一个主人种族培育起来，那就是未来的“地球主人”；——一个全新的、巨大的、在最严厉的自我立法基础上建造起来的贵族政体，在其中，哲学暴徒和艺术家暴君的意志将获得超过几百年的延

① 尼采:《权力意志》下卷，科利版《尼采著作全集》第13卷，德文版，柏林/纽约，1988年，第638页；中译本，第760页。

② 尼采:《权力意志》下卷，科利版《尼采著作全集》第13卷，德文版，第638页；中译本，第760页。

③ 参看孙周兴:《末人、超人与未来人》，载《哲学研究》2019年第2期；本书第四编第二章。

续：——那是人的一个更高种类，他们由于自己的意志、知识、财富和影响方面的优势，把民主欧洲当作他们最顺从和最灵活的工具来加以利用，目的是为了掌握地球的命运，是为了依照"人"的形象把自身塑造为艺术家。

够了，人们要重新学习政治的时代到来了。[①]

① 尼采:《权力意志》上卷，科利版《尼采著作全集》第12卷，德文版，2［57］；中译本，第101页。

第二章 现代技术与人类未来[①]

随着人工智能技术（机器人）和生物技术（基因工程）的突飞猛进，今日人类对于未来的想象变得前所未有地复杂和急切，期待与忧虑交织并存，“未来已来”即是这种复杂和急切状态的表达。“技术与未来”已成为我们时代最重大、最紧迫的文化问题和哲学命题。本文从当代地质学和哲学讨论的“人类世”概念入手，分析对于人类未来文明具有决定性意义的现代技术的基本要素和现象，即核武核能、环境激素、人工智能、生物技术“四大件”，进而主要根据后期海德格尔的技术之思，尝试区分古代技术与现代技术，揭示现代技术的起源与本质，并试图进一步提出政治统治与技术统治之关系的问题，以及自然人类文明与技术人类文明之关系的问题，由此形成一个未来哲学—技术哲学的探讨框架，从而为“现代技术与未来文明”这一时代课题提供一个哲学基础。最后，本文试图提出和回答一个迫切的难题：如何应对现代技术支配下的未来文明？

① 本文系作者于2018年8月19日上午在“2018复旦哲学大会：哲以成人、平凡非凡（第十届公众版）”上的报告，当时的标题为《技术与未来》。修订补充版立题为《现代技术与人类未来》，提交给由同济大学欧洲思想文化研究院·本有哲学院、上海张江ATLATL创新研发中心和网易研究局联合主办的“首届未来哲学论坛”（2018年11月23—24日）。后收入孙周兴主编：《未来哲学》第一辑。

虽然技术问题是一个伴随人类文明而来的恒久问题，但只有在最近几十年里，特别是随着人工智能技术和基因工程（生物技术）的突飞猛进，人们对现代技术及其效应的关注热情才变得空前高涨。这种关注与人们关于人类未来的想象、期待和忧虑紧密地联系在一起。实际上，我们今天大概已经不知道是应该期待未来还是忧虑未来，或者是喜忧交加。有一句话已经悄然成了流行语，即所谓“未来已来”。如果说20世纪下半叶在全球广泛传播的学术用语“后-”（post-）和“终结”（end）——诸如“后现代”“后工业”等以及“历史的终结”“哲学的终结”“人的终结”等——传达出我们时代人类文化的深深的没落感和颓败感，那么，今天流行的“未来已来”一说也一样，同样传达了我们人类面对动荡不安的现实和不确定的未来的普遍焦虑和恐惧。

无论如何，“技术与未来”已成一个急迫的时代命题，而且更是一道哲学难题。老迈的美国前国务卿基辛格前不久在《大西洋月刊》2018年第6期上发表了一篇题为《启蒙运动是怎样结束的?》的文章，专题讨论人工智能（AI）问题。文章主要指出三点：1.人工智能可能带来意想不到的结果；2.在实现预期目标的过程中，人工智能可能会改变人类的思维过程和价值观；3.人工智能可能会达到预期的目标，但无法解释它得出结论的理由。有鉴于此，基于人工智能的种种不确定性，基辛格老人内心充满忧虑，呼吁哲学和人文科学的出场，建议美国政府赶紧成立一个由杰出思想家组成的委员会，以帮助制定国家意愿——他的说法是：再不开始，就太迟了。[①]

① 基辛格:《启蒙运动是怎样结束的?》（How the Enlightenment Ends），载《大西洋月刊》，2018年第6期；中译文可参看基辛格:《人工智能：启蒙运动如何结束》，桑暘编译，载《社会科学报》，第1617期第7版。

除了上述忧虑和呼吁，基辛格这篇文章之所以给我留下了深刻的印象，原因还在于他的下面这个判断："随着世界变得更加透明，它也将变得越来越神秘。"[①]我以为，基辛格在不经意间触及了一个现代性批判中多有争论的问题，即"启蒙"与"反启蒙"、"祛魅"与"复魅"之争执。在技术工业的支配下，启蒙之后被祛魅的世界变得越来越清晰、理性、规则和明白了，越来越成为一个可测量和可计算的世界，但同时，它又变得灰暗不明、不可预见、不可评估。我们比从前更加无法确知和把握未来世界了。就此而言，我们今天的"现代技术与人类未来"这个主题可能是令人气馁的。在今天，技术专家们虽然在各自的专业领域里经常信心满满，但恐怕没有人能提供出一个系统而稳靠的未来预判和未来规划；同样受技术的控制，职业政治家们忙于利益算计和势力平衡，以及社会局部方案的商讨、制定和实施，无暇于全局和整体的考量和研判。基辛格只好期待和要求哲学家们，他的意思无非是说，关于现代技术支配下的未来人类文明，我们需要有一种宏观的预判和整体的把握。

这一点当然是对的。但我们遗憾地看到，总体说来，哲学家和人文学者们却是完全落伍了，而且早已经被边缘化了。事出有因。一方面，这是一个"技术统治"的时代，人文与科技之间的隔阂之深已经无以复加，人文之声无人理睬；另一方面，可以说也有哲学家和人文学者本身的原因，因为这些越来越被冷落的人物今天最喜欢——或者说长期习惯于——以虚情假意的哀怨之态去虚构历史，怀念过去的美好时光，总是告诉我们，历史上某个时候（比如前苏格拉底时代，比如中国先秦时代）的古人活得多么多么美好，而后

① 基辛格：《启蒙运动是怎样结束的？》，载《大西洋月刊》，2018年第6期。

来世风日下，物欲横流，失了“乐园”，而现在进入技术时代，就更加不行了。实情真的如此吗？人类历史上当真有过一个美妙“乐园”吗？当真是今不如昔吗？其实正如尼采所言，连最美好的时代即悲剧时代的古希腊人也没活好，反而是最痛最苦的一群——所以他们才需要正视人生痛苦之真相的悲剧艺术。

缅怀过去的哲学和人文科学属于旧时代和旧文明，后者可以被称为“自然人类时代”和“自然人类文明”。自然人类文明是依循自然节律的前工业文明，自然的线性时间观念乃是这种文明的基础（这一点在欧洲传统文明中表现得最明显），在此基础上形成了各民族的自然状态下的观念世界和文化世界。而随着技术工业的兴起和发展，自然人类文明过渡为技术人类文明，传统线性时间观以及以此为基础的自然人类精神表达方式（其主体是宗教、哲学和艺术等）渐失支配力量，过去和传统不再成为文明的焦点和基点，哲学和人文科学需要启动一种新的时间经验以及相应的新文明样式。马克思的未来社会理想、尼采的“未来哲学”构想和“超人”理想，以及海德格尔的实存论哲学和未来之思，都已经是这方面的试验和努力。[①]反思性的哲学开始转向前瞻性的哲思了。这时候，哲学理应担当起前述基辛格所讲的任务了。

今天我们尝试做这样一件似乎不可能的事。我们的讨论主题是“现代技术与人类未来”。我们不准备处理细部的技术现象，也并不谋求伟大的创见和预言，而只希望能够提出问题，试图形成关于此

① 参看本人近期做的三个相关报告《马克思的技术批判与未来社会》（2018年10月13日，武汉大学）、《尼采与未来哲学的规定》（2018年3月30日，河南大学）和《海德格尔与人类思想的前景》（2018年6月9日，中国人民大学）（后更名为《海德格尔与未来哲学方向》），成稿后均收入本书第一编。这三个报告是我对“未来哲学”主题的准备，这就是说，在我看来，马克思、尼采、海德格尔都是“未来哲学家”。

课题的相关探讨的宏观问题结构。本文的讨论分为如下四个问题：一、地质学上的“人类世”意味着什么？二、现代技术与古代技术有何区别？三、自然人类与技术人类有可能达成平衡吗？四、未来之眼：如何应对技术支配下的未来文明？

一　地质学上的“人类世”意味着什么？

我们首先从地质学家和哲学家们近些年来经常听说和讨论的“人类世”（Anthropocene）和“人类纪”（Anthropogene）概念开始。这方面也颇多误解，需要加以适当的澄清。①“人类世”首先是一个地质学的概念。地质年代表有“代”“纪”“世”之分，从太古代、元古代（震旦纪）、古生代（寒武纪、奥陶纪、志留纪、泥盆纪、石炭纪、二叠纪）、中生代（三叠纪、侏罗纪、白垩纪），一直到新生代（第三纪、第四纪），而人类就出现在新生代的第四纪，所以也有人主张把“第四纪”叫作“人类纪”——“人类纪”（Anthropogene）概念只是在此意义上被使用的，是“第四纪”的另一个说法而已。新生代的第四纪分为“更新世”和“全新世”，其中“全新世”（Holocene）始于11700年前，是最近一个冰川期结束后来临的（故又称“冰后期”），与其他地质世通常以百万年甚至千万年的跨度相比较，“全新世”还是一个刚刚开始的地质时期。但有地质学家宣称：

① 比如一般的说法是“人类世”（Anthropocene），也有人用“人类纪”（Anthropogene），但实际上“纪”是比“世”大的地质年代概念；也有人把“人类世”（Anthropocene）译解为“人类纪”；又比如地质学家们通常把“人类世”的起点设在20世纪中期，但也有论者如赫拉利却说：“按正式说法，我们现在正处于全新世。但更好的说法可能是把过去这7万年称为‘人类世’，也就是人类的时代。原因就在于，在这几万年间，人类已经成为全球生态变化唯一最重要的因素。”参看赫拉利：《未来简史》，中译本，第65—66页。

现在地球已经进入“人类世”（Anthropocene）。“人类世”概念最早是由地质学家阿列克谢·巴甫洛夫（Aleksei Pavlov）于1922年提出来的，但一直都未得到确认；直到不久前，在2000年《全球变化通讯》的一篇文章里，生态学家尤金·斯托莫尔（Eugene Stoermer）和保罗·克鲁岑（Paul Crutzen）正式提出了这个概念，并且在文章标题中使用了“人类世”这个术语。美国莱斯特大学的地质学家简·扎拉斯维奇（Jan Zalasiewicz）指出，“人类世”的最佳边界为20世纪中期（即1945年），“全新世”结束，“人类世”开始。①

地质学是讲证据的。“人类世”必须在地质史上留下有别于前世的痕迹和印记。总结起来，地质学家通常认为有如下地层印记：第一是放射性元素，核武器试验和原子弹爆炸，加上后来的核电站建设，尤其是核废料泄漏，在地层上留下了大量的放射性元素；第二是二氧化碳，化石能源的燃料燃烧后排放出巨量的二氧化碳，燃料烧完之后，同样会以化学物质的形式存埋于地层中；第三是混凝土、塑料、铝，人类巨量生产和使用这些材料，举例说来，人类已经生产了500亿吨混凝土，地球上每平方米可铺上一吨，最后都要到地层里面去，我们中国人最近几十年贡献最大；第四是地球表面改造痕迹，借助于技术工业，人类对地球表面进行了前所未有的大规模改造；第五是氮含量，现代农业大量使用化肥，导致地球表面氮含量激增；第六是气温，由于地球气温上升，通过所谓“温室效应”，一说20世纪已经上升了0.6—0.9摄氏度，又说比前工业时代上升了1摄

① 这里的“人类纪”（Anthropogene）与“人类世”（Anthropocene）还是有区别的，不可简单等同：“人类纪”可指代整个第四纪，但也有人用它来特指第四纪结束后的新纪元；而“人类世”则是指第四纪内部“全新世”结束后的一个新纪元。显然在一般情况下，“人类纪”比“人类世”的内涵要广大，我们可以说地球进入“人类纪（即第四纪）的人类世”中了。

氏度，且以每十年0.17摄氏度的幅度上升，一旦比前工业时代上升2摄氏度就会产生多米诺骨牌效应——大家已经看到最近几年来地球气温十分反常，冷的地方热，热的地方冷，弄得乱七八糟；第七是物种灭绝，地球历史上正在发生第六次大规模的物种灭绝，其速度远远超过了前五次，包括恐龙灭绝。所有这些现象都表明，人类已经成为影响地球地形和地球进化的地质力量。按照以色列历史学家尤瓦尔·赫拉利的说法，“自从生命在大约40亿年前出现后，从来没有任何单一物种能够独自改变全球生态”①。

地质学家们首先关注的是地质沉积上留下来的印记。若以此为准，我们似乎还不能像个别地质学家那样把1945年定为“人类世”的开始，因为以前人类的活动（技术活动）都会在地质史上留下痕迹（在第四纪即广义的“人类纪”）。不过，此前自然人类活动的印记并不明显，并不构成地层印记上的急剧变化和显著标征。虽然“人类世”不是一蹴而就的，它起源于欧洲18世纪的工业革命，那是现代技术的开始，但1945年核弹的爆炸确实是现代技术加速进程的一个标志，也是自然人类文明转向技术人类文明的大裂变的标志。

无论如何，地质学家们的工作已经给我们很好的提示：人类以及人类居住于其上的地球进入一个新的纪元了。这不仅是一个很好的提示，而且已经给出了一个充分的证据，足以让我们在哲学上更系统地、更深刻地理解技术的本质和人类的未来。哲学必须比地质学更进一步，要深入到人类生活和文化的层面来追问和探讨。②法国哲学家贝尔纳·斯蒂格勒把“人类世”视为资本主义工业化的后

① 赫拉利：《未来简史》，中译本，第66页。

② 欧洲一批当代哲学家如斯蒂格勒（Bernard Stiegler）、拉图尔（Bruno Latour）、斯洛特戴克（Peter Sloterdijk）等均有关于“人类世”的讨论。

果，明显把它与现代技术联系在一起。[①]另一位法国当代理论家布鲁诺·拉图尔反对通常人们对现代文化的描述，特别是所谓现代主义与后现代主义的历史阶段区分，提出“非现代”（nichtmodern）概念，对“现代机制”与“非现代机制”做了对照。[②]拉图尔显然也同意地质学家们的说法，把“人类世”看作人类活动开始影响地球地形而使地球生态发生致命危机的地质世代，而且认为这是人类无法阻止的了。

不过我们仍旧要追问：在哲学上，地质学家们讲的“人类世”到底意味着什么？我认为，从人类社会形态的转变角度来说，“人类世”意味着人类统治形式的转变，更确切地说，是技术统治时代的到来，或者说，是技术统治压倒了政治统治。[③]

所谓“政治统治”，以我的理解，是自然人类的基本统治方式，即社会组织和治理方式。两千多年的自然人类文明史实施的是“政治统治”，这种统治形式的核心要素是哲学和宗教。在欧洲—西方文化中，源于古希腊的哲学提供了一种本质主义（普遍主义）—集体主义的制度构成法则和社会组织原则；而源自希伯来的宗教（基督教）则提供了指向个人心性的超验绝对主义—道德主义的信仰和人伦规范。在历史上，哲学与宗教作为自然人类的基本精神表达方式不断纠缠在一起，构成欧洲形而上学的两个组成部分，也构成了“政治统治”的两块基石。[④]

① 斯蒂格勒：《人类纪里的艺术：斯蒂格勒中国美院讲座》，中译本，陆兴华、许煜译，重庆大学出版社，2016年，第15页。

② 拉图尔：《我们从未现代过》（*Wir sind nie modern gewesen*），德译本，美茵法兰克福，2017年，第184页以下。

③ 参看孙周兴：《技术统治与类人文明》，载《开放时代》，2018年第6期；本书第二编第一章。

④ 有关以哲学和宗教为核心部门的欧洲—西方形而上学的基本问题，可参看孙周兴：《后哲学的哲学问题》第一编。

然而，这种以哲学的本质主义（普遍主义）和宗教的信仰主义（道德主义）为基础的政治统治方式，在19世纪下半叶以来渐渐露出颓败之态。个中原因固然是多方面的，我们可以从政治、经济、制度、文化、知识等多个方面找原因，但根本的原因无疑在于技术工业的产生和兴起。18世纪后期发明的蒸汽机是一个划时代的进展，所谓蒸汽机是把蒸汽的能量转换为机械功的往复式动力机械，开始在冶炼、纺织、机器制造等行业中获得迅速推广。1804年，英国人发明第一台蒸汽机车，原理是利用蒸汽机，把燃料（煤、柴油、天然气）的化学能变成热能，再变成机械能而使机车运行。蒸汽机的出现引起了18世纪的工业革命，人类从此快速进入工业化时代，资本主义的生产方式和生产关系得以形成。马克思是最早洞察到技术工业的本质及其对人类文明的意义的哲学家。在《1844年经济学哲学手稿》中，马克思这样写道："自然科学却通过工业日益在实践上进入人的生活，改造人的生活，并为人的解放作准备，尽管它不得不直接地完成非人化。工业是自然界同人之间，因而也是自然科学同人之间的现实的历史关系。"[①]马克思看到了一个新人类文明时代的到来，其远见卓识令人钦佩。

如果说马克思看到了技术工业的人类学本质，那么，出生于1844年的尼采则是在形而上学的意义上洞察和揭示了技术工业的意义和后果。今天我们回头来看尼采于19世纪80年代提出的宣言"上帝死了"，我们就不得不佩服此公的先知和英明。尼采在当时广受冷遇，没有人理会他的疯子之言，这原是可以理解的。尼采所谓"上帝死了"是我们上面讲的哲学和宗教的终结，是哲学的"本质世

① 马克思、恩格斯：《马克思恩格斯全集》第42卷，中译本，第128页；有关马克思的技术哲学，可参看孙周兴：《马克思的技术批判与未来社会》，载《学术月刊》，2019年第6期；本书第一篇第一章。

界—理性世界”和宗教的“理想世界—神性世界”的双重崩溃，也就是自然人类文明及其政治统治方式的衰落。正是看到了自然人类的自然性颓败和衰落，尼采才会竭力反对同情的道德，才会主张“权力意志”和“超人”理想。

不过，要真正彰显和确认这一点，也即确立“人类世”的开始，仍旧要到1945年8月日本广岛原子弹的爆炸。第二次世界大战主体上是枪炮和飞机之战，可以说是机械意义上的技术工业之战，但导致战争结束的却是一种在当时还无比神秘的武器，即原子弹。我们必须像海德格尔的弟子京特·安德斯那样，把原子弹的爆炸视为一个“绝对的虚无主义”时代的到来，是人类、历史、时间的终结。[①]如果说包括飞机、枪炮在内的兵器还是自然人类可以想象和理解的，那么，原子弹不一样，它以其骇人的杀伤力和破坏力，已经完全超出了自然人类的理智和认知范围，变成了彻底不可想象和不可理喻的怪物。自然人类怎么可能感知原子裂变的后果呢？自然人类如何可能设想原子弹爆炸时产生的高达6000摄氏度的温度呢？

这是我理解的技术统治时代的确立，也是地质学家们提出来的“人类世”的起点。而从自然人类角度来说，所谓“人类世”其实是“非人类世”，因为“人类世”意味着技术工业造成的自然人类文明的断裂以及一个新世界——技术人类生活世界——的形成，意味着自然人类向技术人类的转换。

二　现代技术与古代技术有何区别？

前面讲的“技术统治”和“人类世”的基础是现代技术。按照

① 安德斯：《过时的人》第一卷，中译本，第8页。

马克思、恩格斯的想象，对于人类的起源来说，直立—形成手—劳动（即掌握和使用工具）是人之为人以及人类文明开创性的动作，这时候就已经有了技术问题。所以表面看来，技术大概是没有中西古今的差别的。人之为人，是能使用工具，使用工具即有技术。所以，最早的技术都是手工和手艺，都是身体性的，古希腊的“技艺”（techne）和中国的“手艺/艺术”都是如此。也许正是在这个意义上，法国哲学家斯蒂格勒说：技术是人类的本质。

但这样的笼统说法还不够，我们还得做进一步的区分性讨论。显然今天的技术已经跟古代的技术大有区别了。现代技术的本质是什么？我们必须从现代技术与古代技术的区别入手来加以讨论。所谓古代技术与现代技术，我们在时代上只做一个笼统的区别，大致把近代科学兴起之前的技术称为“古代技术”，而把之后出现的技术称为“现代技术”。[①]在“现代技术”的早期阶段，起始于18世纪60年代的工业革命（The Industrial Revolution）在英格兰形成的资本主义工业化，完成了从工场手工业向机器大工业的革命性转变。机器取代人力，这是这个“机器工业时代”的根本标志，而如前所述，蒸汽机的发明是其中最关键的技术成果，它使手工体力劳动向动力机器生产的过渡和转变成为可能。在这个阶段，除了蒸汽机，煤炭和钢铁等构成了工业革命的基本因素。

现代技术真正的突飞猛进要到20世纪。在20世纪的历史进程中，技术工业有节奏地完成了三大发明，即飞机、电视、电脑——20世

① 需要注意的是，在中国有一个时代划分上的混乱。我们大概把鸦片战争以后叫“近代”，把“五四”新文化运动以后叫“现代”；而对欧洲人来说，文艺复兴以后都叫“现代”或者“新时代”（Neuzeit）。在哲学史上，我们更愿意把马克思哲学当作一个时代节点，把马克思之前的哲学史叫“近代”，把马克思之后的哲学史叫“现代”。

纪早期的飞机、中期的电视、后期的电脑——这“三大件”是20世纪对人类日常生活影响最大的技术成就，深刻地改变了人类生活世界和人类文明状态。不过，这所谓“三大件”还是显性的，还不是根本性的、致命的东西。20世纪新工业革命中对自然人类具有决定性作用（甚至具有致命作用）、对人类文明构成断裂性意义的技术因素，在我看来却是以下“四大件”：核武核能、环境激素、工人智能、生物技术。这“四大件”分别与四门基础现代科学相关：核武核能与物理学学科（核物理）的进展有关；环境激素与化学学科有关，或者说是化学工业造成的后果；人工智能主要与数学学科相关；生物技术主要与生物学学科相关。[①]

这是我概括的现代技术“四大件”。但现代技术的本质要素和核心到底是什么？哪些才是关键技术？自然也有不同的看法。例如美国科学家比尔·乔伊（Bill Joy）就认为，21世纪最强大的三项技术是基因技术、纳米技术和机器人技术，合称为“GNR技术”，它们具有毁灭一切的潜能。[②]一般学者们都会同意，新世纪以来现代技术的最强势力是人工智能（机器人）与生物技术（基因技术）。不过，从对自然人类的毁灭性作用来看，我仍旧愿意指出上述“四大件”。

正如我们提示的，上述“四大件”与四门基础科学相关。这也表明，现代技术的本质是科学，本质上是发端于古希腊形而上学传统的现代（近代）自然科学在全球范围内的全面完成。尽管如此，现代科学与古代科学仍然有着根本的差异性。荷兰学者舒尔曼

① 关于现代技术四大因素的较细致的描述，可参看孙周兴:《技术统治与类人文明》，载《开放时代》，2018年第6期；本书第二编第一章。

② 比尔·乔伊:《为何未来不再需要我们?》，载《连线》杂志，2000年4月号；转引自希拉·贾萨诺夫:《发明的伦理：技术与人类未来》，中译本，尚智丛等译，中国人民大学出版社，2018年，第11页。

（Egbert Schuurman）从环境、材料、能源、技巧、工具、技术实施的步骤、技术中的合作、工作程序、人在构造中的作用等多个方面来区分古典技术与现代技术，认为在古典时期，人类为自然环境所包围，而在现代条件下，环境本身被技术化了；在古典时期，人类只能掌握手边的材料，而在现代技术中人类独立于材料的自然形式；在古典时期，“能量”是由动物和人类的体力提供的，而在现代技术中，人类要么直接利用自然力（如风力和水力），要么间接利用自然燃料和原子裂变；在古代，技术赋形是由人类使用工具的技能所决定的，而在现代技术中，人类的技艺已经被融入技术装置即机器中了；早期技术的实施过程中起决定作用的是人类的介入，而在现代技术中技术步骤被自动化和控制化了；早期技术是由个人实施的，而在现代技术中是由工业企业的群体合作来完成的；早期技术受到人类自然潜能的限制，不能超越人的双手的感官的范围，所以具有“自然性”，技术的发展也是缓慢的，是未分化的和静止的，而现代技术则进入突飞猛进的加速进程中，是高度分化和能动的。①

如果说舒尔曼的讨论不算深刻，基本上尚属表层浮浅之论，那么，德国哲学家马丁·海德格尔的技术之思则可以说是20世纪最深邃和最有分量的思考。海德格尔区分了现代技术与古代技术，并且把现代技术的本质界定为“集置”（Gestell，有时也作Ge-stell），也有中译者（已故哲学家熊伟）把它译为“座架”，不无意味，也不乏指示力。海德格尔的这个词被认为是20世纪最神秘、最费解的哲学词语。其实在我看来未必。我认为，海德格尔的“集置”是从哲学

① 舒尔曼:《科技时代与人类未来》，中译本，李小兵等译，东方出版社，1995年，第10页以下。但舒尔曼仍旧坚持认为，不能因为现代技术的自动化而得出技术独立和自律的结论，即使到现代，技术仍旧是人类活动。参看该书第13页。

（主体形而上学）意义上对现代技术的规定。海德格尔所谓的“集置”包含着一种对作为现代技术之基础的物观和存在观的揭示。

在西方哲学历史上，关于物的理解（物观/存在观）盖有三个阶段，每一个阶段都有自己的物之规定和存在理解。在古典哲学中，物被理解和规定为“自在之物”（未必在康德的意义上），人们认为，物的本质在于物本身，物本身具有自己固有的实体—属性结构（亚里士多德）；进而在近代知识论哲学阶段，物被规定为对象，物的存在就是“被表象性”或者“对象性”，是“为我之物”；而在以现象学为标志的20世纪西方哲学中，物的存在（意义）被规定为“关联性”，为“关联之物”，即是说，物之存在既不取决于物本身，也不取决于作为认识主体的我，而是取决于物如何被给予，亦即物如何与我关联。西方哲学的进程就是这样的简单的三部曲，节律清晰，合乎历史的总体运势。海德格尔把它叫作“存在历史”，而今日人类处于“存在历史”的“另一开端”之中。

海德格尔正是在“存在历史”（Seinsgeschichte）意义上来思考现代技术的，大致把现代技术设想为在第二阶段兴起的，也可以说以近代知识论哲学（主体性形而上学）为基础的存在历史现象。必须承认，赋予现代技术以形而上学的意义，这是海德格尔哲思的深度和高妙之处，但也是让人痛苦的地方。我们只消记得，海德格尔用“集置”来命名现代技术的本质，是有上述哲学背景的。所谓“集置”（Gestell），重点在“置”（stell），“置”是一种对象化活动，大致可分两层，即观念和思维层面的“表象”（Vorstellen）——其实“表象”一译并不妥当，我们更应该把它译为“置象”或者“表置”。在康德那里完成了一种物的意义（物之存在规定）的转换：凡是进入我的“表象—置象”领域而成为我的思维对象者才是存在的，物的存在＝被表象—被置象状态＝对象性。这种表象性思维或者对象性思维是现代技术的观念基础。进一步，还有一种“置”则是行动—操作—制造层面的，包括“制造—置造”（Herstellen）、“伪造—伪置”（Verstellen）和“订造—订置”（Bestellen）[①]等。把所有这些对象性的“置”的活动“集中”起来，就有了“集置”。

说到这儿恐怕还不够。我们还得顺着海德格尔的思路，更深入一步，来讨论现代技术与古代技术的差别。从上述作为“集置”的现代技术之本质出发，我们已经可以进一步看出它与古代技术的不同之处，我愿意把它概括为四项：

第一，观念基础有异。这就是说，古代技术与现代技术具有不同的观念基础，特别是具有不同的物观念。古典时代人类对自然有一种被称为“模仿”的学习态度，因为自在的自然比人更强大，是人学习的榜样。古代技术正是以古典时代人类关于“自然”（physis）和“物”的理解为根基的，因此可以通过自然状态下的哲学观念，比如用亚里士多德所谓的合目的的手段、四因说等，来加以解释。而现代技术则已然不同，它已经从“自在的”（an sich）的存在观念转向了“为我的”（für mich）的存在观念，古典的“自然”观念和“物”观念已经不再适合于现代技术了。这就是说，近代的自然（nature）和古希腊的“自然”（physis）是两个不同的概念，nature是物理概念，physis则不是。在现代技术状态下，“自然”（nature）不再是本身自在地生长和消隐的运动过程，而是成了物理的对象性自然，“物”也不再是“自在之物”，而是成了表象性思维的对象之

① 所谓“订置”（Bestellen），不光是指潜在的有待开采之物的预计，而且更是指现代技术对于物的置弄系统，比如水力发电厂就形成了河流—水压—涡轮机—发电机—电流—电厂和电网这样一个“交织在一起的电能之订置顺序”。

物（“为我之物”）。简言之，古代技术有一个古代存在学/本体论（ontology）的观念基础，而现代技术则有一个主体性形而上学的观念基础。

第二，自然关系不同。与上述第一点不无关联，古代技术作为合目的的手段，与自然的关系是一种自然而然的关系，还不是主客对象性关系，而是“模仿—应合”（mimesis）的关系，它构造了由手工物（手工器具）为主导的自然的人类生活世界；而现代技术则已经成为一种支配自然的强制性力量，一种对象性的—机械化的支配力量，它构造了一个以技术物（技术产品）为主的非自然的生活世界（技术生活世界），一切都变成了技术生产的对象，不仅自然成了现代技术的贮存物，而且人类自身也成了贮存物。必须看到，现代技术造成的自然关系首先是在笛卡尔—康德的现代主体性形而上学中得到准备的，在后来的技术工业中获得了展现，今天已经成为全球文明的基本关系。

第三，科学性不一样。古代技术（techne）是非科学的，偏于实际行动（虽然希腊原初的techne也以“精通、知道”为特性[①]），而古代科学（episteme）则偏重于静观式的理论沉思，就此而言，古代技术还不是今天的“科技”，而更多的是“艺术”。与之对照，现代技术则是形式科学与实验的结合，是真正意义上的“科技”（即“科学+技术”）。这是一个重要的差别，海德格尔很好地把这一点揭示出来了。如我们所知，形式科学古已有之，以发端于古希腊的几何学、算术、逻辑学等为代表，甚至也应该包括语法，是古希腊人留

① 海德格尔把techne的意义解释为“知道”（Wissen）。参看海德格尔：《艺术的起源与思想的规定》，中译本，孙周兴译，载孙周兴编译：《依于本源而居——海德格尔艺术现象学文选》，中国美术学院出版社，2010年，第74页。

给人类的最神奇的东西；不过，techne意义上的古代技术尚未被形式科学化，或者说，它不是以形式科学为本质基础的。总之，与形式科学的关系，是区分古代科学与现代科学的根本标尺。至于源自古希腊的形式科学如何在近代被实质化，亦即它如何与实验科学结合在一起，从而催生了技术工业，这个问题高度复杂，我们在此不拟展开讨论。[①]

第四，功效性有别。人们通常会以为，现代技术在功效方面大大超越了古代技术，即是说，功效强弱程度构成两者的差别。通常会说技术是实现目的的方法，这对古代技术诚然是合适的，而对于现代技术却不一定如此，因为在现代技术中目的与方法不是简单的一一对应。“最有用的、最持久的发明是那些有各种广泛用途的技术，如车轮、齿轮、电、晶体管、微晶片、个人标识号。”[②]这种看法当然没错，但在海德格尔看来还不够，还必须落实到能量生产方式上来。古代技术是手工性的，并不贮备能量，或者说并不是以贮备能量为目的的，而现代技术是为了贮存能量，至少在大机器生产的时代是这样，这是两者的一个根本区别。海德格尔在《技术的追问》一文中专门讨论了风车与水力发电厂的不同。两者都开采能量，传统农村使用的风车（或者水车），风车翼子在风中转动，可是风车并没有为贮藏能量而开发出风流的能量。而现代的水力发电站就不同了，海德格尔说：

水力发电厂被摆置到莱茵河上。它为着河流的水压而摆置

① 相关讨论可参看海德格尔：《物的追问》，德文版，美茵法兰克福，1984年，第65页以下；以及海德格尔：《哲学论稿（从本有而来）》，中译本，第171页以下。

② 希拉·贾萨诺夫：《发明的伦理：技术与人类未来》，中译本，第23页。

> 河流，河流的水压摆置涡轮机而使之转动，涡轮机的转动推动一些机器，这些机器的驱动装置制造出电流，而输电的远距供电厂及其电网就是为这种电流而被订置的。在上面这些交织在一起的电能之订置顺序的领域当中，莱茵河也就表现为某种被订置的东西了。[①]

这就又回到前面讨论过的“集置”概念了。在水力发电厂的例子中，我们看到了作为“集置”的现代技术的“置象—订置—置造”机制。

我认为，上述四个方面——观念基础、自然关系、科学性和功效性——已经足以把现代技术与古代技术区分开来了。概而言之，古代技术对应于前工业—技术时代自然人类的生活世界，是这个由自然物与手工物组成的世界的构造方式；而现代技术则是技术人类生活世界的缔造者，对于自然人类来说是一种“去自然化”或者“非自然化”的力量。

三　自然人类与技术人类有可能达成平衡吗？

上面我们提及现代技术四大要素，即：核武核能、环境激素、人工智能、生物技术。人们今天特别关注和热议的是后两项，即人工智能与基因工程。但从根本上说，这四项对于自然人类来说都是致命的。我所谓“致命的”是在“命运性”意义上来说的，所赋予的意义并非完全负面和消极。核武核能可能是在物质—身体上对自

① 海德格尔:《演讲与论文集》，中译本，第15—16页。

然人类及其文明的最彻底的否定，就像安德斯所说的那样，构成一种“绝对的虚无主义”；但饶有趣味的是，自从原子弹在日本引爆以后，人类进入了较长时期的非战争状态——虽然还有局部的区域战争，但再也没有发生大规模的世界大战了，以至于有人把20世纪后半叶的和平（冷战）归功于原子弹。环境激素已经整体败坏了全球环境（水和土被全面化工化），以我的说法，人类的体液环境已经被整体深度毒化了，我们的自然身体已经不再自然，而且还时时刻刻在遭受伤害。种种迹象表明，这个过程是不断加速的，又是不可逆的，此外还是隐蔽的，是一种“隐蔽的虚无主义”——而且我们还必须看到，往往隐蔽者更险恶。

时至今日，如果说核武核能和环境激素这两项技术因素的意义和影响还比较容易判断（偏负面者居多），那么，人工智能和生物技术的意义和方向就比较难以确认和把握了。着眼于自然人类或人类本性，人工智能和生物技术诚然同样是一种“异化”或“否定”的力量，但另一方面，它们却以放大人类智力和延长人类寿命为目标，因此仿佛构成一种积极肯定的势力，可以纠正主要由前两项技术因素造成的身体颓败和文明虚无化。[①]这种状况让大家陷入莫衷一是的纷争之中，悲观与乐观之声此起彼伏，虽然如前所述，惊恐反应和消极评价似乎占了上风。

我们看到，在人工智能与人类未来的关系问题上，已故英国物理学家斯蒂芬·威廉·霍金大概是最典型的悲观主义者。在去世前不久，霍金预言：“在未来100年内，结合人工智能的计算机将会变得比人类更聪明。届时，我们需要确保计算机与我们的目标相一致。

① 可以设问：人类遭受着不可抵抗的核能核武威胁和不可逆转的环境激素毒化，莫非只有通过智能人即半机半人的“类人”才能获救？

我们的未来取决于技术不断增强的力量和我们使用技术的智慧之间的赛跑。”[①]埃隆·马斯克（Elon Musk）也把人工智能描述为人类“最大的生存威胁”，认为应该对人工智能保持高度警惕。詹姆斯·巴拉特（James Barrat）则把人工智能称为“人类最后的发明”，认为我们已经走上了“毁灭之路”。[②]

与之相反，库兹韦尔和赫拉利则可谓典型的“乐观主义者”。库兹韦尔固然承认人工智能的潜在风险，但他同时认为关键在于引领人工智能往积极方向发展。这个积极方向是什么呢？就是人类的长生不老。2012年库兹韦尔被任命为工程总监，一年后，谷歌公司成立了以“挑战死亡”为使命的子公司卡利科（Calico）[③]，简单说就是一家“长生公司”。库兹韦尔相信，随着基因工程、再生医学和纳米科技的飞速发展，到2050年，一个健康人可以每十年骗过死神一次，从而长生不死。这个“长生公司”的相关人物已经开始了他们的长生计划，他们的“逻辑”听起来很简单：每十年接受一次全面治疗，治病并且升级衰老组织，而在下一次治疗前，医学又有了进展，又有新药和新的升级手段了。[④]这是一种典型的技术乐观主义信念。库兹韦尔认为，我们最终将与不断发明中的智能技术融为一体，“我们血液中的智能纳米机器人会保护我们的细胞和分子，进而维持我们的健康。这种纳米机器人还会通过毛细管进入大脑，并与我们的生物神经元互动，直接扩展我们的智力”[⑤]。

---

① 霍金在伦敦2015年“时代精神”（Zeitgeist）大会上发表的预言（警告）。

② 詹姆斯·巴拉特：《我们最后的发明——人工智能与人类时代的终结》，中译本，闾佳译，电子工业出版社，2016年，第XII页。

③ Calico字面义为“印花棉布”，但这里应该与“三色猫”（calico cat）有关，后者经常被生物学家用来说明染色体组合。

④ 参看赫拉利：《未来简史》，中译本，第22页。

⑤ 雷·库兹韦尔：《人工智能的未来》，中译本，第273页。

在《未来简史》一开始，赫拉利就为库兹韦尔们的“伟大理想”做了一个历史性的论证：在第三个千年开始之际，人类突然意识到了一件惊人的事，就是在过去几十年间，我们已经成功地遏制了饥荒、瘟疫和战争。这是历史上人类最大的三个难题，现在已经得到基本解决了，虽然局部还会有遗留和表现。[①]于是，现在就出现了一个问题：什么将取而代之成为人类最重要的议题呢？[②]赫拉利径直指出了三项：长生不死、幸福快乐、化身为神。[③]但无论是追求长生不死还是追求幸福快乐，最后都可归结为如何化身为神，即“智人”（Homo sapiens）如何成为“神人”（homo Deus）。“人要升级为神，有三条途径可走：生物工程、半机械人工程、非有机生物工程。”[④]赫拉利给出的方向也是：生物技术与人工智能的结合。

我个人同意赫拉利所做的基本论证，人类几千年来一直都在追求长生和永生，各民族的宗教都以“不朽”为终极目标。无论是西方的“炼金术”还是东方的“炼丹术”，背后都有“长生不老”的动机。好死不如赖活。自然人类最大的恐惧是死亡恐惧。哲学也把“练习死亡”视为头等任务（如苏格拉底所言）。可以说，人类文明史就是力求克服死亡获得永生的历史。在过去100年间，人类寿命已经获得了大幅提高。1900年人类平均寿命不到40岁，而现在已经到了七八十岁。赫拉利认为，只要避开饥荒、瘟疫和战争，自然人类

① 我们只有基于大历史尺度的比较才能同意赫拉利的这个判断，比如说在20世纪之前，欧洲的最大流行病（黑死病和梅毒）致死人数均超亿，而20世纪的两场大流行病（西班牙流感和艾滋病）的死亡人数在几千万人。进入新世纪（21世纪），尚未见有百万级别的大流行病。但这样的经验论推论是有问题的，并不能保证今后不会出现巨量级别的，甚至灭绝性的大流行病。一句话，赫拉利的判断太过简单和乐观了。

② 参看赫拉利：《未来简史》，中译本，第1页。

③ 参看赫拉利：《未来简史》，中译本，第18页。

④ 参看赫拉利：《未来简史》，中译本，第38页。

就能活到七八十岁，这是自然智人的正常寿命。但正是通过现代技术，人类才得以接近于消灭饥荒、瘟疫和战争。因此，我们不得不承认，技术工业在大幅延长人寿方面树立了一个极为正面的形象。要知道在过去一个多世纪里，随着核武核能灾难和环境污染等工业化后果的日益显现，现代技术工业一直都是人们指控和攻击的对象，技术批判成了20世纪人文科学的一大主题。然而，技术的进步至少保证了人类避免早死，甚至还有可能让人获得超出自然状态的长生和永生，这恐怕就要让许多人文学者失语了。

我们应该欢呼这一现代技术的可能的伟大胜利吗？我们为什么要活这么久？坚信人类将来可以活到500岁的谷歌风投首席执行官马里斯（Bill Maris）的回答是："因为活着比死好啊。"[①]——马里斯这句话听起来稀松平常，但实际上是一个根本性的回答，是对"生/生命"的最有力的辩护。赫拉利接着说，我们且不说500岁，先只假定人寿可以延长到150岁。[②]这仿佛是一个比较保守的预估了。但即便只是150岁的人寿，许多人类历史上前所未有的问题出来了，举其要者，最直接的问题有：其一，家庭、婚姻、代际关系等方面的问题。让夫妻俩长相厮守100年或者120年，这可能吗？不是有点残酷吗？人类还需要婚姻和家庭吗？自然人类的代际更替也大成问题了，甚至可以让人起疑：还有"代际"一说吗？其二，个人职业和事业规划方面的问题。漫长人生不能总是干一个职业吧？何时上班？何

① 参看赫拉利：《未来简史》，中译本，第22页。曾经有一位著名诗人跟我争辩，逼问我："我要活这么久干吗？"当他这么设问的时候，我就不准备跟他继续讨论下去了，因为我以为，论辩的真诚性基础已经全然丧失了——你让他马上跳楼或者割腕，他是坚决不干的。虚情假意，矫情乏力，这大概是现代文人和人文科学的通病，在中国尤甚。

② 赫拉利说，既然20世纪人寿翻了一倍，21世纪至少可以翻倍到150岁。参看赫拉利：《未来简史》，中译本，第23页。赫拉利此说未见有力的论证，但在今天的技术专家们看来已经是一种相当保守的想象和预测了。

时退休？是不是这时候人类已经进入马克思预言的消灭“异化劳动”的共产主义理想社会了？其三，长生以后漫长人生的无聊状态问题。随着人寿的不断延长，劳动时间的缩短和劳动机会的缺失，可学知识内容的减少（因为可数据化的知识内容将不再需要学习），未来人将有更多的闲暇时间，那么人们将何所作为？如何度过前所未有的漫长人生？无所作为的无聊人生将成为一道常态性的难题，或许“无聊学”将成为未来生命哲学的核心课程。

无论如何，人类文明确实走到了一个终结性的又是开端性的阶段，这在地质年代上被表达为“人类世”，以我前面的说法，是技术统治压倒了政治统治的时代，也可以说，我们正处于自然人类文明向技术人类文明过渡的阶段。赫拉利的说法是“智人”向“神人”的进展。自然人类的自然力大幅下降，同时也是人类自然界限（有限性）的技术性突破，这两者同时发生，对于自然人类来说是“颓败”和“灾难”，而对于新的技术人类——无论我们叫它什么——来说则是“开端”和“创造”。

最后的结局是什么呢？今天恐怕谁也说不上来。无论如何，我认为在有关人类未来的想象方面，我们应该走一条“中间道路”，不必设想最坏状态。我们不必像霍金那样陷于绝望之中，不过我们也未必像那些谷歌大佬那样抱持一种“技术乐观主义”，以为现代技术将为人类带来一片光明，毫无风险可言。《技术的本质》一书的作者布莱恩·阿瑟（Brian Arthur）给出的也算是一条“中间道路”。他说，技术对我们人类来说是必然的，但我们不能接受技术使我们丧失自然性，我们必须区分技术奴役人类本性与技术拓展人类本性，我们要与自然融为一体。“如果技术将我们与自然分离，它就带给了我们某种类型的死亡。但是如果技术加强了我们和自然的联系，它就肯定了生活，因而也就肯定了我们的人性。”①

在我看来，我们最后可以预期和猜度的文明远景是达到某种可能的平衡，即自然与技术之间的平衡，或者说自然人类与技术人类之间的平衡，更准确地说，是人的自然性与技术性之间的可能平衡。但随之出现的另一个问题在于，达成这种平衡之后的人类还叫“人类”吗？或者叫“类人”“半机半人”“神人”？还是尼采所谓的“超人”？简而言之，我们如今不得不追问的是：自然与技术、人与机的共契如何可能？这应该是未来哲学的基本问题。

四　未来之眼：如何应对技术支配下的未来文明？

海德格尔对技术的思考始于20世纪30年代中期，当时欧洲正处于第二次世界大战的硝烟之中。特别是在他1936至1938年间完成的《哲学论稿（从本有而来）》(《全集》第65卷，1989年出版）中，海德格尔对现代技术以及相关课题做了极有深度的思索。②战争结束后，海德格尔于1953年做了一个题为《技术的追问》的著名演讲，他在其中讲道：“对人类的威胁不只来自可能有致命作用的技术机械和装置。真正的威胁已经在人类的本质处触动了人类。集置（Gestell）之统治地位咄咄逼人，带着一种可能性，即：人类或许已经不得逗留于一种更为原始的解蔽之中，从而去经验一种更原初的真理的呼声了。”③

今天回头看海德格尔的这个说法，我们不得不承认他的远见卓

① 布莱恩·阿瑟：《技术的本质》，中译本，曹东溟、王健译，浙江人民出版社，2018年，第241页。

② 参看海德格尔：《哲学论稿（从本有而来）》，中译本；特别是其中“回响”部分。

③ 海德格尔：《演讲与论文集》，中译本，第31页。

识。海德格尔分明看到了我们上面所讨论的自然人类文明向技术人类文明的过渡（断裂），他所谓的“更为原始的解蔽”和“更原初的真理”之类，无疑是指自然人类文化世界的建立和构造。[①]由于现代技术的“集置”作用，自然人类的精神系统和生活世界已经或者正在瓦解和崩溃。在更早些时候（1936—1946年），海德格尔在题为《形而上学之克服》的笔记中甚至预言了今天的生物技术（基因工程）：

> 对超人而言，本能是一个必需的特性。这意思就是说：从形而上学上来理解，末人归属于超人；但却是以这样一种方式，即：恰恰任何形式的动物性都完全被计算和规划（健康指导、培育）战胜了。因为人是最重要的原料，所以就可以预期，基于今天的化学研究，人们终有一天将建造用于人力资源的人工繁殖的工厂。[②]

如此说来，尼采所谓的“末人”和“超人”是最后的自然人与未来的技术人（智能机器人）吗？我们知道，尼采对“超人”（Übermensch）的规定和呼声是：“超人乃是大地的意义……我的兄弟们，忠实于大地吧！”[③]“超人”的方向不是应该绝然向上吗？不，“向上超越”是作为自然人类精神表达方式的超验宗教的超越方式，是信宗教、迷道德的自然人类的方式，是需要被克服的“末人”（“最

① 海德格尔在20世纪30年代中期完成的《艺术作品的本源》一文已经揭示了一点：原初的真理是世界的创建，而基本的创建方式有艺术、思想、牺牲（宗教）和建国（政治）等。参看海德格尔：《林中路》，中译本，孙周兴译，商务印书馆，2015年，第53页。

② 海德格尔：《演讲与论文集》，中译本，第101页。

③ 尼采：《查拉图斯特拉如是说》，中译本，孙周兴译，商务印书馆，2010年，第10页。

后之人”）方式。“超人”是对以往人类（“末人”）的克服，但尼采又赋予“超人”以“大地性”即“自然性”的意义。由此可见，尼采已经天才地预见到了自然人类向技术人类过渡或者说从“末人”向“超人”过渡的核心命题，即“超人”身上的自然性与技术性的二重性。“末人”将通过计算和规划而被克服，而“超人”将通过“忠实于大地”而成就自己。若然，我们简直可以把尼采的“超人”视为“未来人”。[①]

尼采当年哪里可能知道人工智能和生物技术、机器人和基因工程？那么，尼采为何具有如此高明的“未来之眼”？我们总是强调“历史感”或者说“历史之眼”，这当然没错，所谓“温故知新”，没有“历史之眼”何来“未来之眼”？但就“人类世”意义上的人类历史断裂来说，我们今天恐怕比过去任何时候都更需要强调“未来之眼”。也许恰恰是在这个意义上，尼采在晚期笔记中不断地使用一个新提法，即“未来哲学”。[②]

如今流行的所谓“未来已来”是一个逻辑不当的表述——“未来”如何可能“已来”？怎么可能有“已来的”“未来”呢？“已来的”就不是“未来”了。未来的才叫“未来”，“未来”总是在途中，总是不确定的。这是“未来”让人着迷之处，也是它特别令人迷惑之处。更何况，尼采去世后一个多世纪里发生的大事（相对于尼采而言构成已经到来的“未来”）对作为自然物种的人类来说具有前所未有的断裂性的意义。那么，对于正在到来的“未来”，我们到底能

① 参看孙周兴:《末人、超人与未来人》，载《哲学研究》，2019年第2期；本书第四编第二章。

② 有关尼采“未来哲学”概念以及由之引发出来的我关于“未来哲学”的前提、方向和问题，这里不做专题讨论，可参看孙周兴:《未来哲学序曲——尼采与后形而上学》“结语”，第277页以下；同时可参看孙周兴:《尼采与未来哲学的规定》，载《同济大学学报》，2019年第5期。

确定些什么呢？有哪些确定性的要素或论题吗？作为回答，也作为本文的总结，我愿意强调如下四点：

第一，技术统治。我们今天需要确认现代技术的支配地位，但并不主张技术决定论。这一点说起来容易，听起来矛盾，也颇多争议。有论者贾萨诺夫分析了三种关于技术与社会关系的传统观点，即“技术决定论”“技术专家治国论”和“结果意外论”，认为三者都断定“技术进步是不可避免的”和“抵抗技术是徒劳的”。[①]关键问题在于：技术究竟有没有自主性？贾萨诺夫引用了兰登·温纳（Langdon Winner）的一句话——“人工产品具有政治性”，以此来反驳“技术决定论”，认为技术并不具有“自主性”。[②]但我认为这种反驳是相当无力的，不能因为技术是人工产品就否定它的“自主性”，或者更应该说，技术是人工产品与技术的“自主性”之间并不构成矛盾。贾萨诺夫没有看到现代技术与古代技术的根本差别，特别是现代技术对自然人类文明造成的断裂性作用。我们前面讨论的“人类世”，以及我们表述的技术统治压倒了政治统治，都表明在自然人类文明与技术人类文明之间出现了“断裂”，人类文明已经进入一个“过渡”阶段，即自然人类向技术人类的过渡阶段。确认这种“断裂”和“过渡”之所以困难，是因为大部分学者和民众还站在自然人类的立场上，还局限于传统人文科学的知识范围内，持有人文主义立场，而起于欧洲启蒙运动的人文主义恰恰就是种族主义、民族主义以及人类中心主义的本质基础。现代技术的统治地位之所以是断裂性的，是因为它意味着自然人类精神表达系统的衰落和崩溃，

① 希拉·贾萨诺夫:《发明的伦理：技术与人类未来》，中译本，第12页。

② 参看希拉·贾萨诺夫:《发明的伦理：技术与人类未来》，中译本，第14页。

意味着自然人类文化和历史的终结。[①]

然而，需要特别强调指出的是，确认现代技术的统治地位，并不意味着我们想要主张和鼓吹“技术决定论”或者“科学—技术乐观主义”，在这方面，我更愿意采纳海德格尔的“存在历史”意义上的“命运观”——也许我们可以把它命名为“技术命运论”[②]。也正是因为近代以来的欧洲人缺失了命运感，再也不愿意承认自己的被规定状态，技术工业才得以兴起和占据支配地位；而如今“存在历史”进入“另一开端”之中，难道不是首先要唤起人类已经湮灭了的命运感吗？

第二，双重技术化。现代技术的统治和支配作用表现为自然人类身心两个方面的技术化，尤其是通过生物技术对身体（肉体）的技术化（基因工程），以及通过人工智能对精神（心灵）的技术化（算法）。这种技术化根本上就是“非自然化”，其后果会在未来几十年间显露出来。在《未来简史》的结尾处，作者赫拉利给这本书的读者们留下如下三个问题：“1.生物真的只是算法，而生命也真的只是数据处理吗？ 2.智能和意识，究竟哪一个才更有价值？ 3.等到无意识但具备高度智能的算法比我们更了解我们自己时，社会、政治和日常生活将会有什么变化？”[③]这些问题当然是吃紧的，但我认为最根本的一个问题是：这种对人类身体和精神的双重技术化—非自然化过程的限度何在？或者如我们所言，人类自然性与技术性的平

① “历史的终结”是福山在《历史的终结与最后的人》里的断言，但在后来的论著中他修正了自己的观点，认为“除非科学终结，否则历史不会终结”。参看弗朗西斯·福山：《我们的后人类未来：生物技术革命的后果》，中译本，黄立志译，广西师范大学出版社，2017年，第2页。

② 有关一种区别于“技术决定论”和“技术宿命论”的“技术命运论”，这里不能展开，拟另文讨论（参看本书第二编第三章）。

③ 赫拉利：《未来简史》，中译本，第359页。

衡是否可能？还有，我们也不妨设问：这种平衡过程是“最后的斗争”的结果吗？是马克思所设想的共产主义社会的实现吗？

第三，福祉与风险。我们不可抹杀技术文明的积极意义，同时也要正视技术风险。斯蒂格勒的说法是：技术既是“毒药”又是“解药”。今天不得不承认，在技术及其后果问题上，现代人（尤其是人文学者们）经常表现出某种浪漫主义的虚情假意，即一边享受现代技术带来的便利和福祉，一边指控和咒骂技术工业，扬言要回归美好的古代。海德格尔厌恶这种浪漫主义，认为科学的进步“将使对大地的剥夺和利用、对人类的培育和驯服进入今天尚不可设想的状态中，而任何一种对早先之物和异类之物的浪漫主义回忆，都是不能阻碍或者哪怕只是遏制这些状态的出现的”[①]。

我认为，我们首先要肯定现代技术的积极意义和效应，如前文所述，现代技术使自然人类的生存可能性彻底发挥出来了，使人类寿命不断延长，完全可以预期从今天的近80岁向150岁迈进——虽然150岁的人类恐怕就不再是完全的自然人类了。须知“长生”是人类的生命本能和自然天性，也是人人享有的基本人权。这是现代技术的积极意义。但同时我们也必须正视技术风险，我们也必须看到，在我们上面描述的现代技术四大基本要素（“四大件”）中，无论哪一项都足以对自然人类构成致命的、摧毁性的后果。其实，我在本文中只是提示了对自然人类身心两方面具有直接影响的几个要素，并未穷尽现代技术的其他种种现象和后果，比如最近大家普遍关注的温室效应和海平面上升的风险，比如技术无法抑制，反而有可能催生和推动流行的全球病毒传播，等等。

① 海德格尔：《哲学论稿（从本有而来）》，德文版，第157页；中译本，第184页。

第四，泰然任之。基于上述现代技术之本质的二重性，我们对技术世界要开放与抵抗并重，以海德格尔的说法是既说“是”又说“不”，即他所说的“泰然任之”（Gelassenheit）。经常有人指责海德格尔的姿态过于消极，因为“泰然任之”至少含有一个意思，就是let be，也就是“随它去吧”。但在我看来，海德格尔的“泰然任之”并非主张消极无为，更不意味着随意放任，而是一种合乎命运的“二重性”（Zwiefalt）姿态和策略，是我所谓的“技术命运论”。[①]在技术—资本的整体裹挟下，我们现代人已经成为“欲望动物”，我们“要”得太多，为“要”而“要”，明明不行了还“要”，这当然是自然人类被技术化的后果之一。我们已经渐渐失去了“不要”（Nicht-wollen）的能力，已经不会“不要”了。[②]根本上，为了取得我们讲的人类的自然性与技术性的可能平衡，我们需要唤起一种稳重的定力。斯蒂格勒很好地揭示了这一点，他采用了热力学和信息学中的“熵”概念，认为“人类世”是“增熵”时代，即“熵”不断增长的时代。“全球范围内熵在加速增长……要是不彻底改变经济基础，我们将不会有下一个世纪了，关键在于减少熵，增加负熵。为此必须发明一个新的价值生产过程，重新定义什么是价值。”[③]斯蒂格勒建议抵抗消费主义，引入一种以“负熵”为基础的经济。他这种想法当然也不算新鲜，对于欧洲知识人来说，这种姿态可以说是十分典型的。海德格尔早就形成了这样一种抵抗性的立场，并且把

① 参看本人于2019年11月28日晚以《海德格尔与技术命运论》为题在中山大学哲学系的演讲（本书第二编第三章）。另可参看海德格尔：《存在的天命——海德格尔技术哲学文选》编译后记，中译本，孙周兴编译，中国美术学院出版社，2018年，第199页以下。

② 参看海德格尔：《乡间路上的谈话》，中译本，孙周兴译，商务印书馆，2018年，第100页。

③ 参看《斯蒂格勒专访：全球范围内熵在加速增加，这是最严重的问题》，“澎湃新闻”，https://www.thepaper.cn/newsDetail_forward_1702787_1。

斯蒂格勒所谓的“消费主义”表达为“美国主义”；只不过，海德格尔更希望深入挖掘他所谓“美国主义”的欧洲起源。[1]

最后让我们引用尼采的一段话：“许多人死得太晚，有些人又死得太早。更有听起来令人奇特的信条：‘要死得其时！’要死得其时：查拉图斯特拉如是教导。诚然，生不逢时的人，又怎能死得其时呢？倒是愿他从未降生过！——我这样劝告那些多余者。”[2]尼采这话莫名其妙，我不想多做解释，似乎也不必解释。不过，即将走向“永生”之路的多余的人们，真的应该来想想尼采的问题：生不逢时，如何死得其时？

① 海德格尔：《林中路》，德文版，美茵法兰克福，1994年，第95页和第112页；中译本，第104页和第124页。

② 尼采：《查拉图斯特拉如是说》，中译本，第110页。

第三章　海德格尔与技术命运论[①]

海德格尔的技术之思在他的哲学中占有重要的地位，其相关迷思可能是20世纪最艰深的一种。本文试图从几个方面探讨海德格尔的技术哲学：第一，海德格尔前期的世界和时间学说及其技术哲学含义；第二，围绕"实验"（experientia）概念探讨海德格尔关于现代技术之起源的观点，落实于形式科学与实验的关系问题；第三，围绕"集置"（Gestell）概念讨论海德格尔关于现代技术之本质的基本看法；第四，围绕"泰然任之"（Gelassenheit）概念讨论在海德格尔那里启示出来的关于现代技术的思想姿态。本文的主要意图还不在于讨论海德格尔的技术哲学本身，而毋宁说在于，从海德格尔的存在历史观和技术之思出发，反驳技术乐观主义和技术悲观主义，阐发一种所谓的"技术命运论"。

今天人类处于技术时代。关于技术有各种各样的思考和态度，有技术决定论，有技术乐观主义，有技术悲观主义，有技术虚无主

① 根据本人为《存在的天命——海德格尔技术哲学文选》所撰的"编译后记"扩充而成，原题为《海德格尔的现代技术之思》。2019年9月16日下午以《决定论还是命运论？——海德格尔技术哲学再思》为题在山西大学哲学学院演讲，根据录音成稿；本文定稿于2019年11月28日晚以《海德格尔与技术命运论》为题在中山大学哲学系演讲。本文定稿第五部分记录了我在山西大学报告时与江怡教授等人的现场讨论。

义，等等。技术决定论的前提实际上是技术乐观主义，认为技术虽然还不够，还有各种问题没有解决，甚至还带来了许多问题，但好在我们至少可以期待通过技术的进步把它们解决掉。由之引申出技术专家治国论和技术后果论之类的想法，它们大概是一条线上的。与之相对照，今天的人文学者多半抱持一种技术悲观主义和技术虚无主义的态度，说技术再这样发展下去我们人类就要完蛋了。技术本身的双刃剑作用和意义，足以让技术乐观主义与技术悲观主义各执一端，互不相让。

于是，今天依然有一个问题摆在我们每个人面前：怎么看待现代技术及其后果？技术如此深刻地规定了人类的生活，使得我们每个人还不得不采取一种看待技术的姿态。这就需要技术哲学的思考和讨论。

我并非技术哲学方面的专家，只是这几年来生发了一点兴趣，但要真正深入一个领域又谈何容易？我今天的报告主要讨论海德格尔的技术哲学，主题设为“海德格尔与技术命运论”。海德格尔的技术迷思可能是20世纪最难的一种，哲学界为之着迷者不少，但也有许多人对之不以为然，说他神神道道，胡说八道。我个人大概处于中间状态，以为海德格尔的技术思想确有新义，但也未必神化之。下面我主要分四点来讲：第一，讨论海德格尔前期的世界学说和时间学说及其技术哲学含义；第二，围绕“实验”（experientia）概念探讨海德格尔关于现代技术之起源的观点，落实于形式科学与实验的关系问题；第三，围绕“集置”（Gestell）概念解说海德格尔对现代技术之本质的规定；第四，最后围绕“泰然任之”（Gelassenheit）概念来讨论海德格尔对现代技术的态度。我的重点还要放在第四点上，就是想努力一把，从海德格尔那里引申出一种超越技术乐观主义和技术悲观主义的技术观点和姿态，我斗胆称之为“技术命运论”。大概就这么些想法。

一 重新理解世界与时间

我们知道海德格尔哲学大概以1930年为界，区分为前后两个阶段。[①]1930年之前的前期海德格尔给人感觉是不关注现代技术的，因为他讨论的是“存在学/本体论”（ontologia）的问题，落实于此在的实存状态和生活世界。但我们也必须看到，前期海德格尔对传统哲学的解构和对生活世界（周围世界）的重新理解（现象学式的理解），根本上仍然具有技术哲学的意义，因为这已经是一个被技术工业规定的世界。今天被现代技术改造的生活世界需要新的经验。如果人们还是用老旧的经验来衡量这个世界，总是沉湎于过去，甚至总是美化过去、蔑视现实，那就会出问题的，那就无法面对现实。海德格尔当然不会这样。现在我们完全可以认为，以《存在与时间》为代表的前期海德格尔的思想目标和思想成果就在于重新理解这个新生活世界（技术人类文明），质言之，就是生活世界经验的重建。

海德格尔的这项工作主要体现在两个方面：一是重新理解世界；二是重新理解时间。如果我们并没有太大的纯粹存在学/本体论方面的兴趣，那么，我们就不得不认为，关于“世界”（Welt）和“时间”（Zeit）两大课题的新思考和新理解，无疑就是前期海德格尔最

① 20世纪另一位大哲维特根斯坦差不多也以此为界分成前后两期哲学，都构成一种转折。两位哲学家之间是可以做一番比较和对照的。两者并不相互关注，但为何有此同步？这真的是一个可以讨论的问题，这里且搁下不表。

大的哲思成就。

在“世界”问题上，海德格尔受胡塞尔现象学的影响良多，并且进一步把现象学实存哲学化，拓展了现象学的“关联性思维”，而后者对于传统西方哲学来说具有革命性意义。西方传统哲学根本上是一种“超越性思维”，古典哲学寻求一个存在学/本体论的先验形式结构，认为事物的存在就在于它的自在结构（物是“自在之物”），近代哲学完成了一次转换，即“自在”（an sich）向“为我”（für mich）的转换，物是“为我之物”，存在被设定为“被表象性”或“对象性”，但在这两种哲学中，“超越”（Transcendence）都是一个核心问题。受传统线性时间观的驱动，传统哲学实施了“线性超越”策略，旨在构造一个纯形式的、无时间性的先验领域。

胡塞尔看得很清楚，认识论的基本问题就是“超越”问题：“认识如何能够确定它与被认识的客体相一致，它如何能够超越自身去准确地切中它的客体呢？”[①]胡塞尔试图通过意向性学说来解决这个问题，其意向性概念的特征之一是所谓“先天相关性”思想：意识不是一片空海滩，不是一个有待充实的容器，而是由各种各样的行为组成的，对象是在与之相适合的被给予方式中呈现给意识的，而这一点又是不依赖于有关对象是否实际存在而始终有效的。这就是说，对象（事物）是按我们所赋予的意义而显现给我们的，并没有与意识完全无关的实在对象和世界“现实性”。因此，意向意识本身包含着与对象的关联，即“先天相关性”。胡塞尔写道：“意向性概念原则上就解决了近代认识论的古典问题，即：一个起初无世界的意

① 胡塞尔：《现象学的观念》，《全集》第2卷，德文版，海牙，1973年，第20页；参看中译本，倪梁康译，上海译文出版社，1986年，第22页。

识如何能够与一个位于它彼岸的‘外部世界’发生联系。”[1]海德格尔对于认识论问题没有兴趣，但对胡塞尔所谓“先天相关性”却是心有戚戚，因为他从中发现了一种新的事物规定和世界理解的可能性，事物的存在既非“自在”亦非“为我”，而在于“关联”。海德格尔说这已经是一大进展或者转折，但还不够。不够在哪里？海德格尔说“现象”有三义，即“内容意义”（什么）、“关联意义”（如何）和“实行意义”（如何），胡塞尔停留在关联意义上了，所以还不够，关键还要看“关联意义”之“如何”的“如何”——意思就是，“关联意义”是如何发动和实行的。这就有了《存在与时间》中以此在之“关照”（Sorge）为核心的此在在世分析，此在通过“照料”（Besorgen）营造了一个“周围世界”，又通过“照顾”（Fürsorgen）构造了一个“共同世界”。这种此在在世分析的根本点还在于对作为“因缘联系”的世界的理解。人生在世，是在一个物物互联的环境里，也是在一个人人相关的关系中。这样的想法当然是与西方哲学传统大异其趣的。而正是技术工业才促成了这种万物互联和普遍交往的新生活世界。

那么，这时候还有“超越性”问题吗？当然还有，只是被转换了，就“世界”论题而言，我认为海德格尔把“超越性”问题转变为“指引性”问题了，就是每一个境域（世界）都超越自身，指引着更大的境域（世界）。而更为要紧的是，海德格尔进一步把“超越性”问题化解为此在的“时间性”问题了。这就涉及前期海德格尔的另一项工作：重新理解时间。

时间问题是前期海德格尔的基本课题，他的《存在与时间》原

① 胡塞尔：《现象学的方法》，中译本，黑尔德编，倪梁康译，上海译文出版社，2005年，第18页。

计划分两个部分：“第一部：依时间性诠释此在，解说时间之为存在问题的先验视域；第二部：依时间状态问题为指导线索对存在学历史进行现象学解析的纲要。”[①]但实际上海德格尔最后只完成了第一部第一篇和第二篇。我们且不管这一点，我们要关心的是：海德格尔如何理解时间？海德格尔如何把“超越/超越性”问题归化为“时间性”问题？

海德格尔在《存在与时间》中说，传统的时间观都是“现在时间”，此时此刻是现在，过去是已经消失的现在，未来是还没到来的现在，所以时间就是一条“现在之河”，这就是“线性时间”。亚里士多德就已经开始了这种线性时间观。他说，“时间是运动的计量”。时间就是我站起来走到门口这样一种运动的计量。时间是直线的和均匀的运动。近代物理学也建立在这个线性的和均匀的时间观念基础之上。尼采在1884年左右形成“相同者的永恒轮回”学说，提出一种新的时间观念，我把它叫作“圆性时间”。[②]海德格尔继承了尼采的思想，对之做了一种推进，把它转化为一种以将来或未来为中心的曾在、当前与将来三维循环的时间性实存结构。

尼采和海德格尔都明显意识到了一种人类生活世界以及世界经验的根本性变化。他们直观到今天的生活世界需要另一种时间经验。当然我们大部分时候采纳的是“时钟时间”，比如拿出手机来看一下几点了，哦已经四点钟了，有点迟了，等等。这个“时钟时间”或者“钟表时间”就是均匀的“线性时间”。自然人类的日常生活采取这样的尺度，这本身没错，但尼采和海德格尔会说，这是物理—技术的时间观，还不是原初的时间经验，或者说，还有非科学的时

① 海德格尔：《存在与时间》，德文版，第39页；中译本，第56页。
② 关于尼采的时间观，可参看孙周兴：《圆性时间与实性空间》，本书第三编第二篇。

间观，即我所谓的“圆性时间”，就是一种“实存论的”时间理解。“超越”问题被移置了，被置于个体此在的“实存”上。海德格尔在《存在与时间》导言中为自己的哲学给出一种总体定位：

> 存在绝对是transcendens［超越、超越性、超越者］。此在存在的超越/超越性（Transzendenz）是一种别具一格的超越/超越性，因为在其中包含着最彻底的个体化的可能性和必然性。对作为transcendens［超越、超越性、超越者］的存在的每一种展开都是先验的（transzendental）认识。现象学的真理（存在的展开状态）乃是veritas transcendentalis［先验的真理］。[①]

此在存在（实存）的“超越性”是什么？海德格尔在上面这段话里没有明说，但据我的理解显然就是“时间性”。海德格尔在别处写道：“时间性是源始的、自在自为的‘出离自身’本身。因而我们把上面描述的将来、曾在、当前等现象称作时间性的绽出。”[②]所谓“时间性”就是此在面临边缘处境（死、无）而揭示出来的“超越性”的源始结构。此在实存（Existenz）即“绽出”（Ek-stase），即“超越”。传统的“超越”问题在此被实存化了，成了三维圆性循环的时间性绽出。[③]

概而言之，前期海德格尔的“世界”观和“时间/时间性”观具有颠覆性的意义。世界被理解为关联世界，时间性被理解为此在实存的超越性结构，或者说，传统无时间的“超越”被时间化了。而

① 海德格尔：《存在与时间》，德文版，第38页；中译本，第54页（译文有重要改动）。
② 海德格尔：《存在与时间》，德文版，第329页；中译本，第448页。
③ 参看孙周兴：《语言存在论——海德格尔后期思想研究》第一章第四节，商务印书馆，2011年，第56页以下。

海德格尔之所以能够达成这样一种新理解，根本原因在于在技术工业的改造下，生活世界变了，生活世界经验也相应地变了。

二　实验：从科学到技术①

海德格尔的思想转向是在第二次世界大战中完成的。1933年他当了10个月的弗莱堡大学校长，但10个月后就辞职不干了。第二次世界大战本质上是技术工业之战。众所周知，当年我们国家在技术工业上十分落后，不会制造飞机大炮坦克，结果就被日本人打得狼狈不堪。海德格尔是在1933至1934年以后，在“二战”的枪炮声中，他明显地意识到技术工业正在脱离自然人类的控制，成为一种极端的异化力量，于是展开了关于现代技术的哲学思考，尤其在他的《哲学论稿（从本有而来）》（1936—1938年）中做了深入的探讨。

现代技术已经全方位地统治了这个世界，其中有四大因素是最值得我们关注的。一是核武核能，二是环境激素，三是基因工程，四是人工智能，它们分别与物理学、化学、生物学和数学四门基础科学相关。我们在此可以清楚地看到基础科学的重要性。这四大因素都充分体现了现代技术的两面性，即福祉与风险并存。这就是说，它们可能造福于人类，但同样也可能给人类带来灭顶之灾。虽然核武器只在1945年夏天爆炸过，但其惊人威力使自然人类彻底发呆发蒙了，终于使人意识到自然人类历史的终结以及所谓“人类世”（Anthropocene）的开始。化学工业改善了人类的生活，而作为它的后果之一，环境激素构成自然人类的一个最隐蔽的技术风险。生物

① 相关文献可参看海德格尔：《存在的天命——海德格尔技术哲学文选》，中译本。

工程是今天人们最担忧的，特别是基因工程，也是最近一些年里发展最迅猛的，其影响深不可测，也最让人纠结。它可能使人类寿命大幅延长，但也带来很大的风险，人们不知道后果到底会怎么样。①人工智能（AI）可能是今天最让人兴奋的，与之相关的互联网、大数据技术今天已经掌控了人类，现在谁还能离开手机和电脑？虽然人工智能还在初级阶段，但有人（比如已故的物理学家霍金）已经无比恐慌，断言机器人消灭人类的时间已经不远了，自然人类存在的时间不长了。②

现代技术四大因素本质上发端于近代自然科学，而后者又直接源自古希腊的形而上学哲学传统。所以也可以说，古希腊形而上学通过近代自然科学和现代技术在全球范围内得到了实现。今天现代技术已经占领全球。但这里面有个难题，是我一直没有想清楚的。海德格尔在《哲学论稿（从本有而来）》中花了好大篇幅来讨论这个难题，就是：源自古希腊的形式科学为什么可以与实验科学相结合，从而成就了技术工业？形式科学的定律和规律与个体、具体的东西没有关系，与个别经验也无关。典型的形式科学有逻辑学、几何学、算术等，实际上语法和存在学/本体论（ontologia）也可归于形式科学。为什么在古希腊产生了形式科学而别处一概没有？③这本身已经成了问题。进一步的问题是，为什么形式科学到近代可以与实验科学结合起来？或者说，为什么形式科学可以被实验化？这事想来无

① 前不久媒体报道说日本政府批准了生物学家进行人类基因跟动物基因的杂交，后来说这是谣言，日本政府已经辟谣了，要禁止这个实验！我们已经有杂交的植物，比如杂交稻，但是把人类基因与动物基因杂交一下，会出来一个什么东西呢？后果是什么？不知道。

② 较详细的讨论可参看孙周兴：《技术统治与类人文明》，本书第二编第一章。

③ 我们知道罗素在《西方哲学史》中就认为“希腊文明的突然兴起”是人类历史上“最使人感到惊异或难于解说的”事，而希腊文明的核心要素，在罗素看来是他们首创了数学、科学和哲学。参看罗素：《西方哲学史》上卷，中译本，何兆武译，商务印书馆，1986年，第24页。

比怪异。我认为这也是思想史（哲学史和科学史）上尚未完满解决的两大问题。

关于第一个问题即形式科学的产生，海德格尔在1935/1936年弗莱堡冬季学期讲座《物的追问》(《全集》第41卷）中做了专题讨论。我注意到这个讲座的时间，恰好与海德格尔写作《哲学论稿（从本有而来）》的时间相合。在《物的追问》中，海德格尔从“学”（mathesis）与“数学的东西/数学因素”（mathemata）的关联入手，认为在希腊已经产生了“数”意义上的“学”。希腊原本的“学”是“模仿”（mimesis），是“模仿之学”，但到希腊哲学和科学时代就已经有了“数之学”（mathesis）。这两种“学”有着根本的区别，海德格尔一言以蔽之：可“学”的不是具体的3只苹果或3个人，而是3。但如果没有3这种在先的认识，我们如何可能“数”3只苹果、3个人呢？[①]

海德格尔更关心的第二个问题，就是形式科学如何可能与实验科学结合起来？这个问题首先可以表达为现代科学与古代科学的区别问题。海德格尔正是由此入手来讨论，他比较了亚里士多德的运动观与牛顿和伽利略的运动观。亚里士多德认为，物体是根据其“本性”而运动的，这是他基于古典的“自然”（physis）理解的运动观。而牛顿的第一运动定律（惯性定律）则不然，认为任何物体若无外力影响，都将保持其静止状态或匀速直线运动。[②]在这两者之间到底发生了何种变化呢？海德格尔居然看出了八大区别，举其要者：首先牛顿的惯性定律不再区分地上和天上的物，而是抽象地说“所有物”；其次是以直线运动取代了亚里士多德的圆周运动；再就是惯

① 更详细的讨论可参看孙周兴:《模仿之学、数之学与未来之学》，本书第四编第一章。
② 海德格尔:《物的追问》，德文版，第86页。

性定律把“位置”抽象掉了；运动与力的关系被颠倒了，力的本质是由运动定律来规定的；自然不再是物体运动的原则，而是成了物体在空间和时间中在场的形式；等等。[①]根本点还在于自然/存在理解变了，亚里士多德那里的具体的物—位置—空间关系被形式化和抽象化了。

那么，形式科学到底如何可能被实验化？或者说，现代“实验”到底是如何发生的？海德格尔讨论了伽利略的自由落体定律和他做的比萨斜塔实验。在亚里士多德的运动学说中，物体是按“本性/自然”运动的，重的物体向下运动，轻的物体向上运动；如果两个物体一起下落，则重的必定快于轻的。伽利略的观点则恰恰相反，他认为，一切物体下落速度相同，下落时间的差异只是由于空气阻力，而不是因为不同的内在本性。伽利略试图通过实验来证明此点，这就是著名的比萨斜塔实验。但实际上这是一个不可能成功的实验，因为自由落体的两个物体，一个轻的和一个重的，只有在真空状态下才是同时落地的；要是不在真空状态下，这是不可能的事。不同重力的物体从塔上下落时并不是绝对同时的，而是有细微的时间差异，但伽利略仍旧坚持自己的观点，实验的目击者便更怀疑他的观点了。[②]伽利略当时却宣告自由落体实验成功了。自由落体定律是一个形式科学的规定，通过这个不成功的比萨斜塔实验被“证实”了。但这个实验的实际情况到底如何，其实是无关紧要的，也与他的“自由落体定律”无关，重要的是这个实验表明：形式—数学的世界是可实验的。现在看来，这一点显得十分关键，因为它把形式

① 海德格尔:《物的追问》，德文版，第87—89页。

② 海德格尔:《物的追问》，德文版，第90页。实际上只有在真空条件下，两个不同重力的物体才可能同时落地，而在伽利略当时的实验中，这是不可能的。

科学与实验科学结合起来了。有了这个结合，才有了近代科学和技术工业，这才有了今天这个最数学——普遍数学——的技术时代。海德格尔指出，伽利略做的实验其实是一种“心灵设想”（mente concipere）：

> 所有物体都是相同的。没有任何运动是优越的。任何位置对于任何物体都是相同的；每一时间点对于每个物体都是相同的时间点。任何力只是根据它在运动变化——这一运动变化被理解为位移——中引起的东西来加以规定。对物体的一切规定都有一个基本轮廓，据此轮廓，自然过程无非是质点运动的时空规定。这一关于自然的基本轮廓同时也限定着自然的普遍同一的领域。[①]

一句话，一个有别于古典时代的自然世界的形式的一数学的抽象物理世界形成了。我们当然可以说，伽利略的实验无论是否成功，都表明当时知识的兴趣已经转移，从静观式的沉思转向了务实的和行动的经验和实验。这样的说法没错，但似乎还不够。进一步，海德格尔在《哲学论稿（从本有而来）》中试图区分“经验”与“实验”。有不少学者认为中世纪后期就出现了经验科学的兴趣以及现代科学的苗头，海德格尔却持有不同的看法。海德格尔在德语字面上来了解“经验”，认为experiri［经验］意味着“冲向某物，某物冲向某人”，这就是德语的动词erfahren。这种“经验”（experiri）还不是“实验”（experientia），而只是“实验”的准备。海德格尔写道：

① 海德格尔:《物的追问》，德文版，第92页。

> 作为考验性的走向和观察，经验的目的从一开始就在于制订出一种合规则性。……唯在有一种对本质性的，而且仅仅在量上规则性地被规定的对象领域的先行把握之处，实验才是可能的；而且，先行把握因此规定着实验及其本质。[①]

所谓“经验”（experiri）乃是“一种对被寻求者的先行把握，也就是对被追问者本身的先行把握。相应地，〈它乃是〉程式的设置和安排。然而，这一切experiri［经验］都还不是现代的‘实验’。现代‘实验’（作为试验的考验）中决定性的因素并不是‘设备’本身，而在于问题提法，亦即自然概念。现代意义上的‘实验’乃是精确科学意义上的experientia［实验］。因为精确，所以才是实验”[②]。这就是说，“实验”的决定性要素是数学：“因为现代‘科学’（物理学）是数学的（而不是经验的），因此它必然地是在测量实验意义上实验的。……恰恰数学意义上的自然筹划乃是‘实验’（作为测量实验）的必然性和可能性的前提。”[③]

因此，海德格尔得出结论，认为现代实验之可能性的基本条件有两项：其一，对自然、对象性、被表－象状态的数学筹划；其二，现实性之本质从本质性（普遍性）向个别性的转变。“唯有在此前提下，个个别结论才能要求证明和证实的力量。”[④]这个结论如何？用简化的表达，现代实验的基本条件是数学＋个体化（个别化）。海德格尔的这个结论恐怕会让人失望，但哲学家的讨论大概只能到此为

① 海德格尔：《哲学论稿（从本有而来）》，德文版，第161—162页；中译本，第189—191页。
② 海德格尔：《哲学论稿（从本有而来）》，德文版，第166页；中译本，第195页。
③ 海德格尔：《哲学论稿（从本有而来）》，德文版，第164页；中译本，第192页。
④ 海德格尔：《哲学论稿（从本有而来）》，德文版，第164页；中译本，第193页。

止。无论如何，我认为他的思考方向是对的。形式科学与实验科学的结合才导致了今天的人类技术文明。要是没有这个结合，今天的技术工业文明是不可设想的。所以这是一个特别重大的问题，还需要进一步讨论。

三 集置：现代技术的本质

接着我来讲第三个问题：现代技术的本质是什么？我们说过，海德格尔的技术哲学被认为是20世纪最艰难的一种。难在哪里呢？主要是对海德格尔的Gestell一词的理解。美国学者詹姆逊说这个Gestell是20世纪最神秘的一个词语。这个德语词语的意思就是“架子”，所以已故的熊伟先生把它译成“座架”，但在海德格尔这里这个译名不是太确当，或者说还不够；我认为我们更应该从字面上来理解，前缀Ge就是“集/集中”，词根stell就是“置/放置”，所以我把它翻译成“集置”。到目前为止，学术界似乎还只有少数人采用了我建议的这个译名，有人甚至也不用熊伟先生的“座架”，造出另一些奇奇怪怪的译名。

海德格尔区分现代技术与古代技术，把现代技术的本质规定为“集置”（Gestell）。所谓“集置”（Gestell）包含着对现代技术以及作为现代技术之基础的物观念和存在观念的规定和解释。现代技术被海德格尔设想为在“存在历史”（Seinsgeschichte）的第二个阶段的现象，即近代以知识论哲学或主体性形而上学为基础的现象。也就是说，海德格尔认为，如果没有近代知识论，没有主体性哲学，就没有现代技术。所以在这个意义上，可以说海德格尔是对现代技术做了一个存在历史性的理解。

从存在历史上看，海德格尔的“集置”（Gestell）实际上是一种对象化。什么叫对象化？我们已经听得太久太多了，我们的马克思主义哲学材料里总是讲“主体、客体、对象化”，听得学生们都麻木了，但“对象化”实际上是近代哲学的核心概念。[①]所谓“对象化”有两个层面，一个是在观念和思维层面上，我们一般说哲学思维和科学思维，即在康德那里完成的“表象性思维”。众所周知康德是一个诚实的哲人，他说物本身是什么，我不知道，也是不可知的，我只知道物对我来说（for me）是什么。欧洲古典哲学总是说：物的存在在于它本身，物本身有一个结构，构成了事物的存在。但到欧洲近代哲学就不一样了，康德说：物的存在就是被表象，物的存在在于for me，物对我来说是什么。什么叫“对我来说”（for me）呢？就是说物有没有进入到我的表象性思维范围之内，物有没有被我（主体）所表象，物有没有成为我（主体）的对象。康德为这个事情费了不少脑筋，他有时候说“表象”，有时候说“设定”。康德为什么是近代哲学的完成者？因为他完成了这一步，即把物的“存在＝被表象性＝对象性”这个等式建立起来了。这种观念上的“对象化”是“集置”的第一个意义：“集置”就是“表象”（Vorstellen）——“表象”这个译名不好，为了与“对象性”相对应，它更应该被译为“置象”。

不过，海德格尔的作为“对象化”的“集置”还有第二层意思，就是在行动—操作—制造层面上，说的是对事物的摆置和置弄

① 我曾经说过，如果我们通过“主体、客体、对象化”这套认识论说辞来解说马克思哲学或马克思主义哲学，那么我们就面临一个危险，就是把马克思哲学又拉回到近代哲学里，我们就把马克思哲学降低了。马克思是一位现代主义哲学家，甚至是一位当代哲学家，已经超越了康德、黑格尔等的德国古典哲学，或者更应该说，已经超越了近代哲学。参看本书第一编第一章。

（stellen），比如说Herstellen就是把事物置造/制造出来，Verstellen就是伪置/伪造事物，Bestellen是把事物订置/预订了。好比人们发现南海海底有可燃冰，但凭借现在的技术手段还开采不了，不过我们迟早是要实施开采的，它就已经被预订了，进入我们的"集置"范围之内了，这叫"订置"。在这种"对象化"意义上，"集置"就是"置造—伪置—订置"等行动的复合。

所以，我们要从这两个层面上来理解作为"对象化"的"集置"。这样说来，海德格尔所谓"集置"就并不多么费解了。根本上这是一个"存在历史"的规定，是从"主体性形而上学"批判意义上给出的关于现代技术之本质的界定。

除了把现代技术的本质规定为"集置"外，海德格尔还把技术与"解蔽"联系起来，以他的说法："集－置乃是那种摆置的聚集，这种摆置摆弄人，使人以订置方式把现实事物作为存料而解蔽出来。"[①]现代技术是一种"解蔽"方式，这是什么意思呢？我们知道海德格尔重新理解和翻译了希腊的aletheia［真理］，把它改译为"无蔽、解蔽"（Unverborgenheit）。这种改译意义重大，因为我们习惯的"真理"是一个知识学概念，即"知"与"物"的符合。这已经是常识了，我下一个知识判断，表达一个命题，若是与对象符合，那就是"真的"，若是不相符合，那就是"假的"。海德格尔会说，这事没这么简单，所谓"解蔽"即"揭示"，不光认知和认知判断是"揭示"，我们的许多行动都是"揭示"行为：我把你看作什么，如此简单的感知也是一种"揭示"。海德格尔进一步认为，知识/科学还不是原初的"揭示"，创作、牺牲、思想等可能是更原初的"揭示"即

① 海德格尔：《演讲与论文集》，中译本，第26页。

"真理"。关键还在于，"一切解蔽都归于一种庇护和遮蔽"[①]。若是没有遮蔽，何来解蔽？因为我把你看作什么，已经构成一种对你的遮蔽——区分、掩盖和否定等等，如果没有后者，实际上我无法把你看作什么。

现代技术当然也是一种"解蔽/揭示"。但这种"解蔽/揭示"并不是原初的和基本的，而是派生的或衍生的。它以上面描述的"集置"方式把事物当作"存料"（Bestand）而揭示出来。现在它已经成为一种统治性的力量，迫使人类"一味地去追逐、推动那种在订置中被解蔽的东西，并且从那里采取一切尺度"，由此锁闭了人的其他更原初地参与到"无蔽状态"中的可能性。[②]这就把人带入"危险"（Gefahr）之中了。海德格尔有一段话写道：

> 对人类的威胁不只来自可能有致命作用的技术机械和装置。真正的威胁已经在人类的本质处触动了人类。集置（Gestell）之统治地位咄咄逼人，带着一种可能性，即：人类或许已经不得逗留于一种更为原始的解蔽之中，从而去经验一种更原初的真理的呼声了。[③]

这里所谓"更为原始的解蔽"是什么呢？显然是指techne意义上的，也即艺术和手工意义上的揭示和解蔽。但我们现代人已经离开这种意义上的真理了，我们已经进入另一个体系之中。由于现代技术的这种集置作用，自然人类的生活世界和文化世界已经衰败，正

① 海德格尔：《演讲与论文集》，中译本，第27页。
② 海德格尔：《演讲与论文集》，中译本，第28页。
③ 海德格尔：《演讲与论文集》，中译本，第29页。

在瓦解之中。大家注意我用的词语，叫“自然人类的生活世界”，今天在座各位包括我自己，表面看来还是自然人类，但已经要大打折扣了，大概要打个六七折了，我们已经不是自然人了，我们已经被技术工业加工过了，身体和精神两方面都被深度加工过了，而且还在不断地被加工。此即海德格尔所说的现代技术“已经在人类的本质处触动了人类”。

四　二重性：技术命运论

特别是在20世纪的进程中，技术哲学越来越成为一门热门学科或研究领域。有人把海德格尔称为技术哲学的先驱人物。这恐怕还是有失妥当的。实际上，技术是一个十分古老的哲学讨论课题。古希腊哲学家亚里士多德对技术问题就有过深入思考。往近处说，至少弗朗西斯·培根可算最早的“技术哲学家”。正如一般哲学的发展状况一样，在技术哲学上同样也有路线分歧，有人文主义的技术哲学与科学主义的技术哲学。国内有学者区分了所谓“技术哲学”的四个传统，即“社会—政治批判传统”“哲学—现象学批判传统”“工程—分析传统”“人类学—文化批判传统”，海德格尔自然被放在“哲学—现象学批判传统”里面了。[①]这个区分比较细致，但若简明一些，仍不妨依照米切姆（Carl Mitcham）的划分，分为“工程派技术哲学”（Engineering Philosophy of Technology）和“人文派技术哲学”（Humanities Philosophy of Technology）两大派。[②]从哲学史的角度来看，米切姆的划分基本上仍旧与我们所熟悉的经验—分析哲学

① 吴国盛编：《技术哲学经典读本》，上海交通大学出版社，2008年，第5页。
② 吴国盛编：《技术哲学经典读本》，第5页。

传统（科学主义）和人文哲学传统（人文主义）之两分相合。海德格尔的技术之思，无疑属于以欧陆为主体的人文派。我愿意把海德格尔看作人文主义路线上对技术问题思考最深入的一位思想家。

但在对待现代技术的态度或姿态问题上，海德格尔并不是一个简单的人文主义者，而不如说，他既反对科学主义和技术乐观主义，也不赞成具有技术悲观主义倾向的人文主义。对此他是有充分自觉的，他明确地区分了两种姿态，即“盲目地推动技术”与“无助地反抗技术，把技术当作恶魔来加以诅咒”。[①]这两种姿态都不可取，实际上就是技术乐观主义与技术悲观主义。海德格尔试图超越这种简单的二元对立，而要走出一条中间道路，我称之为“技术命运论”。这种姿态当然会左右不是、两面不讨好的。

关于现代技术世界，海德格尔有一个著名的说法，即“泰然任之”，德文的Gelassenheit，英文的let be，熊伟先生把它译成“泰然任之”，蛮有意味的。let be是什么意思呢？let be就是不要紧张，放松。你看我们现在都不会放松了，紧张得不得了，所以要放松再放松。所谓let be就是要对技术世界保持既开放又抵抗的姿态。海德格尔说什么呢？我们对技术世界既要说“是”，又要说“不”，这种想法和态度可以说是采取了“中道”姿态。现在人文学界有许多“假人”，他们一方面反技术，另一方面又享受着技术。我有个朋友回国以后坚持不用空调，后来他夫人跟他说，你再不用空调我就跟你离婚了，于是只好乖乖地装上了。大家看他还是不彻底呀。今天谁真的能回避和否定技术呢？

我们必须看到技术的普遍性。今天最可怕的情况是，我相信各

① 海德格尔：《演讲与论文集》，中译本，第28页。

位跟我一样，今天一整天都没碰到过手工的东西，全是机械制造的物品。但是，也就是三四十年前，我上大学的时候，我们的生活世界还是以手工物品为主的世界。放在我们桌子上的东西大部分是手工的，我们的椅子都是木头椅子，人工做的，好多器具也都是手工做的。在工业化进程中，我们的生活世界已经巨变，有人问我这个变化主要体现在哪里，我的说法是，我们的生活世界变成抽象的世界了。我面前这个茶杯，如果是机械产品的话，在我面前放了几千个，我就没法把它与别的茶杯区分开来了。这时候我对它的感知就会落空，因为我们自然人类的感知经验是靠事物的差异性来确认的。我今天进这个教室，各位都长得蛮好看的，都长得不一样，感觉蛮好；如果我进来，各位长得一模一样的，我肯定说完了，这个世界有问题了。但是今天的技术正在把我们往一样的方向整啊。我现在明显有一种感觉，我们的学生长得越来越类似了。这是技术工业的后果之一，它有一种强大的同质化的敉平作用。技术工业无法抵抗，但不抵抗行吗？这就是另外一个问题了。海德格尔说let be，根本意思是说，要让今天由技术工业制造出来的技术对象重新回到生活世界里。我想其中至少含有一个意思，要使技术对象变成有差异的个体。这个想法会不会让人觉得很无聊？可能吗？技术产品怎么可能“降解”变成生活世界里面的事物呢？

还有一点，在技术—工业—商业时代里，人类正在变成一个奇怪的欲望动物。我为什么要加上“奇怪的”这个形容词，说“奇怪的欲望动物”？因为以前自然人类也有激情，也充满着欲望，但今天人类的欲望无比怪异。为什么这么说？我们处身于这样的一个状况：我们的能力越来越差，但越来越想要。这才变得奇怪了。人类已经进入这样一个状态，一直是要要要，然后就不行了，开始发明各种药和各种手段，让他变得还能要。人要要要，要不了还要，人类就处于这样一个艰难的悖谬的状况中。结果是什么？结果是我们失去了“不要”的能力，因为我们太要了，习惯于要而不会“不要”了。尤其在今天的中国，特别是在上海，你在路上看到的人们一个个都行色匆匆，忙得跟狗似的，却不知道在忙些什么。你问他赚钱了吗，好像也没有。不但没有，这两年因为互联网金融平台倒闭，好些还跳楼了。就今天这个欲望经济而言，法国哲学家斯蒂格勒用了“熵”的概念。斯蒂格勒说，人类世是“熵”不断增长的时代，没完没了，绝路一条，所以要抵抗消费主义，营造一种以“负熵”为基础的经济——但这是可能的吗？

斯蒂格勒的技术哲学是可以接通海德格尔有关“泰然任之”的思想的。而在我看来，围绕“泰然任之”概念，海德格尔实际上阐发了一种“技术命运论”。所谓“技术命运论”到底意味着什么？我在此愿意指出如下三点：

其一，主张现代技术是一个存在历史现象，是命运性的。正如我们前文所指出的，海德格尔是在存在历史意义上，特别是在主体性形而上学批判的角度来规定现代技术的。在把现代技术的本质揭示为“集-置”以后，海德格尔明确地说到“命运”：“现代技术之本质居于集-置之中。集-置归属于解蔽之命运。”[①]海德格尔把现代技术理解为一个存在历史现象，认为是在近代主体哲学的影响和规定下才会产生近代实验化的科学，进而形成技术工业。在此意义上，海德格尔认为，现代技术已经成为一种自主的力量，我们人类已经无法控制它了。海德格尔还进一步认为，正是因为自近代以来，欧

① 海德格尔:《演讲与论文集》，中译本，第28页。

洲人变得自我感觉越来越好，人的主体性越来越强大，于是缺失了那种存在命运感，现代人作为规定者再也不愿承认自己是被规定的，所以才会有现代技术和技术工业，技术工业才会占据支配地位。

其二，承认技术统治已成定局，人类被技术所规定。人类进入新的文明阶段，自然人类文明向技术人类文明转换，海德格尔称之为存在历史的“另一个开端”。现在我们完全有理由把这种转换标识为“人类世”了。所谓“技术统治”是与传统的“政治统治”相对而言的。以前自然人类文明实施的是政治统治，就是通过商讨、讨论来完成的权力运作。我们一屋子人谁当老大？不要以为坐在中间的就是老大了，那不对，我们投个票呗，哪怕装样子也要投一下。以前在自然人类文明状态中，无论是封建制度，资本主义制度还是社会主义制度，多多少少都是通过商讨或协商来实现权力运作和政治治理的，但进入技术工业时代以后，情况就变了，统治方式就变了。美国总统特朗普很牛，但现在美国政治的一个决定性的因素却是技术资本。我这样讲比较抽象，举个例子，特斯拉的马斯克是美国积极鼓吹要跟中国搞贸易战的重要人物之一，但贸易战刚开始，他就拖着拉杆箱，跑到上海浦东来拿地了，在浦东建了特斯拉工厂。这就叫技术资本的力量，这时候，政治恐怕只不过是技术资本的表现形式。这正是问题所在，技术统治的意义会变得越来越明显，越来越强烈。

如何来理解现代技术的统治地位？人们现在不愿意承认现代技术的统治地位，甚至理解不了这种状况，主要原因在于多数学者和民众还站在自然人类的立场上，还局限于传统人文科学的知识范围内。这是一个大问题。现代技术的统治地位意味着自然人类精神表达系统的崩溃，后者的主要成分是传统哲学、宗教、艺术。尼采说

"上帝死了"，真正的意思是自然人类精神表达系统崩溃了。对自然人类来说，哲学是制度构造的基础，宗教是心性道德的基础，所有的制度背后都有一种哲学，就像所有的道德背后都有宗教。尼采为什么说自己是个"非道德论者"？因为他知道宗教已经退出历史舞台了，而没有宗教的敬畏感，何来道德？所以我们已经进入到一个非道德主义的时代。20世纪出现那么多有关"后哲学"和"后宗教"的讨论，说哲学完了，宗教完了。不要以为这些哲学家在瞎掰，他们是在揭示一个文明的新现实，这个新现实就是：自然人类文明退出，另一种文明开始了。

其三，贯彻"是"与"不"的二重性，既顺命又抗命。如前所述，海德格尔的"泰然任之"主张对技术世界既说"不"又说"是"。这是"技术命运论"的基本策略，即坚持顺命/听命与抗命/抵抗的二重性，努力启动文明中非技术性（非对象化、非主体性）的要素。我们确认现代技术的统治地位，但并不意味着要主张技术决定论或者技术乐观主义。什么叫技术乐观主义？按尼采的说法只有两点：自然可知，知识万能。整个欧洲启蒙运动的核心要素也就是这两点。"技术命运论"承认技术统治，但并不主张技术乐观主义。另一方面，所谓"技术命运论"也不主张技术悲观主义，不是要对技术世界采取逃避的，甚至诅咒的态度。而不如说，我们要直面技术世界，采取积极的抵抗姿态。在这个技术统治的时代里，我们需要通过艺术人文科学进行抵抗，主要通过艺术与哲学的方式进行抵抗。因为如果没有抵抗，自然人类文明将加速崩溃。

作为自然人类的我们心有不甘。海德格尔的技术之思意在重新唤起近代以来已经消失掉的命运感。今天我们已经失去了这样一种能力，无力于感受命运，不能承认我们是被规定的。但海德格尔却想告诉我们，如果我们自然人类还要有未来，就必须恢复这样一种感觉：我们是被规定的。

五　关于技术之本质的讨论

江怡：非常感谢孙周兴教授。大家都知道孙周兴教授是国内著名的海德格尔专家和尼采专家，有大量这方面的著译，而且最主要的是，国内目前主要的海德格尔著作都是由孙周兴老师主持翻译或者他自己亲自翻译的。最近他出版了30卷本的《海德格尔文集》。应该说他今天的报告就是基于他对海德格尔的技术观来做了一个反思，同时也契合到我们当今时代，因为大家知道，今天我们所面对的这个世界是一个变化了的世界，而且这个变化，可能是最后的变化，走向可能是我们没法预测的。这个没法预测的原因，就是刚才周兴教授说的，因为技术导致的控制，所以我们不能够知道未来。就是我们今天不知道明天会发生什么。这是一种让人很沮丧的结果。所以在这个前提下，我们来考察每一个人，我讲每一个人是作为个体的一个存在，因为我们现在很难说一个人类的概念。什么叫人类，人类的概念在很大程度上已经是近代哲学的一个范畴了。今天我们讲的是个体的人类，个体的人将面临这样一种技术的统治、技术垄断的时代，或者叫作技术控制的时代，我们怎么来表征我们每一个人的特殊性。所谓每一个人的特殊性恰恰是每一个人存在的根据，因为没有特殊性，你被技术所同化，被科学所同化，你就变成一颗机器上的螺丝钉了，跟《摩登时代》上面一样。所以在某种意义上来说怎么在一个技术控制的时代保证个体的特殊性，这恰恰应该是我们关注的问题。我觉得今天下午的讲座，因为周兴教授这么多年以来一直行走于不同的领域之间，哲学、艺术、宗教等，近些年也涉猎当代科学的很多问题，他不像有些人，至少不像我吧，我一直坚持是在传统意义上的哲学专业领域，所以他的视野十分广阔。

实际上我们今天来讨论这个问题有很强的现实意义，它不是一个浅显的学理问题。我同意他的说法，我们虽然不是科学家，不是做科学研究的专家，但我们还是有能力或者有可能去了解当代科学的发展，至少我们是可以通过我们的了解来对科学取得的许多成就或者说科学现在发展的阶段及其后果做出一些讨论，给出我们的判断，我想这是我们应该做的事情。如果你完全不做判断，任科学家他们自己做，我想这是不对的。那么在这里，在很大程度上，我个人觉得，对技术的反思，从上个世纪30年代开始，海德格尔所做的一些工作其实已经在很大程度上影响到了当代技术的发展。

不能说海德格尔的思考没有作用了，有些人说哲学家只是关起门来自己说说而已，who cares you？谁在乎你呢？对不对？就像我们知道，德雷福斯，加州大学伯克利分校的哲学教授，他在上个世纪70年代的时候写过一本很有影响的书，叫作《计算机不能做什么?》，我们中国也翻译成中文了。这本书出版以后，很长时间搞计算机这帮人都不跟他玩儿了，不跟他玩儿到什么程度你们知道吗？连他们在共同餐厅吃饭，他们都羞于跟德雷福斯坐在一起。如果你跟他坐在一起，他的同事们就会问了，你怎么回事呀？吃饭跟他坐在一起都觉得是一种羞辱。但就是这样一位哲学家，他在90年代又写了第二本书《计算机仍然不能做什么?》来进一步表达他自己的观点，可以说坚定不移了。

我们知道人工智能不过是计算机技术的一个阶段而已，并不是一个神奇的东西，就像刚才周兴教授说的那样，它就是一个算法。

那么这种算法在多大程度上会影响到我们人类的行为，当然最重要的是影响到人类的思维，这其实是我们需要考量的。因为现在的技术统治在很大程度上已经成为现实了，包括我儿子也在学技术，学的是电子工程，最后也做了软件工程师，干的也是这套东西。我整天在他耳边说，你要读点人文科学的东西，读点哲学，他就是不读。但我们这种现状是什么样的呢？在很大程度上我们也不能妄自菲薄，或者我们自夸自大说："啊，哲学如何重要，人文如何重要，你们不重视是你们的错，不是我们的错。"但现实的问题是人家不care你，这是一个大问题，刚才孙周兴教授讲的德国，人文学科已经不像过去那样受到重视了，这种情况在英美国家更是如此。我上次在我们学院做报告时，专门讲到这个问题，分析了人文学科在英美国家的衰落。在很大程度上，这种情况的出现是时代变化的结果，不是哪些人或者说采用什么方式而有意而为之的东西，而是一种技术本身发展到一定程度后导致的结果。所以在上个世纪30年代海德格尔能够从哲学的高度去深刻反思技术对人，尤其是对自然人类存在的毁灭性打击，这在很大程度上对于我们今天来说仍然是有价值的。早在上个世纪80年代时，《世界哲学年鉴》约我写稿，其中有一个条目就是技术哲学，我写的就是海德格尔的技术哲学。

孙周兴：我做海德格尔这么多年，好像从来没有专门谈过海德格尔的技术哲学，今天这是第一次吧。但国内学界谈得蛮多的。

江怡：讨论技术哲学的学者们多半会涉及海德格尔，也必然会涉及海德格尔。技术哲学本身跟技术没有关系，而是跟哲学有关系。而跟哲学有关的技术哲学恰恰是从海德格尔开始的。所以我想这一点是非常重要的。最后为了节省时间，我想提一个问题，其实也不能叫问题，而是一点感想。你刚才提的技术命运论作为科学乐观主义与科学悲观主义的中间道路这个说法，我觉得是可以再商榷的。因为在我的判断中，技术乐观主义和技术悲观主义是我们对于科学、对于技术的一种态度。而你所谓的技术命运论在我看来不是一种态度，而是一个关于技术存在方式的思考结果。我不知道你能不能接受我这个说法。如果我这个说法可以成立的话，那么显然技术命运论跟技术乐观主义和技术悲观主义就不在一个层次上。你的层次要比他们高——当然这话是恭维你的话。我的意思说白了，技术乐观主义和技术悲观主义的确是对科学的两种不同态度，两种极端态度，但你讲的技术命运论不是态度，而是一种对技术本质的追问。我不愿意把它叫作技术命运论，而更愿意把它叫作技术宿命论。技术宿命论是什么概念呢？就是说我们被技术控制，我们被技术抛在这个世界上，今天上午在讲课的时候我还专门提到这个观点，说人生活在世界上不是我们选择的结果，是我们被迫的，对吧？海德格尔也说人最初是被抛在这世上，什么叫抛在世界上？就是说你是被动的，你不是主动选择到这个世界上来的。当然我们可以选择离开这个世界的方式，但你不能选择来到世界的方式。你既然不能选择来到这个世界的方式，就意味着你在这世界上生活的每一步都受到别人支配的，所以你就有宿命感，你一定是有宿命的，而在现代社会中，一个最重要的宿命论因素或者说决定你命运的因素，不是别的，恰恰就是技术。

孙周兴：江怡教授这个问题很尖锐，主要是想否定我今天的报告。这是开玩笑了。我刚才报告中为什么引出这个不出名的美国学者贾萨诺夫？他提出技术决定论的三个表现形态，即决定论、专家治国论还有结果意外论。他认为这三个其实都是技术决定论，说到底就是我刚才提到的两点，一是技术进步不可避免，二是抵抗技术是没意思的，这其实就是你讲的技术宿命论。

江怡：我明白你说的，决定论其实是宿命论。

孙周兴：更应该说，决定论必然会走向宿命论。

江怡：对。技术乐观主义和技术悲观主义这样两种态度跟技术命运论的主张，按我的理解，恐怕还不在一个层面上。你可以把技术决定论和技术命运论放在一个层面上，这是没问题的。你认为这是另外一条道路，我不讲第三条，我主张只有技术决定论或者技术非决定论，因为技术决定论一定还有对立面。

孙周兴：所以我本来告诉你，我的报告题目是《决定论还是命运论》。

江怡：这是一个正确的思路，就是在决定论与命运论之间做出一个选择，当然你也可以说在决定论与非决定论之间找到中间道路，这么说，总之是对决定论的一个回应。

孙周兴：好吧。我大概还坚持着一种人文立场（不是人文主义），就是说在这个技术决定的时代里，艺术人文科学依然要发挥它的抵抗力量。这种抵抗力量是什么呢？有何意义呢？就是说技术与政治之间的，或者说自然人类与技术人类之间的平衡是可以预期的，两者之间的平衡是我们可以期待的最佳结局。

江怡：对，你刚才讲的这个问题涉及一个很重要的理念，我觉得非常有意思，就是说我们现在在讨论技术概念的时候，实际上并没有真正理解技术对人类的决定作用，恰恰相反，它是以表面上看似技术统治的方式，而实际上还是政治统治的方法。这就是个悖论，而这个悖论中，实际上比如当代中国，我们直言不讳地说，中国就是一个技术控制的国家，现在在技术控制方面远远超过任何西方国家。

孙周兴：是的，我太同意了。今天我们都在大学里面，我已经40年了，一步步看过来的。以前我们说，这位青年不错，虽然学历不够，但实力够了，我们考虑一下，把他聘为讲师、副教授什么的，但现在根本就不可能了，今天全部要量化和数据化，统一的格式化考核和管理，这是全面技术化的表现之一。你只有两篇文章，而他有八篇论文，他就胜出了，就这样了，我们一点抵抗力量都没了。

江怡：有才华的人恰恰是因为技术控制而失去了真正进步的机会。这是一个大问题。

孙周兴：我完全同意你刚才的说法，今天中国是最量化和技术化的国家。

江怡：而且这种量化和技术化，我一开始就反对。我最早反对讲课用这种PPT，但是没有用。最早一次大概是2005年，我在北师大讲课的时候。

孙周兴：你等我走了再说好吗？

江怡：不是针对你的。我第一次去北师大讲课的时候，2005年吧，我忘了我讲的是什么内容，总归是一门哲学课，我就没用PPT，后来有一个督导，在课结束时找到我了，说："江老师你讲得真好，我都记笔记了。"我说："您是哪位？"他说："我是地理系的退休老师，我都记笔记了。"我说："您多提意见，多提批评。"他说："都挺好的，就有一点给你建议。你为什么上课不用PPT？"这变成一个问题了。后来我也用了，在学校讲课多了以后，后来做了行政工作以后，这变成一种要求了。

孙周兴：你知道我在学校开会，一堆理工科的院长主任，全用PPT，我上去以后没有PPT，讲完以后感觉还蛮好，就下来了。一个技术学院院长说："孙老师，你难道不知道，没有PPT我们是不讨论的吗？"我当时怒了，问他："谁说的？谁规定的？你把文件拿出来！我就不用PPT，怎么的？"说完就恶狠狠地盯着他，他就傻在那儿了，他没想到我会来这么一句。现在大学行政体系里大半是他这样的技术专家，用他的说法，你不用PPT就别拿出来。

江怡： 不提这个体系了，现在大学校内全这样了。我记得我作为行政主管要去旁听老师们讲课，有的老师上课一个板书都没有，上课时全部念PPT，念完就走人。我说这样的老师根本就不合格。

孙周兴： 我给自己解释一下吧，我是怕山西人民听不懂我的普通话，所以今天上午做了一个简单的PPT，总共才十几页，不好意思。

江怡： 不是啦，你已经是在技术控制的最低范围内有所调整了。但我是想说，在现代社会中，尤其是在当下中国社会里，我们这种技术治国的方式已经达到了极致，而这种极致又是以道德的方式来体现出来的。这就构成一个巨大的冲突。这种道德的方式以威权方式来要求人们必须按照这个做，你如果不这样做你是违反道德要求的，而不是违反技术要求的。在这一点上，天下没有道理可讲，也找不到地方可以为你评理的。所以这真的是一个很头疼的问题。

孙周兴： 看看同学们有没有什么问题？不然成了我们俩的对话了。

江怡： 当然我只是开个场了，剩下的时间留给大家，因为在座的好多是我们的专业老师，第一排是几位年轻老师，还有博士生、硕士生。机会难得啊，因为孙老师第一次到我们学院来，也希望大家提一些问题。

孙周兴： 山西大学比同济大学要好多了，因为同济大学还是理工科强势，这个PPT的概念更强烈，你在里面更痛苦些。

教师一： 我突然想到，当我们说技术决定论的时候，好像技术上升到一个主体的地位，不由人类控制了，但是我觉得从经济学的视角看，包括人工智能这些学科的发展，市场的力量也很重要。人类科技史上，实际上主导技术发展的是资本的力量。如何理解资本的力量在您所说的“技术统治”状态中的意义？

孙周兴：我当然同意这个说法，因为现代技术问题不光是技术问题，也是一个资本问题。我们经常可以用一个连字符号来表示，说“技术—资本”，这样来表达更好。为什么今天中国的资本力量还不够强？就是因为技术还不够强。或者更应该说，技术和资本是一体化的。我去年有点发疯，明显越位了，写了一篇马克思哲学的文章，写了一篇中国哲学的文章。然后有一天开会，有一位搞马哲的朋友就讽刺我：“不要以为写了一篇马哲的文章就是马哲专家了。”我只好呵呵了。我这次为什么要关注马克思哲学？因为我认识到，马克思是最早看到技术掌控下的资本和生产方式的人，这一点太强大了。马克思在《1844年经济学哲学手稿》里就说，重要的是生产方式，不是生产什么，而是怎么生产，怎么生产是一个技术问题。马克思脑子很清楚，他看到技术工业时代开始了，一个新的文明时代开始了，他用一套逻辑把整个技术资本掌握下的资本主义生产方式描述了一遍。马克思之后，技术—资本的支配地位就更显赫了。

教师二：孙老师好，我对技术哲学领域不太了解，就像您讲过现代技术的本质就在于技术有一种集置作用，我们处在技术无所不在的这种支配性影响中。我们要以艺术和哲学的方式来抵抗现代技术。因此我就想问您，海德格尔有没有继续抵抗，关于艺术和哲学的抵抗方式有没有更多的阐述？

孙周兴：有，我慢慢地理解了海德格尔为什么后期转向对艺术、诗性文学以及神秘主义的关注。这些关注慢慢地在战后的当代艺术里面就表现出来了。实际上海德格尔后来的主要影响不再在哲学领域。如果在哲学领域的话，就表明他失败了。恰恰相反，海德格尔的影响主要在当代艺术、当代文学、建筑以及其他学科领域，主要就是因为他知道哲学的时代已经结束，他自己的哲学在哲学上也没有意义了。就像今天在国内也是这样，读我翻译的海德格尔的书的，大部分不在哲学系，而是在文学艺术领域。这是个问题，这也是“二战”以后德国当代艺术和哲学的格局。“二战”以后，德国当代哲学除了社会哲学和政治哲学，纯思意义上的哲学少之又少。哈贝马斯的师兄阿佩尔还有比较纯粹的哲学理想，但是后面都是政治哲学、社会哲学等，哲学本身在德国战后就不行了。但另一方面，今天德国已经成了世界当代艺术中心，以博伊斯和新表现主义为代表的德国当代艺术成了今天世界艺术的主流。所以我做了一套书来讨论这些。我认为海德格尔的成功就在于此，就在他的思想已经在今天当代艺术的讨论中表现出来了。大概是这样，但今天我没时间了，我正在写一本书《德国当代艺术理论》，现在还只有10万字，还没写完呢，不过已经在各处演讲了几次。

江怡：希望下次你能来讲讲这个主题。

孙周兴：好，没问题。

同学一：孙老师，我刚刚听到您的一个建议，就是要从哲学、宗教、艺术三个方面对技术的侵蚀做出抵抗。但我想，因为现在科学技术的力量实在太强大了，这三种方式在面对技术这种强大的压力之下是不是有点微不足道？这三种方式是不是可行？或者说我们可以想，如果这三种方式不可行，我们是不是可以再用技术，再发展一种技术来解决技术产生的问题？

江怡：以毒攻毒了。

孙周兴：我跟你不是一条道上的，你是技术决定论者，我还不是。技术决定论者什么意思呢？就是主张技术的问题只有通过技术的进展来解决。人文科学没意义，声音太小了，对不对？所以我开玩笑说我们是两条道上的。在这个问题上，当然很多人跟你的想法一样。技术决定论者、技术乐观主义者的基本前提，就是说技术的进步最后会解决它导致的问题和风险。但我的思考是这样，比如说我跟一位朋友有过一次争论，他认为人工智能替代不了我们，原因在于人工智能不会反思，而我们人类会反思。我说这个不对吧，什么叫反思？按照胡塞尔的说法，我在看你，而且我知道我在看你，第二个行为就是反思行为，就是对自身意识行为的把握，这不就是反思吗？反思就是对自身意识行为的把握。人工智能也会这种反思呀，人工智能的深度学习，它的反馈和自动修正机制，不就是反思吗？而且它比我们人类搞得更好嘛。

江怡：这个我觉得不一样。

孙周兴：是吗？哪里不一样了？

江怡：关于这个问题，我专门写了文章讨论。所谓反思概念实际上是自我意识概念。我不用反思，而是用自我意识概念。那么人工智能本身具不具有自我意识的功能？这是一个问题，如果我们能够锻炼具有人工智能特征的机器人具有自我意识能力的话，那就说明他已经不是机器了，他已经跟人具有同等的意识水平。但这是不现实的。我不说未来能不能达到，至少现在的技术是达不到的。因为这里面涉及两个基本概念：第一，什么叫意识？意识就是能不能通过它完成某个意识行为，能够表征其意识存在？意识的表征是不是通过它的功能来实现的？第二，当我们实现了一个意识活动的时候，我们能不能把这个意识活动简单地看作或者归结为它执行某一个操作或者某一个算法所导致的结果？这是两个完全不同的东西，那么人的意识究竟是怎么发生的？认知记忆怎么发生？比如说我们可以把人的大脑活动当中的某一个部分做切片，甚至我们可以观察，非常细致，到脑细胞、脑电波的程度，但这是不是能构成意识本身？哲学家们肯定不会认同。最后一个方面就是自我意识产生本身，恰恰是我们人类自身的一个经验的集合。这种经验的集合是唯有在自然人类中才会出现的，但是自我意识本身，如果说机器本身或者具有人工智能特征的机器具有自我意识的话，那你就承认了他跟人具有同样的经验。然而这个承认实际上是很难成立的。为什么？很简单，因为我们积累了所有人类以往的经验，这个经验叫知识，我们把所有以往的知识做成芯片植入到电脑当中，让它具有这样的能力，它当然可以自我监督，可以自我形成。但这个自我监督和自我形成究竟能不能够产生自然人类一样的自我意识，这本来就是一个不可解的问题。所以我当然持有一种反对意见，认为至少在现阶段，我不敢说以后会不会这样，至少在现阶段，当我们讨论人工智能具有自我意识时，还得慎重。

孙周兴：但是江怡兄，你把我的问题放大了，也就把我的问题搞没了，你知道吧？因为我说的是机器人是不是和人类一样有反思行为，你是说机器人有没有人的自我意识。那是两个概念。我说我在看一个茶杯，我知道我在看一个茶杯，从现象学角度说这就叫反思。

江怡：对，这个机器是可以做到的。

孙周兴：对呀，机器可以做到呀。当然我同意，机器不可能有我们人类的精神世界。为什么呢？但这个精神世界的差别在哪里呢？差别不在反思啊，而是在我们的想象力和创造力。

江怡：对。但你用胡塞尔的反思概念来解释反思本身这种特征就是有限度的。

孙周兴：是的，有限度的。但要害在哪里呢？人类是一种怪异的动物，怎么怪异呢？你们看见我好像在讲课，其实我脑子里在想别的事情呢，这就是人的奇异性，跟想象力有关，机器是做不到的。这就是核心所在，这就是艺术与人文科学存在的意义。

江怡：这就是说明为什么18世纪法国哲学家在提出哲学概念要把历史和想象放在一起，历史是记忆的一部分，想象就是创造力，而历史就是记忆。

孙周兴：在这个意义上，我就认为对人工智能来说决定性的算法、大数据并不是我们人类生活的全部，所以我们要抵抗，如果我们连这一点都没有了，那我们变成什么了？智能意义上的机器人吗？

同学二：孙老师我有两个问题，其实就是一个问题。我们同样关注一个抵抗问题，第一是如何把海德格尔这种抵抗和本雅明他们的审美救赎区分开来？第二个我们知道这个欧洲学生运动式的艺术抵抗已经很成问题了，我们是否要重新思考像阿兰·巴迪欧提出的方式，是否还要重新拿起武器上街，用暴力的方式去抵抗？

孙周兴：太棒了。实际上对技术的抵抗，从19世纪马克思以后就开始了。最早的抵抗主张是谁提出来的？是瓦格纳和尼采。然后最明显的抵抗口号是谁提出来的？阿多诺。我最近几年慢慢转向当代艺术，主要是受阿多诺很大的刺激。阿多诺当时说了一句话把我吓了一跳，他说："艺术只有作为一种社会抵抗形式才有意义。"后来，当代艺术把抵抗概念普遍化了。抵抗是普遍的，你前进时要抵抗，你后退时也要抵抗，我们时刻都要抵抗。刚才江怡教授讲得很好，在当今时代里保卫个体，保卫个体的特殊性变成一个最难的问题了。因为技术是一个同一化、同质化网络，这时候保护个体变得无比艰难，几乎是不可能的事情，这个时候需要抵抗。哪怕我们把这种同一化过程稍微限制一下，使它放缓一点，也是我们的胜利。抵抗本身就是胜利。放弃抵抗是不对的，就有问题了。当代艺术为什么变得很重要？它实际上是强调彻底的个体性，完成个体的抵抗，完成奇思妙想意义上的创造，而这正是自然人类最后的地盘。当代艺术就是奇思妙想的东西，它把我们生活中的个体性的创造力付诸实现，付诸行动，行动变得无比重要。但当代艺术的思想起源在哪里呢？要是没有尼采、海德格尔等人的思想准备，就不可能有当代艺术。我分析了一下中国当代艺术家，实际上有两批人，一批是从维特根斯坦出发，一批人是从尼采和海德格尔出发，背后都有一种哲学。最近又加了一批人，是从法国当代理论出发，就这三批人。但法国当代理论还是尼采和海德格尔的流传，所以实际上也还是两批人。因为当代艺术特别关注日常生活世界，艺术家们就得向维特根斯坦学习。维特根斯坦为什么说体系哲学做不下去了？他显然意识到世界已变成了碎片，这个时候你搞体系化的哲学就有点傻了。但是我们搞哲学的人有个毛病，写篇文章，写一本书，首先要有结构，如果各位来写一本维特根斯坦这样的《哲学研究》，那就完了，外审就被枪毙掉了。我最近要发表一篇文章，讨论这个问题，题为“没有论证，何以哲学？”20世纪哲学好多没有论证的，没论证还是哲学吗？我的基本想法是，传统哲学主体是论证，但经过尼采以后的哲学，出现了非论证的或者弱论证的哲学。我提出一个概念，我们要为弱论证的哲学留一个地盘，这是我们抵抗的需要。这种弱论证哲学为当代艺术的开展提供了思想基础。在此意义上，艺术与哲学都变成了我们时代的抵抗形式。你的问题有点艰涩，我就说到这里吧。

江怡：非常感谢孙周兴教授的精彩报告，也谢谢各位老师和同学们的参与。今天的报告就到这里。

第三编

新世界经验

第一章　物之经验与艺术的规定①

何谓物？什么是艺术？这是两个十分复杂和十分纠缠的问题，在今天似乎也已经难以令人激动了。本演讲并不试图解答这两个问题，而只是结合西方思想史和西方造型艺术史，大尺度地讨论物之经验和艺术概念的演变，并且努力建立物概念与艺术之间的历史性的观念联系。西方艺术史根本上是一部物概念史，或者说，物概念决定着艺术概念，有什么样的物之经验就会有什么样的艺术概念。如果说西方艺术史可以简单地分为古典、近代和现当代三大阶段，那么我们就可以看到，历史上相应地有三个物概念和三个艺术概念。我们由此可以建立一部极简艺术史。

我的主业是现代德国哲学，主要从事尼采和海德格尔研究，虽然也关注当代艺术及其理论，但迄今还不得其门而入，还没有形成"专业优势"。今天我想来谈谈物与艺术的问题，没有文字稿，而只做了一个PPT，所以只能是漫谈式的，想利用这个机会把自己的一些相关想法清理一下。在今天的报告中，我主要想提出一个观点，就

① 2018年12月27日下午在上海戏剧学院的报告，原题为《何谓物？以及什么是艺术？》。事后根据速记稿整理成文，演讲风格仍予以保留。定稿以现题目于2019年10月30日在西安美术学院演讲，又于2019年12月18日晚上在中国美术学院雕塑与公共艺术学院重做一次。原载《学术界》，2019年第10期。

是：物之经验决定了艺术概念。再就是，在欧洲历史上，也就是在西方思想史和艺术史上，有三个物的概念与三个艺术的概念。如果我们把这三个物的概念和三个艺术的概念讲清楚了，大概就可以形成一部极简的西方艺术史了，更应该说是一部艺术哲学史。最后，我想来谈谈将来的艺术还有什么意义。

一　古典的自在之物与模仿艺术

我理解的古典物的概念，就是所谓的“自在之物”（Ding an sich），意思就是说，物的存在就是它自己，更准确地说，物的存在就在于它自身。物自己就有一个自在的结构，这个结构在古希腊哲学传统里面被表达为实体＋属性，比如说“特朗普是一个老年男人”，就是“实体＋属性”的表达，是一个主谓结构。差不多可以说，我们经常把描述事物的陈述句即主谓结构转嫁到事物上面，从而产生了关于事物本身的理解，即实体＋属性。无论“实体”还是“属性”都是事物本身所具有的。

比如古希腊有两大哲学家，一个柏拉图，一个亚里士多德，他们是怎么理解事物的？柏拉图说个别事物具有共同的形式和结构，他称之为idea［理念、相］；亚里士多德反过来说，我们首先要讨论个别事物，个别事物才是把握得住的实体（ousia）。我们说“这朵花是美的”“苏格拉底是一个人”，而不能说“美是这朵花”“人是苏格拉底”，所以个体性在先，普遍性（共相）在后。柏拉图认为形式普遍性在先，与亚里士多德的想法是两回事。这两个哲学家的讨论可概括为“共相”与“个体”的争论，后来成为哲学的两个主要方向，一个是普遍主义（本质主义），一个是个体主义（实存主义）。当然，我们应该看到，亚里士多德的个体主义最后依然归结于普遍主义（本质主义），因为他认为有两个实体，一个实体是个体，比如苏格拉底或者这朵花，但当我们说“苏格拉底是人”时，人就是一个“共相”，是一个普遍概念，我们固然不能说这个“共相”是不存在的，所以他认为“人”也是一个实体，是“第二实体”，于是在他看来就有两个实体，而“第二实体”其实就是柏拉图的“理念”，这就又回到了柏拉图那里。

从古希腊开始就已经确定了一个普遍主义的知识理想，知识、科学、哲学只关注普遍的东西。今天我们会说，一个概念或者观念是主观的，是属人的，但古希腊人却认为，观念和概念是事物本身所具有的普遍性，这与后世的想法是不一样的。我想，这是因为古希腊人有一些基本的信念，也可以叫作假设，就是相信或假设物是恒定的、稳定的，自然是强大的，自然比人更强大。后来人们渐渐失去了这样一些基本的相信或假设。

这大概是我所谓的古典时代的物的概念，是古人关于物的经验，我们先说到这里。我们接着要来说古典的艺术概念，这个艺术概念大致可以用三个希腊文来加以传达。首先说艺术就是“手艺”，即希腊文的techne。手艺的关键是要“精通”，精通者是“高手”。想当年我参加高考，头一年没考上，家母就给我安排做泥水工，专门去拜了师，据说就是一个高手；后来我说能不能让我再复读一年呀？第二年就考上了浙江大学，我就变成今天这个样子了。本来我是泥水工，说不定也成了一名高手，或者也有可能成为现在的建筑承包商之类。不过在古希腊人那里，作为“手艺”的techne是泛指的，每个行业都有techne，因为如果手艺的要义在于“精通”和“知道”，那么各行各业就都有techne的问题：医生看病是手艺，教师上课和演讲也是手艺。

其次，手艺就是“模仿”，对于古希腊人来说就是mimesis。“模仿”（mimesis）概念对于古典的艺术和哲学来说是最基本的一个概念。模仿当然不是复制和抄袭，在现代汉语语境中，模仿成了一个不太漂亮的，甚至贬义的字眼，真是好遗憾。但古希腊人会说，你会模仿你就厉害，不是谁都能模仿的，或者说不是谁都能模仿得好的。人要模仿自然，自然比我们更强大，人要向自然学习，这个意义上的模仿很重要。这个想法与现代已经完全不一样了。古希腊有一个著名的医生，所谓“医神”，叫希波克拉底，他认为医生只是自然的助手，医生的工作只是帮助身体这个自然恢复自己，让自然（身体）达到自己的目的。现代医学建立在近代哲学基础上，认为“人是机器”，既然是机器，机器的零件是可以更换的，哪里坏掉了就换掉哪里；古希腊人可不是这样想的，他们认为医生是自然的帮手。这就是模仿概念，是模仿意义上的学习。

昨天晚上我还听到一个说法，说哪个国家的医生罢工不干了，所有医生都不上班了，结果这个国家的死亡率降低了50%。这真的是对现代医疗制度的嘲讽，医生都不干了，死的人反而少了。因为现在的医疗制度实在有比较反动的一面，尤其在地球某个地方，医院首先是一个商业机构，是一个营利机构，然后才是一个人道机构，这就特别恐怖了。如果医院首先是一个商业机构，那么你竖着进去之后，终归是要横着出来的，不然它不甘心，因为没有把利益最大化。但古希腊的医生恐怕还不是这样的，他们对自然是有恭敬之心的。

第三，模仿就是“揭示”。跟古典艺术概念相关的第三个希腊词是“真理”，即aletheia。“真理”概念很重要，在希腊人那里叫

aletheia，原初的含义是“解蔽、揭示”。“模仿”首先是揭示活动，其实这种揭示也是普遍的行动，好比说我们的观看，哪里只是简单地看看而已？每一次观看都是高度复杂的，都是在揭示，当然是在有所揭示的同时，有所掩盖，有所遮蔽。我把你看成什么就是一种揭示了，但同时也把你掩盖了遮蔽了，而且说到底，遮蔽才使得揭示成为可能——这就是“真理”（aletheia）二重性。艺术家是这方面的高手，艺术家的工作是把自然中的事物真相揭示出来，而且每一次揭示都得是新的，重复就没有意思了。揭示也可以理解为解蔽，是一种创建活动（Poiesis），要在天地之间建立人文意义世界。艺术家特别是造型艺术家，对于早期希腊世界来说是最重要的，通过早期神话、史诗和造型艺术，他们共同创建和构造了古希腊的人文世界，这种创建和构造实际上就是揭示和解蔽活动，所以古希腊人用了aletheia这个词。

在我看来，要理解古典的艺术概念，我们只需好好理解上面讲的三个希腊词语，第一个词是techne即精通，表示艺术是一种手艺；第二个词是mimesis即模仿，艺术是一种模仿行为，传达了古典时代人与自然的关系；第三个词是aletheia，是真理的创建，可以表达为人文世界的构造。这三个希腊词语一道构造了古典的艺术概念。

古典艺术是与自然人类的生活世界相合的。古典希腊是这样，古典时代的中国人也一样，他们的世界可以叫作自然生活世界。古典世界其实是一个鬼怪的世界。现在的小孩已经不可能生活在一个鬼怪的世界中了，现代城市里已经听不到鬼的故事了。我小时候在农村，是听着鬼的故事长大的，山上有鬼，水库里有鬼，没有人住的房子里有鬼，有好的鬼也有不好的鬼，当然以恶鬼居多。在古典的世界里，神和鬼的话语占据文化世界的主导地位。希腊哲学的理性话语大概出现在公元前5世纪到公元前4世纪，而对于古希腊人来说，公元前9世纪、前8世纪到公元前5世纪，总体上是一个艺术文化的时代，神话是文化的主要形式，当时艺术的主要目标是构造神话，这一点我们要想清楚。在早期时代，艺术是与神话联系在一起的，艺术的任务就是构造神话。

大约在公元前5世纪到公元前4世纪出现了希腊哲学。哲学话语是不一样的，哲学话语是理性认识，要论辩，要讲逻辑和推理，不同于艺术神话的话语。哲学话语的出现主要是为了国家（城邦）政治的构造，首先有一批人物叫“智者”，跳出来说艺术家构造的神话世界对城邦公民教育是十分不利的，我们要把它消灭掉，重新构造一个理性的讲规则的文明方式。希腊神话里有很多鬼神，所谓“诸神”，是多神教，人们不知道听谁的；希腊神话还有一个特点是诸神长得跟人一样，与凡人区分不开来，这就会有好多问题，这样城邦公民教育就难了。城邦政治和教育需要统一性，需要打造一种一元论。不过，虽然当时哲学理性话语已经开始了，但宗教文化的势力还没有完全退场，一直要到欧洲启蒙运动以后方能完成这个退场。在神话（宗教）与哲学之间，艺术更偏向于神话，到今天恐怕还是这样。按照19世纪艺术家瓦格纳的想法，今天的艺术依然需要构造神话，不然艺术就没有意义。这个我们先搁下不谈。

古典的世界是自然的生活世界，手艺就是希腊人的艺术的意思，手艺（手工）的世界是自然的事物和手工的事物占主导地位的世界。现在不一样了。在座有150人，其中大概120人今天还没有触摸过自然的事物，甚至连手工的事物也没有碰触过。对中国社会来说，最近三四十年变化巨大，基本完成了所谓工业化。我们已经失去了手工物的世界，身边所有的事物都是机械技术的事物，自然的事物你还能看到，比如路边的树，但你很少会去触摸它们。你行走在水泥地上，你已经接近不了自然了。自然的事物已经退出了，在城市里，连手工物也已经基本消失了。今天如果有哪位姑娘说要织一件毛衣，听起来就属于很傻的想法了。在欧洲，古典自然世界的改变和退场是从18世纪中后期开始的，随着当时机械工业的产生和发展，古典自然生活世界就变了。

我不多说了。概括起来，与古典世界相应的古典艺术有如下三个规定性：一是手工，二是模仿，三是揭示。我们上面用了techne、mimesis和aletheia三个词来加以表示。对于古典艺术，我们必须从这三个方面来想。

二　近代的为我之物与再现型艺术

近代的物概念，用康德的话来说就是“为我之物”（Ding für mich）。一个“自我”的时代开始了，“我”的时代开始了。欧洲文艺复兴之后首先有两个大哲学家——培根和笛卡尔。他们有两句话，培根说“知识就是力量”，笛卡尔说“我思故我在”，比较而言，后面这句话意义更为重大，开启了一个“自我”（Ego）和“主体”（Subjekt）的时代。笛卡尔认为，所有事情的存在，包括我自己的存在，包括外部世界的存在，包括上帝的存在，都是可怀疑的，但有一点是不能怀疑的，就是“我在怀疑”这件事。比如我做梦发现自己没了，或者变成了一个无手脚的人，这都是可能的，但“我在怀疑”这件事是终究不能怀疑的。我在怀疑就是我在思考，所以“我思”是不可怀疑的。笛卡尔认为哲学的起点找到了，就是无可怀疑的确定的“我思”。哲学从这里开始了，近代知识哲学从这里开始了，这就是“我思故我在”这个定律的意义。

古典哲学家可不是这么想的，在古典哲学中还没有抽象的“我思”。近代哲学中出现了这个“我思”，同时物的意义也变了，物变成了对我而言的对象。这是一个重大的变化。在古典时代，物是它自己的，物自己有一个结构和本质；到了近代，“我”变了，“物”也变了，“我”变成思维的“我”，“我”是一个主体，没有“我”，外部世界在不在变得无关紧要了。“物”是对“我”而言的，只有进入“我”的思维领域，进入“我”的表象世界，这个“物”的存在才有意义。所以，著名哲学家康德有一个著名的说法，物本身不可知，我碰到一个事物它显现给我，它内部是什么我不知道，这就叫“自在之物”不可知。物的存在在于进入表象性思维范围内，成为我的表象的对象，物的存在等于“被表象性”（Vorgestelltheit），后者就是所谓的“对象性”。这样一种观点形成了近代以来，至今依然影响着我们每个人的思维方式和认知方式的对象性思维。

在座的同学们应该都学过马克思主义原理这个课程，特别是马克思主义的认识论之类，学得很乏味。最近我有一个说法：马克思这么好的哲学，在我们的大学里居然被弄得让同学们生厌，这实在是一件滑稽的事。弄成这样得花多大的力气啊！这事弄得我们搞哲学的人很没有面子。要知道马克思真的是一个伟大的哲学家，世界哲学家排队，无论怎么排，马克思必定在前十名。但马克思的哲学主要还不在于认识论，在认识论角度讲主客关系，这样来理解马克思哲学，就把它降低了许多，因为有关主客关系或对象性关系的讨论在康德那里就完成了。物的存在在于被表象性，在于对象性，这在康德那里就建立起来了。康德完成了近代哲学，把事物的存在与被表象性、对象性等同起来，因此就建立了一个主客模式。古典哲学关于物概念的规定到这时候就不成立了，因为康德完成的物之存在＝对象性，不光是一个认识论上的主客模式，同时也是一个存在学/本体论意义上的对象性规定。

我们接着来讲近代的艺术概念。随着物之经验的变化，艺术概念也变了，艺术的第一规定变成了感知/美感（asthesis）。美学的概念是在这个时候才出现的。虽然美感（asthesis）这个词在古希腊人那里就出现了，但古希腊人并不强调美感，大概古希腊人自己太有美感了，他们不需要刻意追求和讨论美感。事情往往是这样，某个东西特别受到关心，是因为这个时代已经缺少这个东西了，比如今天人们特别关心和倡扬道德，是因为这个时代已经没有什么道德了。同理，今天我们大谈美感和美学，也是因为我们这个时代没有什么美感了，人都长得丑兮兮的，没有什么俊美之人——当然贵校不一样，应该有好看的人。美感不是美学的基本问题吗？但古希腊人不讲美感，他们讲模仿、讲手工。古希腊人也讲道德主义，因为无论什么事都要为城邦、国家服务。这个目标很明确，但是他们不讲美感。现在人们普遍认为，古希腊人是欧洲人里面长得最美的，男人女人都是这样，你看希腊雕塑就知道了，不过那是古希腊人，现在的希腊人就不见得了，难得看到雕塑一样的美女。这是另外一回事了。

艺术就是感知，就是美感。美感最原初的含义是感知。我们每个人每时每刻都在感知。现在我在看你们，你们也在看我，我们在相互感知。但人的感知是很复杂的，人的感知以前被简单化了，包括康德也把感知简单化了。我为什么能感知你？为什么我能把你立为我的对象？康德认为，是因为人有空间把握能力，这种能力是每个人先天具有的，人有空间这种先天的感性形式。凭着这种能力、这种感性形式，当你呈现在我面前时我就一把抓住了，感知到了，把你立为我的对象了。这在康德那里叫感性论的讨论，但这还不是科学意义上的知识讨论，还有第二步知性科学（自然科学）的构成问题，我们这里就不能展开了。

在知识系统里，感知还只是知识的第一步。在近代美学产生的时候，在当时知识论的框架里，重要的是逻辑学，而不是感性学/感性论。我们经常说艺术家是感性的，现在好像很少有人这么说了，以前我们总是说，艺术家是感性的动物，哲学家是理性的动物。今天前面坐了几位艺术家朋友，他们是感性的，而我是理性的。这种说法没有道理，是不成立的。然而在近代知识论传统里确实有这种区别，哲学家与逻辑和理性联系在一起，是高等人物，而艺术家与感性和动物性联系在一起，所以是低等的。艺术与哲学的这样一个框架现在已经不成立了。在当代艺术境域中，艺术家开始搞哲学了，而哲学家也开始接近艺术。这是后话。

但近代是知识论和理性主义占主导地位的时代，在这样的时代里，人们开始讨论作为低级认识方式的美感，美感被当成是低级的认识方式，所以这种讨论充其量只能说是美感意识的觉醒。进一步讨论下去，感知就是表象，我对你的感知要落实到把你纳入我的表象范围里，使你成为我的对象。表象就是把一个事物立为我的对象，在美学里“表象”也被译成“再现”。把某个事物把握和确定为我的对象的行为，被叫作“对象性活动”，这个意义上的“表象”就是“再现”，所以，近代以来的造型艺术也被说成“再现型艺术”。文艺复兴以后的近代艺术是“表象—再现型艺术”，可以简化为“再现型艺术”，如果放在哲学里讲，我们也可以说它是“表象性艺术”。

这里我们可以发现一个“同构性”，一个有意思的状况。在近代文化里，主体性哲学与达·芬奇绘画的透视法之间有着某种同构性，达·芬奇说的透视焦点其实是主体之眼。透视法可以被看作主体哲学在绘画中的一个表现，这件事情我们讨论得还不够。主体性哲学和欧洲近代绘画的透视法之间的共同结构，我把它叫作“同构性”。对于欧洲近代艺术来说，甚至对今天的大部分艺术家来说，这个从感知到表象到再现的艺术概念和逻辑依然是成立的，今天很多中国艺术家还在搞写实绘画，可以说还处在这样一个逻辑里。

近代再现型艺术与古典模仿艺术有何异同呢？这里讲的古典艺术特指文艺复兴之前的艺术，它与文艺复兴以后的近代再现型艺术有什么联系，又有什么不一样？欧洲文艺复兴是要恢复古希腊的艺术理想，当然主要恢复了希腊的哲学理想，这个也很有意思。文艺复兴首先从艺术开始，艺术在模仿或者恢复希腊人的古典理想，就是规则与和谐的理想。规则与和谐就是美，这是古希腊人给出的艺术典范性。

为什么19世纪后期的尼采特别重要？我认为主要是因为尼采首先打破了这个古典审美理想。而这种古典的审美理想差不多是现在我们每个人包括学艺术的人所坚持的理想。艺术是什么？美是什么？美是和谐，美是规则，美是明朗（欢快）。但今天依然用这种理想来要求艺术，其实已经很落后了。尼采从《悲剧的诞生》开始就告诉我们，生活世界并不和谐，生命本身充满着冲突、痛苦、紧张，哪有和谐和欢快可言？如果你现在依然怀着古典和谐的审美理想，你就进入不了现代艺术，更理解不了当代艺术。所以尼采《悲剧的诞生》一书的重要性就在于此。[1]当然尼采并不是头一个，前面有他的

① 参看孙周兴:《尼采与现代性美学精神》，载《学术界》，2018年第6期。

老师瓦格纳。瓦格纳为什么成了音乐大师？瓦格纳给我们一个论证，他说自然本身就是不和谐的，为什么非要把音乐搞得如此和谐？这个论证很有力量。我们知道瓦格纳是第一个打破音乐当中的和声的。我们总是在追求和谐与规则之美，这是古典美学的理想。从瓦格纳之后这个理想破灭了。我们现代人的生活世界分明已经变了，现代人的精神结构和精神状态也已经变了，为什么我们的审美经验还停留在传统的或古典的和谐美学中呢？原因在于这种美学观、这种传统的审美习惯是最自然不过的，是最不需要力气的。

现在接受通俗美学和美育教育的人们，包括一些艺术家，恐怕还没有能力进入现代艺术和当代艺术，因为他们还坚持着古典主义理想。古典主义理想对当代艺术来说已经变得很不合拍了，现代主义的观念也已经破灭了。我们可以看到，欧洲文艺复兴以后，古典美学理想依然延续着，一直保持到19世纪中后期才破掉。古典神话一点点退场了，这就是启蒙运动。文艺复兴运动马上跟着宗教改革，宗教改革总的来说是一场世俗化运动和个体化运动。尼采到1883年前后说“上帝死了”，实际上在文艺复兴之后没有多少年，就可以说“上帝死了”。这个“人”来了，上帝已经死了，但整个事件是有一个过程的。神话宗教慢慢退场了，主体性和个体性不断增强。康德当时特别清楚，他说我们不能用科学—知识的方式去讨论宗教上帝的问题，当我们用这种知识方式讨论时，上帝就死掉了。上帝不是一个知识的对象，是不容论证的，而是信仰的对象，是让你服从的。这表明康德的脑子特别清楚，他意识到文艺复兴之后科学—知识的兴趣越来越强烈，宗教信仰就被弱化了。这也就意味着道德趋弱，因为任何一种道德后面都有一种宗教，道德的基础是敬畏，而敬畏是由宗教信仰来提供的。从这个意义讲，今天就不是一个道德时代，因为总的来说它已经不是宗教时代。

神话—宗教慢慢退场，主体性和个体性不断增强，这是近代与古典的一个重要区别。关于物的看法和关于自然的看法，我称之为物观和自然观，也发生了巨大的变化。对象性的思维和对象化的物理自然开始形成，我们希望用物理的眼光，用物理的方法理解对象性的自然。它是我们认识的对象，也是我们加工的对象。紧接着，在18世纪中后期，机械工业开始了，欧洲进入技术工业时代，又一个多世纪以后，技术工业开始在全球迅速扩张。

我刚刚问：近代的再现型艺术和古典模仿艺术有什么异同？这大概可以当作一篇博士论文的课题。我们只能讨论到这里了。

三　当代的关联之物与艺术概念之拓展

现代—当代的物概念，我称之为“关联之物”。这事要容我慢慢说。前面讲了第一个，是古典物的概念，物的意义、物的存在在于它自己，物是“自在的”（in itself），物是“自在之物”。第二个，是近代的物概念，物的存在在于它成为我的对象，在于“为我”（for me），物的存在就是“对象性”。这是一种知识的讨论。从近代到现当代，大概从19世纪后期以来，物的经验又变了，我把这第三个物的概念叫作“关联之物”，意思就是，物的存在在于它如何与人发生关联。

这是特别有意思的一个变化，关系到欧洲思维和欧洲文化的一个根本性变化。欧洲历史上形成的传统主流思维样式，我把它叫作“超越性思维”。所谓“超越性思维”大概有两种：一种是“形式超越”，就是以形式科学（算术、几何学、逻辑学等）为代表的科学思维方式，它的内在基础是“存在学/本体论”（ontology），也即希腊的哲学—科学传统。它只研究形式的东西（形式性），不讨论具体的、实质的东西，它关注知识的普遍形式层面，超越个别的情形，超越具体的东西。这就是我讲的“形式超越”。我们说1+1=2，而没有说一个人加上另外一个人等于两个人，1+1=2与这个人那个人没有关系，也跟个别人的具体经验没有关系，如果你说我怎么加起来等于3呢？我们只好请你出去了。“形式超越”意义上的“超越性思维”只有欧洲—西方发展起来了，其他文明类型都没有形成。为什么会这样？迄今还是一个未解之谜。当然这种思维方式在今天已经全球化了，非欧洲民族的思维和文化也在一定程度上被“形式化”了。今天全球成了一个“形式化”世界。今天的数理逻辑已掌握全球文明，包括控制着我们的手机、电脑、大数据等，都是由数理逻辑构造出来的。我估计连形式逻辑的创始人亚里士多德都不可能想象，到了21世纪，两个毫无意义的数字“0”和“1”，统治了全人类。这是形式科学全面胜利的时代。

“超越性思维”的另一个类型，我称之为“神性超越”。“超越性”（Transcendence）本来就意味着上帝和神性。“神性”是超越的（超验的），意思就是有一个强大的东西你不得不服从，不得不信仰。有一个A决定着我们，而我们却无法影响到它，这个A就是超越于我们的。上帝跟我什么关系呀？上帝超越于我，管着我，决定了我的生活、我的命运，但是我的所作所为却无法影响他，这时候上帝是超越于我的。中国人很少有这样的信仰，不愿意承认有这样一种超越的/超验的神性。从欧洲“神性超越”的标准来看，中国本土宗教都不能说是严格意义上的宗教，因为我们中国人通常不相信有一个超越于我们生活的、跟我们生活毫无关系的绝对的神性。我们更倾向于认为，万物都是相互关联的，物—我也是相互关联的，我们就生活在一个普遍关联的世界中。

然而，我们也不能简单地认为欧洲人不注重关系。欧洲人主要关注因果关系，这就是欧洲的科学传统。欧洲的超越性思维是以线性因果关系为基础的，甚至可以说是以线性时间观念为基础的，这与我们下面要讲到的20世纪才真正发展起来的“关联性”是不一样的。首先是哲学，欧洲主流的哲学主要在论证和推论，是要探究事物的原因和根据。论证是它的基本方法和基本要素，欧洲哲学用了另外一个词是“说明”（Erklärung），“说明”主要是“因果说明”，说明事物的“理由”和“原因”以及“理由”和“原因”后面的“理由”和“原因”。今天我为什么要到这里来做报告，其实我不太喜欢这种报告，好多人没有什么兴趣，我猜是为了完成学分而不得不来这里的，这就很无聊。所以这样的课没有多大意思，这也是中国大学里最无聊的现象。我倒不是批评同学们，你们也是没有办法来听的；我看得出来，你们当中只有三四成人是想听点东西，我大概只能为这少数人讲了。大学课堂是一个交流的地方，眼神就是交流。在一个相互漠视的课堂里，教师怎么可能把课上好呢？那么今天我为什么要来讲课？当我这样提问时，我是在追问我这个行为的“原因”和“根据”。欧洲科学的“因果说明”会对所有行为做一种简化，给出一个单一的说明和辩护，比如说我今天到这里来，是因为我认识你们院长或者别的教授。事情可没有这么简单。这样对世界、对行为的解释就过于简单了，世界和行为都是高度复杂的，理由和动机也是高度复杂的。欧洲科学的“因果说明”“简化”了事物。到今天，这套“说明”模式已经扩展到全球，成了全人类的思维方式。尼采当年使用了一词，叫“理论人”，他认为从苏格拉底开始，哲学和科学的时代兴起了，人人都成了“理论人”，哪怕搞艺术的人也变成了“理论人”。

欧洲基督教神学也是这样，尤其到中世纪后期的经院哲学，最终也变成了对作为“终极因”或“自因”的神性的论证。凡事凡物都有原因，有没有一个东西是以自身为原因的？A以B为原因，B以C为原因，C以D为原因，这样下去就成了一个无限的因果链条，没完没了，有没有一个“自因”的“终极因”呢？结论：只有上帝是自因的。

哲学也好，科学也好，神学也好，都在做论证，都在做因果说明（神学最不应该做这种论证）。可以看到，因果说明其实是基于自然人类的线性时间观念。欧洲的传统文化可以叫作自然人类文明，基于线性时间观实现了一种“线性超越”。尼采第一个来推翻这种线性时间观念。这种时间观念很恐怖，时间是一个不断流逝的过程，一个下午过去了，又一个下午过去了，最后我们都死掉了，这就是线性时间观念。这种时间观念也被叫作“现在时间”，过去是已经消逝的“现在”，将来是尚未到来的“现在”，所以时间是一条直线的“现在之河”。线性时间观是很可怕的，是让人绝望的。因为在线性时间的无限消逝中，每个人都是“等死者”。后来到尼采这里，才出现了另一种时间思考，就是他所谓的“相同者的永恒轮回”。其实时间没有那么简单，我在此时此刻可以把我的一生都重新演历一遍。当然过去的许多事情已经记不得了，比较模糊了，但并不意味着它们消失了，只要时机合成，有的事情就会突然涌现出来。还有，人奇妙的地方还在于奇思妙想，我一边跟你们讲话一边想着别的许多人和事：人是一种奇思妙想的怪物。时间的呈现绝对不是一条河流的流逝，而是循环涌现的。所以我们必须重建时间理解。尼采的

“永恒轮回”学说已经开了个头，启示了一种我所谓的“圆性时间”。尼采的论证很简单也很有力量：所有直线都是骗人的，那么，过去与将来就必定会在“瞬间”这个门口碰撞在一起。这种“圆性时间”后来在海德格尔那里有新的阐发，我这里不再多说。需要指出的是，“圆性时间”对于现代思想和当代艺术来说具有革命性的意义。当我们把时间理解为圆的，那就意味着传统的“超越性思维”不能成立了，一种新的思维方式——“关联性思维”开始了。

在西方“关联性思维”的形成过程中，有两个人物很重要，一个是胡塞尔，另一个是海德格尔。胡塞尔是现象学哲学的开创者。胡塞尔认为，对象是在与之相适合的被给予方式中呈现给意识的，这一点又是不依赖于有关对象是否实际存在而始终有效的。每个对象的意义都取决于它的呈现方式，取决于它是怎么给予我们的。现在桌子上的这瓶矿泉水是一个喝水工具，这是一种呈现方式；在实验室里面它被当作量杯，那是另一种呈现方式；如果在一个几何学课堂里，它被当成白色圆柱体：呈现方式不一样，意义也不一样的。事物被给予我的方式决定了它的意义；事物本身没有固定的意义，而总是依赖于它以何种方式被给予我们。后半句话“这一点又是不依赖于有关对象是否实际存在而始终有效的”也很重要，对艺术来说尤其重要，因为艺术的构造是虚构。虚构的意义何在？这是艺术中的重要问题。按照现象学的看法，对象是在某种被给予方式当中呈现给我们的，而这一点不依赖于相关的对象是不是实际存在。这就为艺术虚构和创造做出了辩护。艺术创造不存在的东西，所以对于艺术来说很重要的是，我们如何可能谈论不存在的东西。胡塞尔给出一个论证：一个事物呈现给我，以某种特定的方式呈现给我，可能以好多种方式呈现给我，而这一点是不依赖于对象是否实际存在的。我们今天坐在这里，就可以讨论一个虚构的不存在的东西，比如长三个角的牛，比如狮头蛇身的龙，都是虚构的东西。不存在的东西当然是可以讨论的，对于艺术来说尤其如此。

我们也可以说，对象是按我们所赋予的意义而显现给我们的。刚才说事物怎么呈现给我们，怎么被给予我们，那就决定了它的意义；另一方面，我们所有的行为都是赋义的行为，我们赋予事物以意义。我们可以把一个三角形叫作等边三角形，也可以把它叫作等角三角形，这两个意义是不一样的，我们的赋义行为决定了对象的意义。所以，胡塞尔就认为，没有与意识完全无关的实在对象和世界现实性，对象总是与我们相关联的，这个叫“先天相关性”。这不是什么唯心主义，这是生活世界的真相。我们的赋义行为是不简单的，我看到你，把你认作一个小姑娘，这个行为里发生了很多东西：我为什么把你认作小姑娘，而没有把你看成一个老太太，没有把你看成一个男孩，等等。我不断赋予你意义，我在不断赋义，也会不断改变赋义方式，你怎么呈现给我与我怎么赋义是同一个过程。意向意识本身包含着与对象的关联，传统的欧洲人可从来不是这样想问题的，他们以前总是在讨论我与对象的超越关系，我是怎么跳出去把握住对象的。这是一个知识论的问题。康德自以为解决了这个问题，事物已经进入我们知识范围里，成了我们知识把握的对象。现在胡塞尔说，对象是与我关联在一起的，对象的意义取决于它与我的关联性，这就开启了第三个关于物的理解。

海德格尔是胡塞尔的学生，发展了后者的现象学。海德格尔认为胡塞尔的现象学哲学走得还不够远，“现象”是由“内容意义”（Gehaltssinn）、“关联意义”（Bezugssinn）和“实行意义”（Vollzugssinn）三个意义方向构成的整体。“内容意义”是指在现象中被经验的“什么”（Was），“关联意义”是指现象被经验的“如何”（Wie），“实行意义”则是指“关联意义”得到实行的“如何”（Wie）。[①]这是学理上的话。简单说，“现象”有三义，一是内容意义，它是“什么”，是什么内容，比如这是茶杯。二是关联意义，这个茶杯怎么跟我发生关联，我使用它，用它喝水。三是实行意义，就是这种关联意义是怎么发生的。如果我不伸出手去，不把它抓起来，那么关联意义就不可能完成。再简单说，“现象”的三义就是：它是什么，它跟我有什么关系，这个关系是怎么完成的？海德格尔说，第三个意义即“实行意义”才是关键。这就把哲学带向另一个方向，即行动优先的方向。只有行动起来才可能有这些意义。以前哲学不是这样考虑问题的，以前哲学家只是傻傻地盯着一个个对象。胡塞尔有所进步，揭示了“关联意义”，海德格尔更进一步，深入到“实行意义”。这是一个重大的变化。

事物的意义在于关联性，也就是事物如何呈现给我们，如何被给予我们，如何与我们关联，同时也引出了关于我们的生活世界的讨论，引出了视域—境域—世界论。这个对象如何给我，这既不取决于它本身也不取决于我。比如这个茶杯，它是怎么被给予我的？近代哲学主体性高涨，总是说事物是我们规定的，康德就说事物是对象性，是我给它的意义。到了现代和当代哲学，人们才认识到，这个事物的意义既不在于它本身也不在于我，而在于它与我的关联。为什么会这样？是因为当一个对象跟我当下发生关联时，都是在特定的视域里构成这种关联。我的行为是赋义行为，但为什么意义是不一样的？我刚才赋予这个茶杯几个不一样的意义——圆柱体、装

① 参看孙周兴：《形式显示的现象学：海德格尔的思想开端》，载孙周兴：《后哲学的哲学问题》，第231页以下。

水的容器、量杯等等，那是在特定的视域或语境里完成的，受制于不同的视域或语境。

所谓“关联性”也有好几种，一是物与物的关联，二是人与物的关联，三是人与人的关联，所有这些加起来就构成了一个总体的关联体，即视域、境域或语境，也就是我们讲的“世界”。“世界”可大可小，今天在这里我们构成一个小的“世界”，一个小的关联体。我对今天这个关联体不熟悉，第一次来，不知道电脑在哪里，也不知道怎么播放视频，所以折腾了十几分钟。我们进入一个新的环境中，需要对其中的关联做重新整理和适应，后来把桌子往前移，屏幕往后退，把电脑移到台上来，各种关联慢慢理顺了，我才可以坐下来做今天的报告。所以，所谓“关联体”就是一个一个具体的话语空间和世界。生活世界被理解为一个一个“关联体”，相互关联的事物是在不同的“关联体”里面被把握和被理解的。

让我们总结一下。西方哲学和西方艺术有三个阶段，对应于事物理解的三个阶段。自在之物——为我之物——关联之物，这是物概念的三个变化，相应的西方哲学也分为三个阶段，就是古典存在学/本体论、近代知识学/知识论，以及现当代的现象学和语言哲学。物概念的三个类型，同样也对应于西方哲学关于世界的三种理解，大致可称为自然世界、对象世界和生活世界。

与现当代的物经验即“关联之物”相关，现当代的艺术概念又是什么呢？我一直没有想清楚这个问题，今天早上写下一些话，供大家参考。我想指出三点：

首先，艺术即表现（expression）。近代以来的艺术史大致呈现了再现—印象—表现（广义）的进程。前面讲了，近代艺术是再现型艺术，最基本的概念是“再现”，它与把对象建立起来的表象性思维有关。以“表现”为标识的艺术是一步步演变来的。近代再现型艺术到19世纪后期有了变化，出现了印象派。印象派是一个特别重要的变化环节。在座几位艺术家比我更了解这一点。20世纪上半叶出现了表现主义艺术，我说的是广义的表现主义艺术，包括印象派以后的超现实主义、抽象主义等等，所有这些艺术思潮都具有“表现主义”性质。这里要稍稍区分一下，在字面上，“印象”（impression）是内化，是向内的，而“表现”（expression）是外化，是向外的。这两个词是相对的，“印象”是往里压，而“表现”是往外推。印象派艺术把近代艺术的主体性特征充分表现出来了，显示出某种极端的主体性、极端的内化。大家都熟悉印象派艺术，它对光和色的理解是内化的，极端主体性的。

其次，表现即赋义（give meaning）。现象学哲学告诉我们，简单的观看和感知行为就已经是赋义行为。表现同时是赋予行为。如何理解“表现”这种赋义行为呢？这在20世纪上半叶的“表现主义”艺术与20世纪后半叶的“新表现主义”艺术那里是有不同理解的。“表现主义”恐怕还会把“表现”理解为主体性行动；而作为当代艺术的“新表现主义”则已经进入境域—世界的现象学式理解中了。我认为这是一种进展。

第三，赋义即创造（create）。所有行为都是赋义，就是赋予意义，就是创造。我们时刻都在创造，创造是普遍的。我这样把手放着当然也是一种赋义行为，我把手举起来，就是另一种赋义行为，就给出了另外一种意义。每时每刻，我们的一个眼神、一个暗示、一个手势、一句话，都是创造性的赋义行为。每个人时刻都在创造，每个人都是艺术家。我们必须这样来理解作为赋义行为的“表现”，才能确认创造的普遍性，而没有确认这一点，就难以理解当代艺术。

这也是我今天报告的动机，我希望在哲学史和艺术史的脉络上，来理解从古典到近代到现当代的物概念和艺术概念的演变，从而理解今天艺术的意义。

四　未来艺术展望

如何理解当代艺术？未来艺术会变成什么样子？今天我们谈当代艺术和当代哲学，就是要讨论今天的生活和文明及其未来方向和可能性。最近关于未来的讨论越来越热烈，大家都在说“未来已来”，流露出许多忧虑心情。首先我想说，我们正处于一个文明断裂状态中，这个断裂差不多是在过去两个多世纪间发生的。这个断裂不是突变的，不像一根木头一下变成两段了，而更像一根竹子，被拗过来，裂痕出现了，但还联系在一起。这种“断裂”，有人叫作“历史的终结”，也有人说“艺术的终结”，也有人说“后现代主义转向”，也有人恶狠狠地说这是“人类的终结”，总之有很多描述方式。以我的说法，这是自然人类文明向技术人类文明的转变和过渡，它呈现出一个“断裂期”。

今天我们讲物的经验和物的概念，物的世界已经变了。基本的情形是，自然物和手工物已经退隐了，技术物占据主导地位。我把这个世界叫作技术统治的世界。在座大部分同学还小，你们没有太多的历史经验，有几位老师经历过。中国现在正在庆祝改革开放40周年，我们在40年间完成了工业化，工业化把我们的生活彻底改变了。我1980年上大学，改革开放的每一步我都经历了。欧洲的工业化是从18世纪下半叶开始的，花了200多年的时间。前面我把这个过程称为自然人类文明向技术人类文明的转变。这是一种巨变，身处其中，很多人还没有反应过来，到今天还有许多人没有反应过来。我们还在坚守传统，传统当然很重要，人类几千年来创造的文明和价值，古典的哲学、宗教、艺术、音乐等等，它们的退场和消失让我们心痛。然而我们不得不看到，传统文明的价值对于技术生活世界里的人类生活来说已经没有多大意义了，宗教是这样，传统哲学是这样，传统艺术也是这样。我经常去德国，德国古典音乐多好听，但现在只有老年人才听。多美好的东西，慢慢地正在退去，那是自然人类文明的创造性成果，已经离我们越来越远了。在美术学院、戏剧学院和大学里面，我们都在讨论绘画怎么办，戏曲怎么办，文学和哲学怎么办。我是绍兴人，我们老家有三种戏——越剧、绍剧、莲花落，但现在都已经没落了，我的两个小孩都听不懂了，到我这一代，就这么40年间全没了。今天我们不断地讨论艺术人文科学到底还有什么用，大量人文知识分子习惯于回忆和美化过去，说古人活得多么好多么好，后来越来越不好了。但这在逻辑上恐怕是大有问题的。古人活得到底好不好呢？据我所知古人活得并不好，生活环境和条件且不说，古人的寿命都很短，平均寿命就30多岁而已，大概只能活到今天人们的一半，这就表明古人活得并不好。如果你一定要说短命好，那我就只好无语了。我们纪念和怀念一些过去的东西，这肯定是需要的；但我们也不能因此走向另一个极端，不能一味厚古薄今，不然我们就不知道自己在哪里了。我们要尊重传统和历史，但更要直面当下，展望未来。今天我们更需要讨论的问题是：在一个技术统治的世界里，艺术何为？艺术还能干什么？这个问题不容易解答，我这里想特别指出的是两点：

第一，艺术要成为“事件艺术”。“事件”这个词现在被广泛地讨论，尤其在法国当代理论中显示最多。“事件”（event）应该是海德格尔首先提出来的概念，在他那里叫Ereignis，我译之为“本有”，但在国内有许多混乱的译法。“事件”为何越来越重要了？这里面有一个变化，如我们前面讲过的，在古代，物的意义在于它自己，我们坚信物自身有一个结构，有一个自在的存在意义；到了近代，我们说物的存在意义是我们赋予它的对象性；到今天，我们说物的意义取决于它与我的关联性。这样一个变化与生活世界的变化是一体的。当物的意义在于关联性时，这个物已经变成事了。这个物和事要区分开来，物是物，事是事，物是我们抓得到的，把握得住的，事当然也与物关联在一起，但事是我们讨论、处理、理解、谈论、创造的。艺术也必须有一个变化，就是从物到事的变化，这就是当代艺术。当代艺术开始成为行动和介入的艺术。一件艺术品挂在墙上供我们瞻仰，让我们得空时去看看它，这样的时代已经过去了，或者说正在成为过去时。我们的艺术理解必须完成从物到事的转变。

第二，艺术要成为“抵抗的艺术”。艺术的意义是什么？现代技术加速发展，几乎不超过一个星期都会有新的技术进展，在这样的时代里艺术还有什么用？上个月深圳基因编辑事件发生后，大家最近对技术越发恐慌了，以为末日降临；而另一方面，人们现在也将信将疑地听说技术会让我们长命百岁，甚至几百岁，总之会大幅度地延长我们的寿命，各种长生数据都出来了。大家听得很兴奋，我们将要不死了，该有多好？所以人们是既恐慌又欣喜。如果人可以活到150岁了，那么如何度过这漫长而无聊的人生？人们为了避免无聊致死，是不是只好来搞哲学和艺术了——不然又能怎么办？我在五六年前的一个讲话中就说：艺术人文科学的时代到了，而我们艺术人文科学的从业人员居然还不知道这一点。在不远的将来，越来越多的人将下岗，成为“多余的人”，你让他们干什么去？我看大部分只好来学艺术和哲学。现在大家更操心钱的问题，但我认为，未来20年或30年，钱对个人来说将变得越来越不重要，重要的是你有没有事做，有没有活干，重要的是劳动机会。请大家记住我这句话，二三十年后来印证。

前面讲了作为事件的艺术。从物到事，我说的是，如果没有把物的艺术搞成事的艺术，艺术家肯定不会成功的。这里面有两个含义，一是说艺术必须介入到生活当中，二是说艺术必须成为事件，让公众来参与，变成影响社会生活的事件，而不再是挂在墙上的一幅画。进一步我们还得追问：艺术对我们来说到底意味着什么？我在这里想借用德国哲学家阿多诺的一个说法：艺术只有作为一种社会抵抗形式才是有意义的。大意如此。艺术的意义在于抵抗。抵抗什么呢？当然首先要抵抗外部固化的各种制度，但更多的是要抵抗这个技术世界。这个技术世界已经失去约束和平衡机制，速度越来越快，我们得想办法节制它，让它慢下来。艺术的意义在于此，哪怕我们——自然人类——要毁灭，那最好也得让我们慢慢毁灭吧？人们今天提倡传统文化，动机不一，但恐怕也多少带有一种抵抗的意图，只不过这种抵抗多半采取了逃避的策略，其成效是值得质疑的。今天在新的技术状态下，属于自然人类世界的传统精神表达系统（传统哲学、宗教和艺术）日渐崩溃，技术工业的普遍宰治已经把人类带入一种普遍同一化和同质化的机制之中，如何保卫个体自由，将越来越成为未来社会的一大难题。艺术的抵抗意义也因此凸显出来了。阿多诺所谓作为抵抗形式的艺术，我想应该指向一种更为普遍的姿态：我们每个人对于生活，对于技术，对于社会，对于这个世界，都应该摆出一种抵抗的姿态，旨在保卫我们自己，保卫我们正在慢慢失去的自然生命的意义，保卫我们日益面临危机的个体自由。

第二章　圆性时间与实性空间[①]

从自然生活世界到技术生活世界有一个断裂，这个断裂在哲学上首先表现为时间和空间经验的转变。现代形而上学批判即起步于此。马克思首先敏锐地洞察到技术工业带来的世界巨变，并且用“以时间消灭空间”来描述之。尼采批判传统的以物质运动为定向的线性时间观，开启了一种以创造性生命经验为基准的“圆性时间”观，后者显然已经蕴含着时间的空间化。海德格尔后期更进一步，思入一种时间与空间贯通一体的本源性的“时—空”观，我们可以从中引申出反传统的时间理解和空间理解：时间是不直的，而空间是不空的。进一步的问题是：这种区别于自然生活世界的时间和空间概念的新时—空观与技术生活世界是何种关系？本文认为，主要由现代思想开启的新时—空观为当代艺术提供了思想前提，同时也通过当代艺术对技术生活世界做出抵抗性反应。

今天跟大家讨论时间和空间问题，它们与我们每个人都息息相关，也是我最近一直在思考的问题。时间和空间是我们每天——每

① 本文系作者2019年4月28日下午应四川大学宗教研究所之邀，以《时间是直的还是圆的?》为题在四川大学文科楼做的演讲，根据现场录音稿整理成文。后做了进一步扩充和改写。本文迄今未发表过。

时每刻——都在经历和感受的，但时空问题要讨论起来却是极为麻烦的。单拿时间问题来说，大家都知道奥古斯丁的一个著名说法，大意是：什么是时间？没人问我我是知道的，有人问我我就不知道了。但问题又极为重要，“时间问题是我们理解存在、死亡，以及我们与宇宙之间的真实关系的第一把钥匙”[①]。空间问题亦然，也是一样的神秘而繁难。时至今日，时间和空间问题（以及两者关系问题）依然属于哲学和科学里面最难的课题，现在我们还没有一个确定而清晰的答案。

我今天的报告主要以尼采、海德格尔为背景，试图追问：时间是什么？时间到底是直的还是圆的？进而追问：空间是什么？空间到底是空的还是实的？我的整个报告有几个任务和目标：第一，批判传统的线性时间观。传统哲学和科学把时间理解为一条直线，过去是已经消逝的“现在”，将来是还没到来的“现在”，总之是“现在”之流。我们将努力表明，这种自然而然的线性时间观是有问题的。第二，我想大胆提出一个概念，即“圆性时间”概念。时间不是直线的，而是圆性的。这个想法与尼采、海德格尔的哲学有关，我试图对它做一种发挥和展开。第三，我想从后期海德格尔的“时—空”思考出发，进一步落实一种新时空理解，即本演讲的主题：时间是不直的，而空间是不空的。最后我要讨论的是，我所谓的“圆性时间”和“实性空间”到底有什么样的意义？在当代哲学和当代艺术中有何显示？我大概就讲这样四点。

而如果总结起来，我的基本观点无非是两点：其一，我想说时间是圆的，空间是实的。要证明这一点当然是不容易的事，我只能

① 罗伯特·兰札、鲍勃·伯曼：《超越生物中心主义——以生命和意识为中心，重构时间、空间、宇宙与万物》，中译本，杨泓等译，湖南科学技术出版社，2017年，第31页。

勉力试试，未必成功。其二，我想在这样的问题背景里面来讨论一下现代哲学和当代艺术，大致可以说，现代哲学是要破线性—计算时间观，启圆性时间观；而当代艺术是要破几何—抽象空间观，启具身空间观。而显然，艺术与哲学在此交合了。

一　传统线性时间观批判

我先来讲第一点：传统线性时间观的批判。最近我刚刚做完一本翻译，是海德格尔的《时间概念》，这大概是我做的最后几本翻译之一。因为我觉得翻译的时代快要结束了，翻译工作以后不需要我们自然人来做了，机器人会接替我们的工作，而且会比我们做得更精准，所以我要赶快把自己一些半拉子的译事了结掉。总的来说这是好事，我们自然人类会变得更自由一些，我们可以省出更多的时间来干别的事情了，休闲啊，思考啊，创造啊！确实我们自然人类的生活要改变了，许多工作和行业将会消失，但请各位放心，哲学和艺术不会消失，这个是机器人搞不了的。

海德格尔的《时间概念》一文写于1924年，当时他还相当年轻，写了这篇长文（译成中文大概有8万字），投给一家杂志，但因为文章太长，或者还有其他什么原因，这个杂志最后决定不能刊发这篇文章。这篇文章加上同时期做的一个同名演讲（《时间概念》），后来一直都没有发表出来，到2004年才得以出版（《全集》第64卷）。这本《时间概念》被认为是海德格尔的前期代表作《存在与时间》（1927年）的“初稿”（Urfassung），即“原始稿”。

顾名思义，海德格尔在该书中主要讨论时间问题。他首先问，哲学如何来追问时间？他给出一个阐释学意义上的说法：“必须根据时间来理解时间。”[①]为什么呢？这大约是要与神学区分开来，因为神学不是根据时间来理解时间，神学是根据“永恒”（aei）来理解时间的。可是，当神学真正要进入时间追问时，比如我们刚刚提到的奥古斯丁，他追问的是我们人类体验到的时间，而不是物理时间。那么，如何可能“根据时间来理解时间”呢？根据A来理解A，这在逻辑上属于同义反复。我们把A理解为B，我把你理解为学生，把我自己理解为老师，这都可以；但要说把我理解为我，这是啥意思呢？所以这里就有问题出来了。

海德格尔说，我们不是要下一个普遍的定义。这句话其实是特别反动的，因为所有的定义都指向普遍性。下一个不普遍的定义，这大概是前期海德格尔做的对哲学来说最出格的一件事。所有的知识或科学都是要下普遍性的定义，比如说对于苏格拉底这个个体，我们可以下个定义，说“苏格拉底是一个雅典人、一个哲学家、一个男人、一个人等等”，但还不能说“苏格拉底是一块木头”，虽然我们平常会说“某人是木头”，意思就是某人好笨啊，但这是文学的修辞手法，是做比喻或打比方，而不是哲学和科学的定义方式。海德格尔明确地说，我们必须进入到一个前科学的状态，给出一个不确定的定义。“不确定的定义”是一个特别奇怪的说法，通常的定义就是界定、确定，不确定的规定不能叫“定义”。但在前期海德格尔所谓的“形式显示的现象学”中，他却要下所谓“形式显示的定义”，即前科学的、指引性的、不定的定义。海德格尔的基本意图还是可以掌握的，在他看来，对于个体的、动态的、生发的、不定的事态或现象，比如说人生此在和在世现象，比如说与人生此在相关

① 参看海德格尔：《时间概念》，《全集》第64卷，德文版，美茵法兰克福，2004年，第107页。

的时间问题，我们固然也要下“定义”，但又不能给出完全固化的不变的概念化的规定。

海德格尔先要批判传统的时间观。传统的时间观最早是在亚里士多德那里形成的。亚里士多德给出的时间定义是：“时间是关于前后运动的数”，“时间不是运动，而是使运动成为可以计数的东西”。[①]这个时间概念后来一直延续下来了。什么是时间？时间就是一个物体的运动的计量，比如说我走到这个教室门口大概需要10秒钟。这就是时间，实际上就是时钟时间。这种时间观规定了后世科学的时间观。但在亚里士多德那里有一个特别奇怪的现象，是我一直没有搞清楚的，那就是：他的时间概念就是后来物理学的时间概念，而他的空间概念却完全不一样。这是令人费解的。亚里士多德在《物理学》中说：“空间乃是一事物的直接包围者，而又不是该事物的部分。”[②]还有一个更具体的定义是：“空间是包容着物体的边界。”（topos peras tou periechontos somatos akineton.）[③]这种空间就不是牛顿物理学意义上的空间了。如果空间是包裹着物体的边界，那么，每个物体都有自己的空间，这个空间是具体的、多样的，可以说是实的空间，而不是空的空间，不是近代物理学的三维空间。简单说来，亚里士多德规定了科学的时间概念（“运动的计量”），但他的空间概念（“物体的边界”）完全不是科学的。这就造成了一个“分裂”，这个“分裂”意味着什么呢？这是一个有意思的课题，需要专门讨论。

到了中古，在早期基督教神学家奥古斯丁那儿，时间仍旧是要

① 亚里士多德：《物理学》第四章，219b1-4；参看中译本，张竹明译，商务印书馆，1982年，第125页。

② 亚里士多德：《物理学》第四章，210b35；中译本，第100页。

③ 亚里士多德：《物理学》第四章，212a5；参看中译本，第103页。

被测量的。在《忏悔录》第十一卷中，奥古斯丁考虑的是精神问题，但他也提出了关于时间测量的问题，追问精神本身是不是就是时间？奥古斯丁反复地说“度量”和“测量”时间：“我的精神啊，我是在你里面度量时间”，“我测量你，故我测量时间。……我再重复一次，我在测量时间时，我就是在测量我自己的处身”。[①]

从亚里士多德开始的这种可测量的时间是自然生活世界的时间，可以叫作“自然时间”，其实就是“时钟时间”。自然人类发明了时钟，各种计时的工具，我们用它们来测量时间，这种时间就是海德格尔所讲的“现在时间”（Jetztzeit）。它是同质的和均匀的，因此才是可测量的。如果它不是同质的和均匀的，那就无法测量。这是科学的时间概念，在牛顿那里被叫作“绝对时间”，牛顿的说法是：“绝对的、真实的和数学的时间，它自身以及它自己的本性与任何外在的东西无关，它均一地流动……”[②]如我们所知，这样一种物理学的“绝对时间”观在科学上的改变一直要到爱因斯坦的相对论[③]，但在哲学上，到尼采那里就已经受到了怀疑和批判。

当然这中间还有一个有意思的插曲，就是康德和哈曼的“时空之争”。大家知道康德把时间和空间内化了，同时又把它们科学化了。什么意思呢？因为在康德看来，时间和空间是我们主体先天具有的直观形式，有了这两种直观形式，才有了两门“形式科学”即算术和几何学。直观分为内感与外感，于是康德给出了两个简单的

① 参看海德格尔：《时间概念》，《全集》第64卷，德文版，第111页。

② 牛顿：《自然哲学的数学原理》，中译本，赵振江译，商务印书馆，2006年，第7页。

③ 爱因基坦在他的相对论中得出一个惊人的结论：即使时间是一个实际存在的实体，也不可能像光速和重力那样是一个常量。时间会以不同的速度流逝。引力场的存在会延缓时间的流逝，就像物体在做高速运动时发生的情形那样。参看罗伯特·兰札、鲍勃·伯曼：《超越生物中心主义——以生命和意识为中心，重构时间、空间、宇宙与万物》，中译本，第25页。

等式：内感——时间——算术；外感——空间——几何学。内感官的形式就是时间，跟时间相关的是算术。这话听起来不好解，但其实是很朴素的想法。1+1=2，1+2=3，这就是一个时间过程啊。康德说，没有时间这种直观形式，算术就是不可能的。空间亦然，空间是外感官，我们观看，我们看到东西，这种看是空间性的，是塑造空间的，要是没有空间这种直观形式，几何学就是不可能的。所以，康德认为他已经把两门形式科学的基础问题解决好了。

这时出现了一个人物，叫哈曼。哈曼这位哲学家少为人知，但他是一个有意思的天才人物。当年诗人歌德就特别崇拜他。哈曼是康德《纯粹理性批判》的第一个读者，应该是康德自己叫他看该书的清样。哈曼看完以后，就识破了康德的把戏，写了一篇大约三四千个汉字的短文来批判康德。这是关于康德《纯粹理性批判》的第一篇批判文章，涉及时间和空间问题。哈曼的思路太有意思了。哈曼说，时间和空间当然跟我们的感官相关，与听和视（看）相关，听出来的是时间，看出来的是空间，但听和视（看）却不是康德所谓的“直观形式”，而是语言方式，与听和视（看）相关的也不是算术和几何学，而是两门最原始的艺术，即音乐和绘画。

于是在这里，整个格局摆出来了，我们可以看到欧洲近代文化中最根本的冲突，即科学与艺术的冲突。康德与哈曼的争论意义重大，各位一定得好好想想。康德是要给形式科学奠基，哈曼却说你这样的奠基本来就是错的。两者的争论焦点是时间和空间。什么叫听？什么叫看？什么叫时间？什么叫空间？哈曼认为，作为语言的形式，跟它们相关的首先是艺术，艺术是比科学更加原本的。康德把时间和空间联系于两门形式科学，表明他依然守在传统的可以计量的时间和空间观之中，这一点是我们要注意的。[①]

在演讲《时间概念》中，海德格尔展开了对传统时间观的批判。海德格尔直接说："与时间的源始交道方式不是测量。"[②]这句话很重要，千万不要以为时间都是测量的时间；时间是不均匀的，不是线性的，也不是可测量的。他接着说："如果我们试图从自然时间上推出什么是时间，那么现在就是过去和将来的尺度。"海德格尔这时候没有说"现在时间"，那是《存在与时间》里的讲法，现在他说"当前时间"：

> 这种当前时间（Gegenwartszeit）被解释为不断滚动着通过现在的流逝序列；这种前后相继的序列在方向上被说成是单向的和不可逆的。一切发生的事件都是从无尽的将来滚入不可回复的过去。[③]

所谓的可测量的线性时间有两个特点：一是均质性，二是不可逆性。它是"现在点"的均质化。它必须是均质的，每个点都一样，才可能是线性的和不可逆的。所谓"均质化"是把时间等同于空间，等同于纯粹的在场。这是关键所在，尚未出现的将来和已经消逝的过去都是根据现在、当前来判断的，这就是后来德里达批判的"在场的形而上学"了。在海德格尔看来，这就是一种把所有的时间从自身中驱赶到当前之中的趋势，时间完全被数学化了，变成了与空

① 有关康德与哈曼之争，较详细的讨论可参看孙周兴：《以创造抵御平庸——艺术现象学演讲录》（增订本），第152页以下。

② 海德格尔：《时间概念》，《全集》第64卷，德文版，第118页。

③ 海德格尔：《时间概念》，《全集》第64卷，德文版，第121页。

间坐标X、Y、Z并列的坐标T。我们从小就学过这些了，平常我们就说空间是X、Y、Z三维，时间是空间之外的一维T。

总之，传统时间观是着眼于“当前/现在”或者说以“当前/现在”为基点的线性时间：作为运动的计量，传统时间观是线性一维的“现在时间”，就是把时间看作一种“现在之流”，过去是已经消逝的“现在”，将来是尚未到来的“现在”，总之都是“现在”。传统时间观具有自然性，它是自然人类精神表达的基础，特别是传统哲学、宗教、艺术的基础。因为自然人类在线性时间观的支配下还不甘心当一个旁观的等死者，无法忍受生命不可阻挡的流逝和消失。如何克服时间的这种永不回头的永恒流逝？这是自然人类面临的最大难题。正是面对这样的问题，为了对付生命的无限流逝，为了克服这样一种不断的、无可阻挡的流失，即“现在时间”的无限的流逝，质言之，为了不至于绝望，人类各民族（自然人类）创造了永恒的宗教，在欧洲还创造了哲学。这就是说，要摆脱线性时间的不断流逝，必须有一个无时间的、永恒的彼岸或者天国，后者是没有时间性的——时间性是我们每一个要死的人（终有一死者）的概念，永恒上帝是没有时间性的。这一点我们一定要想清楚，

现在我们处于另外一个时代，进入另一个世界之中，我把它叫作“技术人类生活世界”。我们已经从“自然人类的生活世界”转变入“技术人类生活世界”中了。我愿意认为，尼采所谓“上帝死了”应该在这个意义上来理解。他所谓“上帝死了”意味着“自然人类精神表达系统”的崩溃，也意味着自然生活世界与技术生活世界之间的断裂。这个断裂首先表现为时间和空间经验的转变。现代形而上学批判即起步于此。马克思首先敏锐地洞察到技术工业带来的世

界巨变，并且用“以时间消灭空间”来描述之。[①]紧接着就是尼采，他通过“相同者的永恒轮回”学说来思考一种新的时间经验。他们显然都敏锐地意识到了一点：在这场文明大变局中，克服传统的线性时间观是哲学的根本启动点。

二　圆性时间观之揭示：从尼采到海德格尔

下面我来讨论尼采的新时间观。我的基本看法是，尼采的“相同者的永恒轮回”学说反对传统线性时间观，开启了一种以“瞬间—时机”为核心的“圆性时间”理解。如果觉得“圆性时间”一说太重了，我们也无妨暂时把它了解为“非线性时间”。

从1884年前后开始，尼采认真地琢磨了一件事情：生命/存在的本质和意义到底是什么？这个事情他想通了，他认为生命/存在的本质就在于追求更强大的力量。他给出了一个术语，叫作“Der Wille zur Macht/Will to Power”，即“权力意志”。无论是动植物，还是作为“高级动物”的人类，只要是生命体，就都在追求更大的力量。尼采做了好些的证明，证明生命的本质就是追求更大的“权力”（Macht）[②]。尼采认为，哪怕一个仆人、一个奴隶，看起来最无势力、最没个人意志的，但实质上也是有他自己的“权力意志”的。日常生活中经常发生这样的现象：奴仆搞着搞着，把主人控制起来了，最后主奴关系颠倒了，主人完全离不开奴仆了，可以说奴仆实现了自己的“权力意志”。意志的本质是增殖、增熵，这就是尼采的“权

① 参看本书第一编第一章。

② 是不是把尼采的Macht译为“权力”，其实我一直是犹豫的。我曾经也觉得“权力”太暴力、太政治了，想把Macht译成“强力”，即强大的力量，但有学者警告我，说你这个“强力”译名可能更暴力。我觉得这个批评不无道理，于是又把它改回“权力”了。

力意志”。

不过，至此还有一个问题没有解决。尼采说生命/存在永远在追求“权力”，追求一种强大的力量，这难道不是一种线性的膨胀吗？不断膨胀，不断增熵，那么何时才是个尽头呢？再说，这样一种不断流逝让人很恐怖，人在智力上不能容忍这种无限性。尼采想，这不对啊，这不够啊，哲学不能这样思考问题的。光说生命的本质在于追求更大的力量（权力），这个好像蛮好听，但显然还不够。后来德国哲学家西美尔有个说法，说尼采无非是要告诉我们：生活意味着更多的生活。生命就是这样不断地追求，不断地膨胀吗？当代法国哲学家斯蒂格勒就说，有增熵也得有负熵。生命不能一味膨胀，一味膨胀是会爆裂的，整个地球会爆炸的。确实我们看到，现代人类已经从禁欲传统进入纵欲时代。人类已经习惯于欲求，但欲望过剩的后果是什么呢？后果是我们现在没有欲望了，处于无能状态了。这些问题在尼采当时还不明显，但他都想到了，尼采说这样下去不行，光说生命的“权力”和更大的“强力”，还没有解决根本问题，还囿于旧哲学的“线性超越”的框架里。

据尼采自述，有一天他在塞尔斯-马利亚的一个湖边散步，脑海突然跳出来一个概念，令他无比兴奋，赶紧把它记录下来。这个概念就是“相同者的永恒轮回”（die ewige Wiederkunft des Gleichen）。尼采认为这个概念解决了根本问题。确实，生命的本质是追求更大的力量，而另一方面，生命又是在每一个瞬间创造性地展开的，“相同者”在每一个瞬间复返和轮回。这样一个想法为什么会让尼采兴奋呢？我们知道尼采哲学要解决一个生命问题，早期尼采的表述是：生命如此短暂而悲苦，每一个人都是要死的，而且生活中苦多乐少，我们为什么要苟活于世？有限而痛苦的生命的意义在哪里？到后来，尼采的问题提法有了变化，变成了一个有关“重复”的问题：我们每天都在重复自己的生活，有些事情我们做了千万遍了，为什么要不断重复？如果你做的是同样的事情，那么做一遍和做一万遍有区别吗？我们为什么愿意重复呢？重复的意义在哪里？这个问题不解决，你的行动就会出现问题。按尼采的说法，你在每次行动之前你都要想想清楚，下次还要吗？如果下次不要了，你就得质疑这次行动的意义。大家可以看到尼采是多么严肃和纠结！这样的追问是个体对生命的责任。这样想来，尼采哲学的问题实在太简单，但对我们每个人都构成一种考验。所以尼采的问题实际上是两个：一是终究虚无的生活的意义，二是不断重复的行动的意义。生命如此短和苦，为什么我们还不愿意死，每一个心智正常的人都不愿意早早死掉，都愿意多活几年？这是为什么呢？再就是生命行为的重复，重复的意义问题则涉及生命当下的决断问题，我们时刻都会碰到这样的行动的选择和决断。

这时候尼采开始讨论“相同者的永恒轮回”问题。“永恒轮回”前面有个主语，叫“相同者”（das Gleiche），“相同者”不是“同一者”（das Selbe或das Identische）。这个大家要区分一下，轮回的并不是“同一者”，而是“相同者”。“相同者”之“同”是有差异和变化的“同”。此时此刻我是我，但当我说出这句话时已经不是我了，每个个体都处于变动中，都没有绝对的同一性，而传统形而上学却在追求这种同一性。可以认为，尼采说的是相同的A1、A2、A3等等，而不是同一的A。在《查拉图斯特拉如是说》第三部“幻觉与谜团”一节中，尼采用三句话来表达“相同者的永恒轮回”，我认为它们可能是尼采哲学里最重要的三句话，也可视为现代哲学的核心命题。尼采的第一句话是：“一切笔直者都是骗人的。”说这句话要小心啊，不能乱说的，整个几何学就是从“两点之间直线最短”这样一个形式规定开始的，由此构造了整个几何学体系。尼采的第二句话是：“所有真理都是弯曲的。”这话说得多好啊！我们今天已经可以理解这话了，但在当时这话却是令人费解的。尼采的第三句话更妙：“时间本身就是一个圆圈。”一切笔直者（直线）都是骗人的，时间不是直线，没有什么无限流逝的“线性时间”，那么结论只能是：时间本身是圆的。[①]讲完这三句，尼采接着发问：如果我们站在一个叫“瞬间”（Augenblick）的门口，你往东边走，我往西边走，我们两个会相遇吗？我们会碰到一起吗？换种说法，往东边走是“过去”，往西边走是“将来”，“过去”与“将来”会碰到一起吗？如果时间是笔直的，是一条直线，那么它们当然是不会碰到一起的。但是，如果所有笔直者都是骗人的，世上没有直线，那么它们就必定会碰在一起的。

这是尼采对“相同者的永恒轮回”学说的证明。尼采对此做过大量的证明，包括动用物理学的能量守恒定律，包括其他科学的途径，但我认为最有效的证明就在这里了：所有直线都是骗人的，时间就是一个圆圈，相同者必复返，必轮回。所以你放心，你说我错过了什么人，与人擦肩而过或者背道而驰，按照尼采的这个逻辑，如果她/他是属你的，总归会碰到一起，总归会回来的，你大可放心。过去与将来碰撞在一起，这个“碰撞”就是“瞬间”。尼采使用的“碰撞”这个词很有意思，我们每时每刻都在“碰撞”中，都在承受这种“碰撞”。你此时此刻，你的身体和你的心灵，都在经受过去与将来的“碰撞”，过去与将来处于紧张的交织运动中。

① 参看尼采：《查拉图斯特拉如是说》，中译本，第248页。

尼采说了三点：直线骗人，真理弯曲，时间圆圈。尤其是最后一点，即所谓“时间本身就是一个圆圈”，委实是惊人之语，也足以被当作疯人乱语。20多年后，爱因斯坦的相对论却为尼采此说做了科学的证明。根据爱因斯坦的相对论，引力场会使时空发生扭曲。当一个有质量的物体体积趋于0时，其引力会达到无法想象的地步，从而改变空间，导致光都无法在其空间里逃避，进而形成“时空扭曲”，也就是使由三维空间和四维时间构成的时空结构产生扭曲。后来的各种实验和研究证明了爱因斯坦的“时空扭曲”理论。人们在探究时间测量技术时就发现了各种“时间扭曲”问题，有研究者做了如下总结性罗列：

> 1.卫星以每小时14000千米的速度运行，其钟表变慢了；2.卫星远离地球时，处于减弱的引力场中，与地面相比，其钟表变快了；3.由于地面上的GPS用户通常与地心的距离不同，因此这会导致时间流逝的速度不同；4.由于地球表面不同纬度地区的自转速度不同，因此这使得地面上不同位置的时间流逝速度无法保持一致；5.对所有地球上的观察者来说，时间跑得要慢，因为我们这个星球是以每小时1674千米的速度在自转（离赤道越远则速度越低）；6.因为卫星的轨道略呈椭圆形，卫星上的时间变化会忽快忽慢。①

无论科学的实验和证据是否可以充当哲学的证明，或者哲学是否需要科学的证明，我们都不得不承认，以近代物理学以及自然生

① 罗伯特·兰札、鲍勃·伯曼:《超越生物中心主义——以生命和意识为中心，重构时间、空间、宇宙与万物》，中译本，第27页。

活世界经验为基础的线性（直线）时间观是可以动摇的，肯定不是绝对正确的，更不可能是唯一正确的。从爱因斯坦出发来讨论的所谓“时间扭曲”现象，至少也为尼采哲学意义上的“时间不直”或“时间圆圈”提供了佐证。

尼采这种瞬间意义上的时间概念，把过去和将来理解为当下“碰撞”的瞬间，这样一种时间理解是相当奇异的。这个“瞬间”是什么，我们可联想希腊文的一个词语，叫Kairos，后者大概就是我们中文的“契机、时机”。比如说我这次来成都，今天跟各位在一起，你以为我们碰到一起容易吗？不容易的。成都几个老朋友前段时间多次邀请我，我总是说没时间啊。我确实也是没有时间，但话说回来，时间挤挤总是有的。这次贵校盖建民教授组织了一个会，给我一个任务，说你必须来的。我无法拒绝，就来了，于是也就有了今天的报告。这就是成事的Kairos，要成事，是要有各种各样的机缘凑合——碰撞——起来的。Kairos是什么？是“时机”或“契机”。我们每个人都会有这样的经验，经常做一件事情怎么都做不起来，莫名其妙地突然做成了，这就是时机到了，时机没到，你再努力都没有用的。除Kairos之外还有一种时间，就是亚里士多德说的“运动的计量”，在希腊文中是Chronos。所以古希腊人是绝顶聪明的，他们用两个不同的词语来表示两种不同的时间，我愿意把Chronos称为“物的时间”，而把Kairos称为“事的时间”。对我们人类生活来说，“物的时间”虽然也重要，但更重要的还是“事的时间”。这两种时间有什么区别呢？大致可以说，“物的时间”是均匀的、同质的，是必然的，因而是可测量的；但“事的时间”却不然，它不是均匀和同质的，也不是必然的，也不可能被测量。问题在于，后来“物的时间”观念通过科学和技术占据了主导地位，成为自然生活世界里最重要的尺度，而“事的时间”观念却不断受排挤，甚至被忽视了，被物化了，被“物的时间”观念取代了。

尼采的“永恒轮回”学说蕴含的是一种“事的时间”理解。在尼采那儿，所谓“相同者的永恒轮回”不是要提供一个佛教意义上的今生来世的轮回观，不是要提供一种教诲：你要好好做人，下辈子还可以轮回，还可以做人，如果你不好好做人，下辈子就只好做猪了。尼采的“永恒轮回”学说不是这样子的，他是想告诉我们：我们承受的每个瞬间都是一个创造性的时机，我们只有通过创造才能克服重复和无聊，才能使我们的生活变得有意义。每一个瞬间都是一个轮回，都是一个创造性的复归点，必须把每一次重复都理解为创造。如果你理解了这一点，你就不会觉得自己的重复行为是无聊的，是无意义的——其实不是重复，而是一种新的创造。所以尼采的“永恒轮回”学说是要思考后宗教时代的生活的意义，着眼点是一种非线性的时间观念。

三　不直的时间与不空的空间

那么，我为什么要说“圆性时间”呢？“圆性时间”这个说法好像还没有人使用过，所以我要试着来做一个解释。过去（被认为已经消逝的现在）与将来（被认为尚未到来的现在）在尼采看来总是在“瞬间”碰撞到一起，这种时间理解就可以叫作“圆性时间”观。我的基本想法是，“圆性时间”可与“线性时间”相对照，圆性与线性并置，更可直观，况且尼采本人也说“时间本身就是一个圆圈”。另一方面，所谓“圆性”更具有空间性，更能体现时间的空间化。后来海德格尔很机智地看到了这一点。海德格尔认为，把时间和空间分离开来是后来科学时代的事情，原本时间一空间是不分的，是分不开来的。我们现在把听和看，把听觉和视觉，把时间和空间都区分开来了。但大家想一想，我看着你们的同时也总是在听着你们，我的看会影响到我的听，反过来也一样，我听着你们，如果你们中间突然有人发出大笑声，或者发生别的奇怪状况，我对你们的看立刻就变了。看和听是相通的啊，听会影响看，看会影响听。这意味着什么呢？意味着时间与空间本来就是相通的，两者的分离是科学技术造成的异化的后果。我所谓的“圆性时间”根本上就是一种空间化的时间，海德格尔的说法是“时一空”（Zeit-Raum），在时间与空间之间加了一横（连字符），以示两者交合不分的状态。这是20世纪30年代中期海德格尔的思想，我们等下再讲。总而言之，尼采是以“相同者的永恒轮回”学说来反对传统的“线性时间观”，揭示出一种“圆性时间”。当他用过去与将来的紧张碰撞即“瞬间”来描述这种“圆性时间”时，根本上是要启动一种时空一体的经验。所谓“瞬间”是“时之间”也是“空之间”，更是“时一空”“之间”。

所谓的“圆性时间”是生命本体的时间，是时空一体的生命经验的尺度。它当然是随着生命运动而变动的。尼采有一个说法特别精彩：“我们在不断生长，我们的时间感、空间感等等也在不断发展。”[①]哪有什么固定不变的时空经验？但无论是古典物理学的时空观还是康德的作为“直观形式”的先验时空观，都放弃了时空的“生长性”，给出了关于时间和空间的形式化规定。

我们现在可以来讲海德格尔了。大家知道我是从海德格尔走向尼采的。我现在有个说法是，读尼采的书越多，越觉得海德格尔离

① 尼采：科利版《尼采著作全集》第11卷，德文版，34［124］，第462页。

不开尼采，海德格尔的大部分思想可以在尼采那里找到根苗，当然海德格尔比尼采想得更细密一些。海德格尔前期发展了尼采的“圆性时间”观，但他做了一个变化，尼采关注的是“瞬间”，当下瞬间无比重要，而海德格尔形成了一种以“将来”为指向的此在时间性循环结构。我们可以看到海德格尔在《时间概念》中的基本思路：“消逝”——“先行”——“向死而生”——“将来时间”。一切都在“消逝”（Vorbei），这个没错，但如何理解“消逝”？只是线性的一去不复返的流失吗？我们是不是可以把“消逝”理解为一种“先行”呢？这可以说是哲思上的“脑筋急转弯”。传统“线性时间”观认为我们所有的东西都在消逝，不可阻挡，无可挽回。但这个“消逝”意味着什么？为什么不可以把它理解为“先行”？海德格尔的思考从这里开始，因为人是一种向着将来生活的动物，“先行”到将来去，甚至先行到死亡中去，到极端的可能性中去——人是一种可能性的动物。所以“将来”这个维度凸显出来了，在这一点上海德格尔是相当高明的，恐怕要比尼采高明些。尼采只知道“当下/瞬间”，试图把“当下/瞬间”概念永恒化。海德格尔则不然。海德格尔追问，什么是时间？时间是通过对“将来/未来”的“定向”和对“将来”不断地“先行”而发动起来的这样一种三维结构，也就是我所谓的“圆性时间”。其中含有这样一种逻辑：我们如何来面对“消逝”，面对我们的不断“消逝”和“流失”？海德格尔说要“先行”，我们“先行”到生命的可能性中去，先行到最极端的可能性即死亡中去，只有这样，生命整体的意义方能实现，才会显示给我们。海德格尔这种时间性理解，我们可以把它叫作“将来时间”。大家要注意，将来之维的开启太重要了，一个人如果对可能性、对将来失去展望的能力，那就意味着走向自闭症。自闭症就是人们不能对未来开放了，对自己的将来失去了信心。我碰到过一个自闭症患者，一名三年级的大学生，他对什么都没兴趣了，对未来失去了信心，于是就狂吃，在短短一个学期里体重增加了60斤。为什么自闭症患者要狂吃呢？实际上他不是为了吃，他只是通过吃来安慰自己。

我们已经看到，在时间问题上，尼采和海德格尔的思考有同有异。尼采着眼于“当下/瞬间”，而海德格尔着眼于“将来/未来”。尼采转向了艺术和创造性活动，而海德格尔在前期哲学中更加重视此在实存经验和实存结构。但两者都肯定一点：时间是圆的，时间不是直线的。后期海德格尔就更有意思了，他进一步提出一个新的概念，叫作Augenblicksstätte。我认为这个概念肯定是从尼采的“瞬间”（Augenblick）发展来的。海德格尔在《存在与时间》（1927年）时期几乎绝口不提尼采，但他肯定已经读了不少尼采，可能是故意不说吧；到《哲学论稿（从本有而来）》（1936—1938年），海德格尔开始在弗莱堡大学讲尼采（此后连续讲了十年），尼采的影响已经十分显赫了。在海德格尔《哲学论稿（从本有而来）》里首次出现的Augenblicksstätte，我现在还不知道怎么传达，英文译成site of the moment，我试着把它译成“瞬间时机之所”。这是一个很有意思的概念，以这个概念，海德格尔是要从尼采出发思考一种新的时空观，他名之为“时—空”（Zeit-Raum）。

海德格尔在《哲学论稿（从本有而来）》中说：“时间与空间本身乃源自时—空——比起时间与空间本身及其计算性地被表象的联系来，时—空是更为原始的。”[①]这话的意思不难了解，意思是说，时—空原本不分，后来被分割开来的时间和空间概念，是从那个原

① 海德格尔：《哲学论稿（从本有而来）》，中译本，第444页。

初的时空不分的状态衍化出来的。现在我们都采纳了科学的、物理的时间和空间概念，我们被科学化了，我们多半只知道三维空间和一维时间，空间是长、宽、高三维，时间是线性的一维。它们都是可测量的、可计算的。我们并不反对可计量的时间和空间概念，我们的日常思维被这个时间和空间概念所占领了，但我们要想一想：这是唯一的和根本的吗？还有别的可能性吗？有非科学的时间和空间经验吗？如果没有了其他的可能性，那么我们实际上都会变成机器人，对不对？用不着再造什么人工智能机器人，我们自己就是机器人，只剩下了测量和计算。艺术人文学科就都不要了，直接在理学院里设一个教研室或者实验室就行了。我们当然不会这样想，我们也不能忍气吞声，我们是要抵抗的。我认为，尼采和海德格尔的哲学就构成了一种抵抗的势力。

海德格尔这个时候说，“时—空”是一种神秘的“开裂”（Erklüftung），就是尼采那里说的“碰撞”。我认为他们是故意用这种令人紧张的词语的。如果要进入现代哲学和现代艺术，我们一定要理解这一点，一定要摆脱古典和谐、理性和规则的思维习惯。尼采的《悲剧的诞生》为什么如此重要？是因为他首先告诉我们，艺术的本质不在于和谐、理性和规则，而在于紧张、冲突和斗争。这就是现代性美学。以前和谐、规则的审美标准已经不再是我们主导性的审美经验了，不再适合我们已经变化的经验方式了。尼采说“碰撞”，“碰撞”很重要，要是生命中没有“碰撞”的张力，那还有什么力量？还有海德格尔说的“开裂”，说裂开了而不是说弥合了。到底什么东西裂开了？是神秘的“时—空”裂开了，是“时—空”的“之间”，但这种“开裂”不是指时间与空间的分离。

海德格尔为什么要说“时—空”？我们先来看时间与空间的分

离传统。传统的时间和空间概念都是很自然的，都基于自然生活世界的物经验。这个太自然了，物的运动或者物的形态，它的长宽高的结构，这些都是自然而然的。近代物理学把这种自然的时间经验和空间经验抽象化，把时间线性化、维度化，时间成了一维的直线，如上面所引的牛顿的说法，是"与任何外在的东西无关的""绝对时间"；进而又把空间三维化，成了三维的"绝对空间"，同样地，牛顿说"它自己的本性与任何外在的东西无关，总保持相似且不动……"[①]这种科学的时间和空间观已经成为全人类的习惯思维。科学史上根本的质疑来自爱因斯坦的相对论。爱因斯坦认为，我们不能把时间、空间、物质、运动分开来，没有绝对时间，也没有绝对空间，时间和空间是相对的。而尼采和海德格尔从另外的角度已经达到了这种思考。

那么，怎么来理解这样一种时一空不分，这种不分的"时一空"、本源性的"时一空"呢？下面是我的初步理解，不一定对头。海德格尔是在《哲学论稿（从本有而来）》中提出这个思想的。这本书是我自己翻译的，但这书实在太奇怪了，我作为译者也还没完全弄懂。什么叫《哲学论稿（从本有而来）》？这个书名表明，作者写好了一本书但不知道取什么书名，于是叫了这个名。20世纪两大哲学家的两本后期代表作，差不多起了同一个书名，在维特根斯坦那里叫《哲学研究》，在海德格尔那里叫《哲学论稿》，都好无聊。这事值得我们好好想一想。他们之所以连个书名都取不出来了，是因为旧哲学气数已尽，而他们做的是另外一种新哲学，用传统哲学的方式已经无法命名了。而且我们看到，这两本书都不是体系化的，

① 牛顿：《自然哲学的数学原理》，中译本，第7页。

而是碎片化的，都是由300个左右的片段和笔记构成的。这是哲学和思想的“命”，我这里就不展开说了。总之我认为，海德格尔的《哲学论稿（从本有而来）》是20世纪最神秘的一本书，特别不好懂。我试着来理解其中所谓的“时—空”（Zeit-Raum）。比如其中有这样一段“鬼话”：

> 时间—空间乃是本有之转向轨道的被居有的开裂，是那种在归属性与召唤、存在之离弃状态与招呼（存有本身之颤动的战栗！）之间的转向的被居有的开裂。切近与遥远、空洞与赠与、激昂与迟疑，所有这一切都不能从通常的时间观念和空间观念出发而得到时间—空间上的把握，相反地，在通常的时间观念和空间观念中蕴含着时间—空间的隐蔽本质。①

这种非哲学、半诗性的思想表述当然是令人崩溃的，我得承认自己虽然知道其中暗示的意义方向，但没有充分的能力把这种暗示明确地转述出来。所谓“本有”（Ereignis）即“存在之真理”，是后期海德格尔用来替代他所思的“存在”（Sein）的，其实依然可以理解为“存在”；而所谓的“转向”（Kehre）同样是一个关键词，是海德格尔所思的“存在历史”（Seinsgeschichte）现象，这里指的是“另一个转向”即从形而上学（所谓“存在之离弃状态”）向“另一开端”的“转向”。可见海德格尔所思的“时—空”是“另一个转向”

① 海德格尔：《哲学论稿（从本有而来）》，德文版，第372页；中译本，第444页。其中关于“时间—空间/时—空”的定义是：“时间—空间乃是本有之转向轨道的被居有的开裂。”对应德语原文为：Der Zeit-Raum ist die ereignete Erklüftung der Kehrungsbahnen des Ereignisses，英译本作time-space is the enowned encleavage of the turning trajectories of enowning。参看M. Heidegger, *Contributions to Philosophy (From Enowing)*, trans. By Parvis Emad and Kenneth Maly, Indiana, 1999。

的时空经验，甚至可以直接说是后形而上学时代的时空经验，这种经验必须破除“通常的时间观念和空间观念”。

这个时一空不分的“时”和“空”意味着什么呢？以我的简单理解，“时”就是我们此时此刻正在承受的这种“流逝”，这种“流逝”是往外推移的，海德格尔说是一种由内而外的“移离”（Entrückung、removal unto），用前期海德格尔的说法，也可以说是一种由内而外的“绽出”（Ekstase）。我们此时此刻就在承受这种“流逝”。我看得出来，今天同学们对我很友好，目光是温柔的，如果我讲得不好，讲得太无聊，大家就会凶狠地看着我，那么这个“时”的“外推”就不大一样了，这个“流逝”就不大一样了。另一方面，如果说“时”是一种“外推”，一种“外化”，一种由近及远的出离，那么，“空”就是一种“内推”，是一种由外而内的“内化”，海德格尔用“迷移”（Berückung、charming-moving-unto）来加以描述，实即一种由远及近的吸引。刚才我讲了，此刻在座各位友好地看着我，毫无敌意，这个“空”的推移就比较好，是一种吸引，相互的吸引；但如果大家用一种紧张的、慌乱的、恐惧的目光看着我，那么这种推移就比较麻烦，对我构成一种巨大的压力，在这个压力下我是会缩小的。所以，这里有一个“时一空”不分的“时”和“空”，这个“时”是一种往外走的“流逝”，而“空”则是一种由内而外的吸引和压力。这是海德格尔想讲的“时一空”，是在一个具体的语境里面真实的发生，是所谓“移离”与“迷移”共属一体的发生。我们似乎也不能说，这个“时”是主观的，这个“空”是客观的，在此时此刻发生的还没有主客之分，我们承受着“时”意义上的流逝或外推，以及“空”意义上的引和压或者外推，这才是最原初意义上的时一空。

人在“时—空”之“瞬间”中承受这种内—外与外—内的推移——外推和内推。这种向外与向内的推移是一种在此时此刻一并发生的。也可以说，外化—内化，出—进，流失—接纳，这样一些“之间”关系是在此时此刻一并发生的。这样的“之间”就是我们实际承受的“时—空”。海德格尔在“时空”中间加一横来表明这种“之间”关系。我们大概可以说，传统意义上的时间和空间是被抽象的线性维度，而“时—空”是要承受（tragen）的，是要我们自己“扛”着的。我们每时每刻都在承受这种“时—空”，它是具体的：“时—空”意义上的“时”的流逝和外推，以及“时—空”意义上的“空”的吸引和压力。它们是我们当下“扛”着的，或者说“受”着的。这种原初的时空经验是无以言表的，是不无神秘的。我刚才努力结结巴巴地说了许多，也未必就说到点子上了。总之，海德格尔的大致想法是，传统被维度化的“线性时间”和“抽象空间”不是原生的，而是衍生的，是从他所谓“时—空”即生活世界中真实发生的具体的、整体的时—空经验中派生出来的。

四　新生活世界的时空经验

现在让我们来做个总结。我们上面讲了，尼采的“相同者的永恒轮回”学说给我们提供了一种新型的、非线性的时间理解，一种专注于当下时机化生成的“圆性时间”观。“瞬间”（Augenblick）是过去与未来的“碰撞”之所，是创造性的“瞬间—时机”。所谓“圆性时间”不是自然人类的时钟时间，也不是科学（物理）计算的时间，而是艺术创造的“时机”——其实这里不应该说艺术创造，而毋宁是在“人人都是艺术家”意义上来说的。我们每个人都是创造性的个体，每个人都有这种创造性时机。只要“时机”合成，个体生命是可以通过奇异化和差异化的创造性活动获得意义的。艺术的形而上学性由此获得重新确认。

接着到了海德格尔，他所谓的“瞬间时机之所”是一种原始的瞬间—时机（Kairos）与位置—空间（Topos）一体贯通的“时间—空间”（“时—空”）。这里我用了两个希腊文，一个是Kairos，另一个是Topos，即“瞬间—时机”（Kairos）与“位置—空间”（Topos）。这种“时—空”意义上的空间不是物理学的抽象的绝对空间，而是“位置空间”，一个物体放在那儿就有一个位置，一个位置就是它的空间，所以空间是多样的、具体的。每个物体都有它的空间，都有自己的Topos，这种空间是不空的，而是“实性的”，所以也许可以称之为“实性空间”。“瞬间—时机”与“位置—空间”连在一起，就叫“时间—空间”（Zeit-Raum），一个“时—空”相通的境域，一种本源性的未分化的“时—空”。用海德格尔的话来说，这就是存在之真理（“本有”）发生的原始境域；我认为，这也是人在生活世界里的实际处身承受。我们每个人都在承受，都在担着扛着，我们担着扛着，我们才能活下来，然后我们才可能进行时间和空间抽象，才能测量和计算时间和空间。我首先要承受着，要是我承受不了了，扛不下去了，好比此时此刻，在座各位太凶猛了，让我受不了了，这时你还去计量吗？计量还有意义吗？这一点我们一定要弄清楚，到底哪个是更为原本的？这实际上又回到了前面讲过的康德和哈曼之争，到底是艺术更原本还是科学更原本？这就是问题所在，我说的是每个人在生活世界里实际的处身和承受。

时间为什么是圆的？现代哲学和科学已经做出了证明，但实际上更重要的是我们每个个体对自己生命的经验，对自己生活世界的理解，这才是最重要的。我的意思是说，我们每个人要自己去经验，在经验中证明。这个经验和证明的过程也就是每个人生命的展开和完成，这才是关键点所在。我们每个人的生命经验和世界经验是个体化的、差异化的，我们根本就不可能一样。为什么我们今天还需要哲学和艺术？原因之一是现代技术工业正在把我们变得一模一样，变得毫无差别。世界已经被抽象了，物已经被同一化了。我们已经离开了自然生活世界，面对的是一个完全同一化、同质化的机械世界。这时候我们的经验就飘起来了，无法落地。尼采哲学为什么有力量？我认为他始终是要告诉我们，实际上每个人的生活都是每个人自己的，必须自己去“扛”起来，就是刚才我说的“承受”。我们要去“承受”，“承受”是第一位的，后面才有其他的经验，诸如科学的经验、物理的经验等。

下面这个问题是我向自己提出来的：圆性时间和实性空间是技术生活世界的时空经验吗？这是我最近一段时间在思考的问题，但我还没想清楚。这个问题有一个前提，即我们这个时代已经或者说还在发生一个变换，即自然生活世界向技术生活世界的转换。传统的宗教、哲学、艺术都是自然人类的精神表达方式。但我们今天不管在精神还是在肉体上都被非自然化了。在两个多世纪的工业化进程中，人类的生存环境已经被全面恶化，我们的身体已经被彻底改造了，今天人类已经不是100年、200年前的自然人了。肉身如此，精神亦然，我们的精神已经被规划、被计算、被数据化和网络化了。今天我们还离得开手机吗？手机不但比任何工具更重要，比书本更重要，甚至成了我们身体的一部分。

假如上面这个说法是成立的，即人类已经开始从自然人类文明向技术人类文明过渡，那么我们就要提出一个问题：我们今天需要什么样的时间和空间经验？因为时间和空间经验是人类生活世界经验中最基本的要素，其他经验都是以时间和空间经验为基础的。而且我们已经说过，线性时间观和抽象空间观是自然人类的时间和空间经验，差不多是日出而作日落而息的时间和空间经验。那么，我们要考虑一下我们今天的主题了：何种时间和空间经验构成我们新时代的、新人类的、新文明的时空经验？是我们从尼采那引发出来的“圆性时间”以及从海德格尔那里阐发出来的“时—空”吗？

根据我上面的讨论，尼采和海德格尔对于时代和文明大变局以及相关的时空经验之变显然是有清晰意识的。尼采借助于与“末人”（被技术化的“最后的人”）相对的“超人”概念，表达了他的“未来人”理想，认为人类需要一种力量来节制今天的技术化进程，恢复我们的自然性。这种力量是什么呢？在尼采那里就是艺术和哲学，“超人”显然也与他所谓的“艺术家—哲学家”类型相关。“艺术家—哲学家”作为肉体当然也在不断地被技术化——被规划和被计算，但这个理想的类型传达了人类的一种抵抗，要抵抗不断加速的技术化，不能就这样放任下去，不能放任自然人类的非自然化进程，不能放任技术工业把每个物都同质化，把每个人都同一化。如我所言，保卫个体自由是艺术与哲学共同的未来使命。所以，面对不断被技术化的自然生活世界与需要自然化的技术生活世界，尼采提出了自己的“超人”理想。这个“超人”是权力意志和相同者的永恒轮回学说所要求的，是存在者整体之真理的承担者。也许在这时候，我们才能够理解海德格尔的一个说法：“因为只有在对超人的展望中，相同者之永恒轮回的思想才能够结出果实。”[1]而最早由尼采

① 海德格尔：《尼采》下卷，中译本，孙周兴译，商务印书馆，2015年，第996页。

启发出来、由海德格尔进一步展开的本源性的“时—空”经验，理当被理解为“超人”重获自然性的动力要素。我们必须要有这种本源性的“时—空”经验，让我们以“超人”的方式去承受这个被技术化的生活世界。①

我今天的报告已经太长了，最后让我再讲几句大话。艺术和哲学的使命是什么？现在回过头来看，20世纪初由胡塞尔发起的现象学使欧洲哲学得以重启，并且开创一种关联性思维方式。这就为一种新时空经验的生成做了准备。关联性思维的生成和发育是现象学之后西方哲学和艺术的最重要标志。传统欧洲的超越性思维——哲学—科学的形式性思维和宗教的神性思维——已经抽空了自然人类的生活世界以及生活世界经验，我们只还拥有一个抽象的疏离的世界了。现代哲学旨在破除“线性—计算时间观”，开启一种“圆性时间观”；当代艺术旨在破除“几何—抽象空间观”，开启一种“具身空间观”。时间和空间在这个意义上是一体的，现当代的艺术和哲学实际上已经是“哲学化的艺术”与“艺术化的哲学”。我们也可以说，主要由现代思想开启的新“时—空”观——圆性时间与实性空间——是具有革命性意义的，它在哲学上开启了一种关于时间和空间以及我们的生活世界的更原初、更本真的经验，这种经验更多地在战后的当代艺术中获得了回响。

① 有关此题，可参看孙周兴：《末人、超人与未来人》，载《哲学研究》，2019年第2期；本书第四编第二章。

第三章　如何重建生活世界经验？
——论实存哲学的心理学意义[①]

哲学本来就具有心理学的意义，因为除了物之理，哲学要讲心之理，是谓“哲学心理学”，但在近代科学乐观主义的时代里，物理压抑了心理。19世纪后期人文心理学兴起，形成了精神分析学（弗洛伊德）、现象学心理学（胡塞尔）、实存主义（存在主义）心理学（尼采、海德格尔）等思潮，构成现代“哲学心理学”的主体。本演讲重点探讨以个体此在结构和存在意义分析为基本任务的实存哲学研究以及与此相关的心理学

① 2019年5月9日18：30在第六届中国精神分析大会上的报告（上海市精神卫生中心教学楼报告厅，宛平南路600号6号楼）。报告由同济大学医学院赵旭东教授主持，超时讲了约两个半小时。本文根据演讲录音稿整理成文，演讲风格仍予以保留。载邓安庆主编：《伦理学术》第8辑，上海教育出版社，2020年。
主持人开场白（赵旭东教授）：非常感谢这次第六届中国精神分析大会组委会，邀请我来主持这么隆重的会前公开演讲。我刚才特意问仇剑崟教授和张海音教授，为什么要安排这次演讲，而且选了我们同济大学孙周兴教授来讲哲学和哲学心理学。他们说了理由。这几年我们同济大学人文学院成立了心理学系，2012年孙周兴教授在哲学门类下边设置了“哲学心理学”专业。他当时错爱了我，把我“哲学”了，我说我被他“哲学”了，今天我们就要把他给“精神”了。他为什么要设这个哲学心理学专业？是他长期的哲学背景让他做这样的事。但有一个偶然的契机，是我请他来参加博士生答辩，研究“421”独生子女家庭的特征。他当时批评我们的研究，说怎么能拿统计学来计算人心呢？心理学被你们玩坏了，你来主持哲学心理学，恢复心理学的人文传统。这就是我跟他相识的缘起。后来他参加了一次我们家庭治疗的工作坊。他觉得通过谈话来改变人，一直是哲学家应该做的事。只是现在哲学也异化掉了，心理学也异化掉了。最近几年我在他的支持下已经招收七位哲学心理学方向的博士生，今天在座的就有好几位，今年要毕业第一位博士。我先把这个背景介绍一下，占用几分钟时间。孙周兴教授是哲学研究大家，平常我们吹嘘某某人“著作等身”，这个词用在他身上没问题，他的著作和译作码起来肯定比他高了。他是国内研究欧洲哲学和艺术哲学的重要学者。其他的我就不讲了，让他有充分的时间来谈谈：如何重建生活世界的经验？——论实存哲学的心理学意义。

问题，围绕“生活世界经验之重建”这一基本课题，讨论实存哲学与生活世界经验的关系。本演讲认为，作为滥觞于19世纪后期的新哲学，实存哲学本身是对自然生活世界与技术生活世界之断裂的反应，因此对当代人类的心理经验具有建构性意义。

很高兴参加第六届中国精神分析大会，感谢主办方，居然让我做大会第一场报告。刚才赵旭东教授说曾经被我“哲学”了一把，现在也要把我“精神”一把，这样蛮好的。我的个人介绍就不再重复了，大家可以自己看PPT。我其实是做德国现代哲学研究的，以尼采和海德格尔为重点，也做艺术哲学，最近也在关注技术哲学——我把它叫作“未来哲学”。这四块大概是我的基本工作。我这些工作中有一个关键人物，请大家注意，就是哲学家尼采。我写过一本关于尼采的书，现在正在主编《尼采著作全集》中文版。尼采自称为“第一个心理学家”，他这话我是相信的。要是没有尼采，弗洛伊德的精神分析学恐怕是难产的，在这个意义上，可以说我和心理学也是有一点儿关系的。

在今天的报告中，我想主要讲以下四个方面：一、欧洲哲学史上的哲学心理学；二、实存哲学与实存主义心理学；三、实存哲学与生活世界经验的重建；四、基于实存哲学的当代生活策略。说实话这是一本书的内容，我不一定能胜任。

一　欧洲哲学史上的哲学心理学

首先我想来讲讲欧洲哲学史上的哲学心理学。刚才赵旭东教授讲了，2012年，当时我还兼任同济大学人文学院院长，我在哲学一级学科博士点里面设立了国内可能第一个“哲学心理学”二级学科博士点。其实当时只有赵旭东教授一个人，现在有好几个老师了，慢慢也有点样子了。我确实认为人类精神世界和精神生活是无法被计算和被量化的，或者说是无法完全被科学化的。但这是一个大问题，等一下我们还会谈到。一定的量化当然是必要的，但问题是，如果以量化为单一标准和唯一尺度，人类的精神文化肯定要出问题的。心理学学科也一样，如果只剩下了实验和计量的心理学了，那这门学科至少是不完全的，是有问题的。所以我们要推动哲学的或人文的心理学。

下面想讲的内容比较复杂，有些事情是我最近还在思考的，还没想清楚的。因为今天的人类生活世界变化多端，问题多多，疯子（精神病人）越来越多，每年都在增长，下面我们怎么办？我认为，今天每个个体都有一个任务，就是要重新理解这个世界，重建我们对生活世界的经验。那么，这个生活世界和生活世界经验到底发生了哪些变化？今天晚上我想跟大家来讨论这些问题，这些问题实际上是每个人自己的问题。你是精神病人也好，精神病医师也好，或者别的正常人也好，都会碰到这样的问题。

第一个方面的内容是欧洲哲学史上的哲学心理学。欧洲的“哲学”（philosophia）其实有三个含义。第一个含义，我把它叫作哲学的修辞学意义。大概在公元前6世纪到公元前5世纪，古希腊人开始讲语法，讲修辞和雄辩。当时出现了一批哲学家，被称为“智者”，其实不太像样子，只是替人说话，为人辩护，差不多是最早的“律师”。由于这样的辩护和公共讨论，语法和逻辑就产生了，最早的哲学就形成了。在古代农业文明里都没有产生严格意义上的哲学和科学，古希腊文明不一样，它是一种商业文明，需要有一个商讨和论辩的制度，于是就有了哲学。这是哲学的修辞学意义。

“哲学”的第二个意义，是我们最熟悉的，就是它的形而上学意义。这就是我们今天理解的哲学，在亚里士多德那里叫“第一哲学”（prima philosophia），后世形成一个学科概念，即“存在学/本体论”（ontology），顾名思义，这门学问就是讨论“存在”问题的，讨论Being（即希腊语的On）的问题。这个意义上的“哲学”大概是从公元前4世纪的苏格拉底—柏拉图开始的，在亚里士多德那里出现了成熟的形态。

“哲学”的第三个意义是它的心理学意义，这个意义是同样重要的。哲学一直以来都有心理学的意义。古希腊晚期的哲学家就认为，哲学的主要任务是把灵魂（精神）的病治好。当时的一个说法是，如果哲学家不能治好人们精神上的病，就像医生不能治好人们身体上的病，那么哲学有何用？所以哲学本来就具有心理学的意义。哲学不光是要讲物的道理，也要讲心的道理，这两个东西要一起讲。不过，哲学家们讲着讲着就变了样，因为后来很多人想通过物的道理来讲心灵和精神方面的道理。这就出问题了，这主要是近代欧洲发生的情况。哲学本来就是要讲心的道理，心的道理跟物的道理是不一样的，这个需要弄清楚。所以我们可以看到哲学心理学的起源。最早的哲学家，我刚才说了叫“智者”——我讲的是绍兴普通话，有少数词语发音不对，各位听不懂的话可以相互翻译一下——，他们作为最早的哲人开始了哲学的论辩。他们认为修辞学通过“逻各斯”（logos）来治疗灵魂。什么叫logos？希腊文的logos就是讲话、说话。通过说话（logos）来治疗灵魂，这是最早的修辞学意义上的哲学，同时是心理学意义上的哲学。在座的赵旭东教授也是干这个的，就是通过谈话来治疗人们的心理问题，但你看，古希腊人早就这么干了。

把哲学当作一种“治疗哲学”，这是古希腊哲学的优良传统。到中世纪，情况发生了变化，这时候基督教神学占据了统治地位，灵魂和精神的问题不再是人类的事情，而是上帝的事，被交给教会、神父、信仰了，灵魂问题被教会化和被信仰化了。进一步到了近代哲学，人开始觉醒和长大，哲学的形而上学意义得到了恢复。近代哲学的基本特征是心物二分，灵魂和精神问题被科学化了。从近代开始，欧洲人开始讨论一个方法论的问题，就是：自然科学与人文科学两者之间，物的道理与心的道理，它们之间有没有区别？如果有，有何种区别？或者，所有的道理和问题都可以用一种科学方法即“普遍数理”（mathemasis unversalis）来探讨和处理？所谓“普遍数理”就是数学至上，什么都要以数学为榜样。请注意，我们今天这个时代就是“普遍数理”的时代，但“普遍数理”的理想当年就已经提出来了。不但如此，当时还进一步提出一个问题：历史学人文科学是不是可以按照数学和自然科学的方法来探讨？数学作为自然科学的知识理想，是不是也是人文科学的理想和榜样呢？如果答案是肯定的，那么，我们人文学院的存在就有问题了，包括人文心理学之类的人文学科，就都应该设在理学院，成为理学院的一个教研室或研究所，逻辑上就是这样。欧洲近代是一个尼采所谓的“科学乐观主义”的时代，主流的声音当然会说，科学是万能的，数学是科学性的标尺。不过也有像意大利的维柯和德国的哈曼这样的怪才，他们当时就逆流而动。这场具有方法论色彩的争论后来一直到19世纪后期，特别在狄尔泰那里成了“说明”（Erklärung）与“理解”（Verstehen）之争。按照狄尔泰的说法，自然要说明，生命要理解。自然需要说明，特别是因果说明，自然科学是对事物的原因和根据的追问和说明；而人类生命则不然，人文科学是要对人类生命现象和生活世界提供一种理解和解释。这个问题今天还在，到20世纪下半叶依然在延续“说明”与“理解”之争。今天人们开始谈论人文科学的“空心化”，可见问题变得越来越严重，越来越棘手了。今天我们到了人工智能和大数据时代，把人类所有行为和现象都数据化、数学化了。大家千万不要把机器人想象为一个长得跟我们人一样的人，机器人实际上更应该说是整个系统，整个数据（数字）系统已经把全部人类生活控制起来了。今天饭店里给人带路的服务机器人，以及人们设想的可以陪人睡觉的机器人，那些是假的AI；真正的人工智能可能你是看不到的，它已经占领了今天的人类生活。

让我回头说事。近代欧洲科学乐观主义的故事到尼采那里有了惊人之变。尼采在1884年左右说了一句话，让当时的欧洲人彻底崩溃，尼采说：“上帝死了。”当时欧洲人听不懂，因为那时候基本上还是一个信仰时代，你怎么说上帝死了，上帝怎么会死掉呢？上帝死了我们怎么办？我们还能干什么？所有这些问题都涌现出来了。

关于尼采的“上帝死了”有好几种解释。通常的一个解释是说，“上帝死了”，意味着基督教以及以之为基础的道德价值体系的崩溃。这个解释没错，但还不够好。第二个解释是什么呢？说“上帝死了”，意味着西方的没落。尼采1900年去世以后，1908年心理分析大师弗洛伊德在维也纳召开历史上第一个尼采国际学术研讨会。此后不久，西方出现一本书，就是施宾格勒的《西方的没落》（成书于1912—1914年，初版于1918年），被认为是对尼采“上帝死了”这个命题的直接回应。而通过接连爆发的两次世界大战，欧洲世界的“文化自信”终于受到了重挫。第三个解释说，“上帝死了”，意味着以希腊哲学与基督教神学为核心的欧洲形而上学的衰落和崩溃。这大概是尼采的本意，也是后来海德格尔予以继续阐发的观点。

这三种解释都没错，但我比较愿意相信和采纳第二、第三种解释，尤其愿意赞同第三种解释。我的说法还要进一步。所谓“上帝死了”，意味着以宗教和哲学为核心的自然人类精神表达系统的崩溃。我说的是“自然人类精神表达系统”。今天我们已经不再是自然人类了，而且可能正在加速变成完全的非自然人类。你千万不要以为你还是一个自然人，你若还这样以为，你就多半误解了自己。我们已经成了技术化的人类，已经进入“技术人类文明”。那是另外一种文明，我们下面还要讲到。现在我们要确认的是以宗教和哲学为核心的自然人类精神表达系统的崩溃。确认这一点很重要，有此确认，你会发现很多问题需要重新理解了。比如说没有宗教，宗教衰落以后，就可以说没有道德了，因为道德是以宗教的敬畏感为基础的，宗教的敬畏感消失以后，道德的时代就结束了。所以，尼采是世界上第一个敢于把自己命名为“非道德论者”的人，这是需要勇气的，相信在座各位都不好意思说自己是“非道德论者”。可尼采说这话的时候欧洲还是一个道德时代，他这样说是要被拍砖的。你想想，什么叫道德？道德教诲警告我们，要好好做人，下辈子还可以做人；如果你不好好做人，下辈子就变成猪了，变成猪就麻烦了，明明你和夫人约好下辈子还要当夫妻的，你却变成猪了，还怎么当夫妻呢？这就是宗教的敬畏感，你不能做坏事，做坏事你就麻烦了，会有报应。宗教的敬畏感隐失以后，道德是没有基础的，我们已经进入到一个“弱道德时代”了。很遗憾我们中国还是一个强道德社会，包括在座各位，也许包括我自己，大家都习惯用道德主义的目光打量别人，总是用道德主义这根棒子去打别人，道德主义总是指向别人的，而不是针对自己的。比如说，刘强东在美国犯了错误，全国人民都很愤怒，恨不得把他砸死。且不说刘强东给我们民族工业做了多大贡献，无论如何，你有什么资格把他弄死呢？在刘强东案件中，核心的问题恐怕不是道德不道德，而是讲不讲商业规则，因为有人不讲规则，对不对？我们这个时代是工业—商业的社会，这个社会当然在一定程度上还需要道德，但更需要规则。请各位记住我这句话，否则你对今天许多社会事务的判断是难免混乱和错误的。

所以这个尼采太伟大了。我们现在都知道了这个新文明，都处身于这种新文明中了。马克思当年就说了，人类已经进入到另外一个文明状态中了。实际上马克思早就看到了宗教的衰落和崩溃，比尼采还要早二三十年。一个价值虚无、精神动荡、道德沦丧（尼采说的非道德化）和心理不安的时代到了。这就是尼采“上帝死了”这个判词的本来意思，这个我们要想清楚。为什么现在精神病人越来越多了？上帝死了，人类心思动荡，稳定感没了，才会发疯。尼采自己也在1889年初疯掉了，疯掉以后却一直没死，一直到1900年才去世。他去世以后，一个新时代开始了。所以尼采是一个标志性人物。大家要记住1900年，这是一个伟大的年份，世纪之交，尼采去世了，弗洛伊德出版了《梦的解析》，心理分析学开始了，胡塞尔出版了《逻辑研究》，现象学这种20世纪新哲学开始了。这是命运性的一年，这些好像都是连在一起的，人类精神世界的哲学研究进入一个新的阶段。

我所谓的“哲学心理学”就是这个时候开始的。深受尼采影响的弗洛伊德精神分析学开始以潜意识、前意识、意识三个精神层次为基础，构造本我、自我、超我这样一个人格结构理论和发展理论，以及以此为基础开创出来的心理疗法。通常讲的心理分析、精神分析主要是弗洛伊德意义上的，但是我觉得还不够，因为广义的精神—心理分析或者说哲学心理学还应该包含另外两个重要的部分，一是现象学心理学，二是实存主义心理学（通常译为“存在主义心理学”）。现象学心理学也是同时开始的，胡塞尔1900年出版的《逻辑研究》开始讨论意识现象和意识结构问题，试图深度把握心理现象的本质结构，把心理学搞成一门本质的—形式的现象学。什么叫本质的—形式的现象学呢？就是一种科学的、普遍主义的现象学，这是大有问题的，但这是当时胡塞尔那儿出现的现象学的最初形态。不过，胡塞尔的现象学强调直观、直觉，强调当下感知，强调意识的关联性，强调意识意向的构成和赋义，以及视域对于意向行为的规定性，等等。这些构成了胡塞尔现象学的重要哲学创新。我觉得特别有意义的是，现象学强调直观行为，提出“本质直观”方法。我认为，“本质直观”是现象学最核心的东西。它是什么意思呢？意思就是，普遍观念（本质）的意义可以在当下的场景里直接呈现出来。以前的哲学总是认为观念（本质）的意义需要“中介”才能被理解，我们需要通过各门科学、各种理论、各种方法才能理解普遍的观念（本质），总之是需要被中介化的。但现象学却告诉我们，我们这种理解是当下直接发生的，不需要“中介”。中介烦不烦啊？现在我们的生活已经被彻底中介化了，找个对象要中介，买套房子要中介，办个证件要中介。我们为何不能直接搞定呀？现象学就是这样一个要求，认为观念世界就是我们的生活世界，或者说观念世界就在感性生活世界里，没有“另一个世界”，我们对普遍观念（本质）的把握是在生活世界里当下直接完成的，而不需要中介。

现象学的直接性——“不需要中介”——这个说法太强了，中介具有间离作用，让我们无法直接面对事物；而且中介经常要骗人的。在座各位精神科医师也是中介吧？倒不是说各位都是骗子，但在你们这个行当中骗子确实蛮多的。本来精神和心理的问题是要我们每个个体自己直接去面对和解决的，不需要中介，现在有了精神科医师或者心理医师，这事就被中介化了。当然我们需要好的中介，相信各位当中好中介居多。不过我想说的是，现象学是一种要消除观念中介的新哲学。为什么会出现这种新哲学？为什么现象学要强调对普遍观念世界的当下直接的把握？这是因为我们的文化世界，它构造的观念世界，科学、理论、学说、主义——马克思主义、社会主义、资本主义、古典主义、自由主义等等，已经把我们人类生活搞得太累了，太压抑了，我们要尽力卸掉一些。各位想想，要抛弃所有这一切是不可能的，人怎么可能抛下传统、历史和文化呢？但是我们得努力放下一些，对不对？放下，重新开始——这就是一种新哲学的开始，也可以说一种新文化的开始。

二　实存哲学与实存主义心理学

还有一种心理学，是与“实存哲学”相关的“实存主义心理学”。以前我们把它译作“存在主义心理学”，其实这个翻译是有问题的，因为我们用“存在”来翻译being或者Sein，再用它来译existence就不好了。Existence目前既有“存在”译法，也有“生存”译法，我则建议译之为“实存”。总之，“存在主义心理学”实际上是“实存主义心理学”。实存哲学（实存主义）出现在19世纪中后期，先有基尔凯郭尔和尼采等，到20世纪上半叶有海德格尔、雅斯贝斯、萨特等哲学家。顾名思义，实存哲学以个体存在的实存结构和实存意义的分析为主。各位想一想，每个个体都不一样，但我们每个个体的此在（实存）有没有共同的结构呢？我们的生活世界以及我们对生活世界的理解和经验有没有一些共同的形式要素呢？这是实存哲学要讨论的。但到底什么是实存哲学（实存主义）？我们还得做一个哲学史上的总体理解。

哲学研究“存在”（希腊文的On，英文的Being），分成两个问题：一是本质（essence）问题，二是实存（existence）问题。从根本上讲，哲学只有这样两个问题。什么是“本质”问题？“本质”就是共相、普遍性。当我们问“某物是什么”时，我们很快就进入“普遍性”即“本质”的追问中了。我们说苏格拉底是人，人是动物，动物是生命，诸如此类，这已经是科学和哲学的普遍性规定了。这就是所谓本质主义传统。“本质”即普遍性。在这个意义上，我们得承认，“本质”这个汉语翻译并不好，因为它完全没有暗示出“普遍性”或“共相”的含义，我甚至很想建议把它译成“普在”，直接明了，就是“普遍的存在”。这是“本质”问题，另一个问题是“实存”问题，即existence问题。它意指什么呢？是指个体的存在，个体的发生、展开、运动、实现等，所以也许可以译为“个在”。“实存”是指向个体性的，是区别于“普在”或“本质”（essence）的“个在”。我这里提供了两个译名，即“普在”和“个在”，意思十分显赫，可是我也没权力强行推广这两个译名。

所以哲学实际上很简单，倒可能是学究式的哲学史教材把哲学搞复杂了。哲学只有两条路线，一个叫本质主义（即普在主义），一个叫实存主义（即个在主义）。哲学的主流传统是本质主义，这是从柏拉图开始的，所以也叫“柏拉图主义”，也可称为“普遍主义”。如果以本质主义或普遍主义的思想方式来讨论个体，那就必定把个体归于普遍性，比如刚才我讲了苏格拉底是人，甚至也可以说苏格拉底是一种物质，一种存在，等等。而实存主义则相反，它总是关注个体如何发生，如何展开，如何运动，如何实现，并且试图为之找到原因和根据。哲学只有这两种，或者说有两种哲学意义上的科学，一是关于本质—普遍性的讨论，关于先验的东西的讨论，我们把它叫作“存在学/本体论”（ontology），它是形式科学的观念基础。今天是全球普遍的形式科学的时代，计算机电脑系统实际上是由数理逻辑的两个毫无内容的数字“0”和“1”构成的，但这门形式科学现在却占领了全人类文明。不过最早的形式科学是起源于古希腊的逻辑学、几何学和算术等，它们是关于普遍的、形式的东西的科学，所谓形式的东西就是跟个别事物和个体经验毫无关系的东西。另一门科学（哲学）是关于实存—个体性的讨论，这种讨论关乎个体此在（Dasein）以及个体此在的根据的追问，最终会进入关于超验之物的探讨，形成了“实存哲学”或者所谓“存在主义”，但它在历史上总是与神学相粘连，或者说总是具有神学的指向。所以笼而统之，欧洲历史上的根本学问无非是哲学与神学，而且两者总是纠缠在一起的，难解难分。

一部西方哲学史，关键就是要搞清楚上面描述的两条路线。与这两条哲学路线相应，人也有两种性格，本质主义是一种性格，本质主义者是集体主义者，我是什么我做什么。本质主义者/集体主义者是很安分守己的，当领导的人物最喜欢这样听话的下属，因为他叫你干什么你就干什么。我是什么？我是教师，这就决定了我要好好教书，好好上课，别乱搞，对不对？本质主义者比较坚持，比较守成，但缺点也是明显的，就是比较自闭，比较缺乏创造力。如果一个单位全是本质主义者，这个单位也就基本没戏了。实存主义者是个体主义（个在主义）者，是革命者，是越轨者，总是想着生活在别处，总是要出位。什么叫“出位”？“出位”就是“出去”，放弃现成，成就另一个你。“实存”（existence）的本来意思就是“出位”。大家可不要想多了，“出位”是人的本性，人人都会“出位”，善于出位者比较狂野，比较有创造性，甚至可以说“出位”就是创造。但我们大部分人其实是两种性格的复合，既是一个本质主义者，又是一个实存主义者，经常是双重人格的——双重人格有什么不好？一般人偶尔也出位，但经常是很听话的，大概就是这个样子。经常出位的人，风险很大，最后可能就要送到各位这里来治疗了。然而完全不会出位者，不能向未来和可能性开放者，也是会有问题的，容易得抑郁症和自闭症。所以，我们人其实好可怜的，一不小心就出位了，或者一不小心就自闭了，反正总有两个危险，不可能始终维持平衡，要保持紧张的平衡是很困难的。

从19世纪后期开始的现代实存哲学开始重新定义人。以前关于人的定义是有问题的，诸如人是政治的动物，人是逻各斯（说话）的动物，人是理性的动物，人是劳动的动物，等等。所有这些定义都各有各的道理，也各有问题，似乎都不够。实存哲学希望重新定义人，在个体主义—实存主义路线上来对人做出重新界定。实存哲学家们认为，我们要从可能性和自由的角度来规定人，就是说，人是向未来开放的自由的个体。我相信这是一个实存哲学的定义，它的含义可以分三点来讲：第一，人有现场直接发动的能力，这类似于我们上面讲的现象学哲学的开端性主张，这里不再展开了。你一旦失去了这种直接发动的能力，你就麻烦了，麻木了，就跟猪一样沉陷于现实了，就没有创造性了。第二，人具有向未来开放的自由的本质，这种可能性当然是跟第一个直接性相关的，人是可能性的动物，而可能性高于现实性。第三，自由的个体要通过创造来完成自己的本质，可以称之为创造性本质。我的微信号上的签名是用德语写的一句话，有朋友问我啥意思，我说意思是：人与猪的本质差异在于人总是能够重新开始。后来好像成了一句出名的话。有人开玩笑说，你对猪好像不大友好嘛。我说，哪里呀，我只是打个比方而已。但“重新开始”确实是人的基本规定性。

下面我们来讲讲实存哲学的心理学意义。实存主义心理学是当代人文心理学的一大派别，相信在场有好几位这方面的专家，我不能多讲，也不能乱讲，只想强调三点：

第一，实存先于本质。我们以前也经常讲“存在先于本质”。我刚才说了，要理解这句话，你还必须搞清楚什么叫“实存”，什么叫“本质”。“本质”就是普遍性，比如说我们说某人已经失去了人的本质，啥意思？说的就是某人丧失了人的普遍规定性，已经不能满足这种普遍性了，已经离人的普遍规定越来越远了。“实存”则是指个体行动，人的个体性实现。所谓“实存先于本质”就是说个体的行动优先，按照萨特的说法，如果我还没有行动，还没有展开自己，还没有实现自己，我怎么知道我是“什么”呀？怎么知道我的“什么—本质”啊？我的本质是在行动中展开和实现的。这是对西方本质主义传统的彻底摧毁，这一点很重要，行动优先，首先要行动，要去实现自己，我才可能知道我是“什么”。现在我是一名教师，就永远是教师了吗？为什么我不能成为别的角色呢？比如去当一名艺术家，去当一名包工头或者赚点中间差价的二道贩子？也有可能呀，对不对？但现在这个职业和名头限制我了，说我是个教授，搞哲学的，这个那个，我被规定得死死的。跟随海德格尔的萨特就认为，人不能安于既有的规定性，人有丰富多样的可能性，可能性高于现实性。把个体的行动、选择自由放在优先地位上，强调个体的自由选择，这是“实存主义”的基本点；但要注意，这样一来，实存主义同时也把个体置于没有保护、没有约束的境况中了。这是它矛盾的地方，因为个体行动优先，个体是一个“出位者”，总是想出去，总是追求可能性和变异，总是生活在别处，这个时候谁还管得住他？一个单位里面如果一半人是这样的人，那么做领导的就要崩溃了，没人会听他的，他也经常找不到人，这就麻烦了。这方面的例子很多，各位看看周边的人，或者审视一下自己，大约就能理解我说的状况和我说的意思了。简单说，实存先于本质，是实存哲学的第一主张，虽然像海德格尔这样的哲人想得更多，认为这个主张只是单纯地颠倒了以前的“本质先于实存”，因而依然是一个形而上学的命题。但我们也必须看到，实存哲学的兴起是有其历史背景和原因的，现代技术工业加剧了本质主义或者普遍主义，形成一种更强大的同质化和同一化力量，从而使如何保卫个体自由和个体异质性的问题，成了哲学的当务之急。

第二，实存论的境域/语境/世界分析。首先，以现象学为出发点的实存哲学要破知识关系而深入到存在关系，开启了一种新的“世界”讨论。我们与事物的共在是在先的，而认知（理论）则在其次。如果我跟事物不在一起，没有这种存在的关系，那么，我们怎么可能了解和认知呢？但我们现在已经习惯了认知，专注于认识，以为认知是优先的和基本的。我跟赵旭东教授是老朋友，他在200米之外我都可以认出他来，这就是认知优先，因为实际上200米之外的赵旭东老师在我的视觉成像中只是米粒这么大一点点，其实是我无法辨认的，但是我凭着“知识”却能把他锁定。这里面就有问题了，万一不是呢？而且我们完全忘掉了，我跟赵旭东首先是遭遇了，碰在一起了，都在一个大学里上班，而且都是从德国回来的，他是哲学家雅斯贝斯的学生的学生，我是海德格尔的学生的学生，于是我们建立了一种兄弟般的友情，等等，这些才是重要的和在先的。有了这些关联，我们才可能“认识”，才可能成为好友。总之，共在是更为重要的，而后才有认知。现在我们都是“知识人”或者“理论人”，尼采说从苏格拉底开始所有人都是“理论人”，都是喜欢“理论”和愿意“理论”“理论”的人。“理论”是什么？“理论”就是要为自己的行为做出说明——不是“解释”，而是“说明”。“说明”的主体是“因果说明”，今天我为什么要来这里做演讲？其实原因有很多项，但我们往往要把它锁定为一个原因，要提供一个单一的因果说明。这就不对了。所以这里面有好多问题，根本问题是把理论和知识当作我们人生在世的最根本和最优先的维度。其实呢，用前面的话说，存在关系在先，认知关系在后。其次，事物的意义是由视域/境域决定的，而不是由我们主体决定的。这一点很重要，是现象学特别重要的一点。比如我手上的这件东西，在今天这个语境里面，我自然而然地把它把握为一个水杯，喝茶用的。但如果语境切换了，它可能就不是一个水杯了，而是一个白色圆柱体，或者一个化学容器，里面放着砒霜之类。事物的意义基于环境或语境，事物本身没有固定的意义，这一点听起来没什么稀奇，但却是20世纪人类思想达到的一个新的境界。对此我还愿意多说几句。我认为西方哲学史上关于物的存在/意义无非三种观点。第一种观点是古典时代的，认为物本身有它内在的结构，物的意义在于它自己，in itself。第二种观点是近代的，近代哲学说物的意义是主体赋予的，事物只有for me才有意义，不然就没意义。第三种观点差不多是在20世纪出现的，今天仍然在生成中，说物的意义取决于它以何种方式给我，或者说在什么样的语境里与我关联，我称之为“关联性”，世界进入关联时代，而哲学早就开始讨论这些了。所以在历史（欧洲历史）上，物有三义：一是in itself的物本身（即“自在之物”），二是for me的对象性（即“为我之物”），三是物我交织互为的关联性（即“关联之物”）。[①]这样的历史性变化是我们一定要搞清楚的。人类今天的处境不一样了，因为我们进入到一个关联性世界中了。这一点在哲学上是从现象学开始讨论的。人在一个世界中存在，要跟事物打交道，要跟他人打交道，是在一个关联体里面，是在一个普遍联系的环境里面。没有一个孤立的个体，也没有孤立的物，在这个环境里所有物、所有人都是相互指引和相互关联的，海德格尔称之为“因缘联系”，这个“因缘联系”的整体就是“周围世界”。总之，物的存在（意义）既不在它本身，也不在自我—主体，而在于特定境域下的物以何种方式与我发生关联。这是20世纪思想的重大突破，这一点很重要。

第三，向死而生。这是海德格尔的一个著名“口号”，在坊间流传甚广。这里首先涉及死亡问题，一般而言涉及个体实存的时间性意义分析。死亡问题很难讨论，因为我们无法经验死亡。我们生时，死还未来；我们死时，已经不可能经验死亡了。虽然无法直接感知死亡，但我们又确知自己是必死的，而且又特别恐惧和忧虑死亡。人都怕死，都不愿死。再有，我们平常只能通过他人的死亡来感知死亡；但另一方面，他人不可能替我们死，死亡是必须由个体自己承担的。死亡如此复杂，又如此令人吃惊，所以是一大哲学难题。哲学甚至被认为就是“练习死亡”。海德格尔怎么来讨论死亡呢？他给出了一个实存论上的莫名其妙的“定义”：“死亡作为此在

① 详细的讨论可参看孙周兴：《物之经验与艺术的规定》，本书第三编第一章。

的终结，乃是此在最本己的、无所关联的、确知的，而作为其本身则是不确定的、超不过的可能性。”[1]这个“定义”其实相当精致，需要我们细细领会。我们这里要关心的是，为什么要“向死而在”或“先行进入死亡”？海德格尔的论证大致如下：人未死之时总是不完全的，要获得本真的“能在”即整全的存在，从而掌握此在存在的“意义”，就必须先行进入死亡这种极端可能性。这意思恐怕也就是“练习死亡”。本真的此在是“向死而在”，死亡这种极端的此在可能性永远是“将来”。这就达到以“将来”为指向的“时间性”的思考了。此在当然有过去——所谓“曾在”——，而且要不断回到过去，正是在此“回归”过程中成就“当前”。于是海德格尔说：“曾在源自将来，其情况是：曾在的（更好的说法是：曾在着的）将来从自身开放出当前。我们把如此这般作为曾在着的有所当前化的将来而统一起来的现象称为时间性。”[2]这种“时间性”就是此在存在的“意义”，或者说就是此在的超越性的源始结构。海德格尔这里的实存论存在学思路我们不能深研和展开，我只想说，海德格尔在尼采之后，超越传统的线性时间观，进入一种“圆性时间”观的思考中了。“圆性时间”是我的说法，基本意思是：时间不是线性的，不是一条永远流失的直线；而是说，时间是圆性的，是三维循环涌现的。关于这种“圆性时间”，我们后面还要讨论。

以上三点是实存哲学中最具心理学意义的主张，我们也可以说，它们是实存主义心理学的哲学基础。实存主义心理学的前驱实际上是基尔凯郭尔和尼采。基尔凯郭尔是比尼采稍微早一点的丹麦哲学家；尼采是1844年出生，1900年去世的德国哲学家，属于近世最伟

① 海德格尔：《存在与时间》，德文版，第259页。
② 海德格尔：《存在与时间》，德文版，第326页。

大的三个哲学家之一。当然，影响实存主义心理学的还有心理分析学和现象学等，我们前面已经有所提示。它的奠基工作则是雅斯贝斯的精神病理学和实存哲学，以及海德格尔前期的实存论分析。海德格尔之后在德国出现了一个重要人物，叫路德维希·宾斯万格（Ludwig Binswanger），是把海德格尔的实存论应用到心理分析之中的关键人物，我们国内好像已经有人在研究，但大家了解得还不算多。流传到美国以后，实存主义/存在主义心理学和心理治疗方面出现了三个重要人物，维克多·法兰克（Viktor Frankl）、罗洛·梅（Rollo May）和欧文·亚隆（Irvin D. Yalom）等，终于成就为一个重要的思潮和学派。我们这里举一个例子，来看看欧文·亚隆的实存心理治疗，他有一本书，在台湾被译为《存在心理治疗》（*Existential Psychotherapy*），其实是“实存取向的精神治疗”或者“精神动力取向的精神治疗”。亚隆的存在/实存精神动力学的基本假设是：“存在的立场强调不同的基本冲突：既不是本能受到压抑所造成的冲突，也不是内化的重要成人关系所造成的冲突，而是个体面临存在的既定事实所造成的冲突。”[①]这是亚隆的《存在心理治疗》里的一句话，他实际上改造了弗洛伊德的精神动力学。我们不妨对照一下亚隆的存在/实存精神动力学与弗洛伊德的精神动力学的结构：

1.驱力（即本能）——➤ 焦虑 ——➤ 防卫机转；

2.终极关怀的觉察和恐惧 ——➤ 焦虑 ——➤ 防卫机转。

我们看到，在弗洛伊德的精神动力学中，所谓“驱力”就是本能，特别是性欲（爱欲本能）和死欲（死亡本能）这两个东西。亚隆把这种“驱力”改换成“终极关怀的觉察和恐惧”，这是一个动

① 欧文·亚隆：《存在心理治疗》上卷，中译本，易之新译，张老师文化事业股份有限公司，2013年，第36页。

力性的改变，但基本结构没变。而所谓“终极关怀”，亚隆也称之为四大“既定事实”。亚隆说的四大“既定事实”或者“终极关怀”（ultimate concerns）是：1.死亡（death）：个体生命无可替代、无可回避的终极可能性。2.自由（freedom）：自由意味着缺乏外在结构，选择的无根和决断的责任引发恐惧。3.孤独（isolation）：个体根本的孤独与渴望融入和保护之间的张力造成存在的冲突。4.无意义（meaninglessness）：人生根本虚无，我们为何要活下去？这四大主题全都是实存哲学的核心论题。

第一个“既定事实”或“终极关怀”是死亡。个体生命面临着死亡，这是一种无可替代的终极可能性，是最极端的可能性。现在有人说我们人类将活到150岁了，还有一个说法是人类将活到500岁。科学家们雄心勃勃，展现出各种远大理想。但哪怕是活到120岁或150岁，在座的心理分析师们都得考虑更多的问题。要活这么久，我们该怎么办？我们如何度过这漫长而无聊的人生呢？我们的生命的许多内容需要重新规划。你想想好了，人寿大幅拉长后，旧的一夫一妻制恐怕就有问题了；工作（职业）也是，我们大概不可能一辈子只干一份工作了。情况已经变了，而你还守着以前的梦想，那就大有问题了。然而，哪怕人能活到四五百岁，人也终归要死的，这个死是逃不了的，也是无可替代的，不能让别人替你去死，就算让别人去死，那是别人的事，而不是你的事了。再说，死是无法体验的，因为死亡来临的时候你已经没有能力体验了，它是最后的可能性。前面说了，海德格尔为什么要关注死亡问题呢？他说如果我们不关注死亡，不能“先行向死”，我们对生命是不可能有整全理解的。但我们现在要面临的问题是什么呢？就是一个个体生命无可替代的、无可回避的终极可能性，它是最终的事实，是一个“既定事实”。亚隆认为这是核心的“终极关怀”。

第二个“既定事实”或“终极关怀”是自由。你自由了，却不一定好受，还说不定会很难受。我们经常在讨论我们需要自由，我们在追求自由，然而尼采说，“上帝死了”，我们每个人都自由了，我们每个人都仿佛光着个屁股在沙滩上跑，但我们不知道跑到哪里去。这是尼采的说法，就是这样一个状况，因为你彻底自由了，你就不知道怎么办，你的选择没有了根据。你会觉得这个责任变得很重很重，从前我们可以交给教会和神职人员，他们会管的，我们特别轻松，现在不行了，我们得自己承担自由的责任。这就引发了一种恐惧，即恐惧自由。就此而言，自由是第二个终极性的问题。

第三个“既定事实”或“终极关怀”是孤独。我们每个个体最终都是孤独的，哪怕你有老婆有情人，有家人有朋友，哪怕你是万人迷，总是有人前前后后簇拥着你，你也是孤独的，没有人真正能走进你的内心，你没有办法，这是根本性的孤独。你骨子里是孤独的，但你渴望着融入到群体中去，你渴望着被保护和被关怀。这就构成一种根本的冲突，就是亚隆说的第三个“既定事实”。什么叫“既定事实”？这种根本意义上的孤独就是一种。

第四个“既定事实”或“终极关怀”是无意义，也即虚无。人生根本虚无，为什么我们要活下去？这是尼采在《悲剧的诞生》里提出来的问题。在《悲剧的诞生》中，当时二十几岁的尼采用一个希腊神话来说这件事情，说希腊神话中的酒神狄奥尼索斯的老师昔勒尼，是一个有趣的神仙，他知道人世间最美好的东西是什么。有个国王下令把他找来，找到以后就问他：人世间最美好的东西是什么？快快告诉我，不然我杀了你。昔勒尼说，人世间最美好的东西有，但你已经拿不到了，那就是不要生下来，不要出生。但你已经生下来了，就没办法了。国王又问，那么次好的东西是什么？昔勒尼说次好的东西你可以拿到，但你是不会愿意的，就是早点死掉，快快死掉，你愿意吗？你不愿意啊。那国王大怒，不再追问了。因为剩下的只有一项了，就是：活着最苦最糟。为什么活着如此短暂如此痛苦，人还愿意活下来？你告诉我为什么？尼采后来把这个问题更加深化了，说我们每天都在重复自己的行为，重复了一万次两万次，为什么你愿意重复呢？重复的意思是什么？如果这个问题不解决，你就无法再行动下去。所以在尼采哲学里有两个根本性的问题，一个是人生如此艰难和悲苦，为什么我们愿意活下去？二是我们不断在重复自己的行动，我们人生的大部分行为是重复的，为什么愿意重复？你说一次跟一万次有区别吗？如果你不愿意要第二次了，尼采说，那么这一次你也不应该要。尼采太认真了，在今天的人们看来可能认真得有点傻了。现在的人们搞一夜情，哪有第二次、第三次呢？但是尼采不一样，尼采认为人生还需要负责任的态度，如果你要这一次，你必须想好你还要不要第二次？哪怕是一夜情，也还有这个问题：有了这一次，还要不要下一次一夜情？米兰·昆德拉《生命中不能承受之轻》的主人公托马斯就面临着这样一个难题。重复的意义在哪里？这些问题不解决，活着不就跟猪一样吗？所以这是一个严重的意义问题，人是寻求意义的动物，然而人生根本上却是虚无的，这就成了一种纠缠，有些精神病就这么来的。

上面介绍的是亚隆的实存心理学的观点。不难看到，他所谓的四大主题其实就是实存哲学的根本主题，也就是对实存哲学的基本思想的提炼。我觉得他这种讨论特别好，表明他的心理学是有哲学根基的。

三　实存哲学与生活世界经验的重建

下面我们来讲第三个问题，是我这次演讲的主题，就是生活世界经验的重建。刚才我们讲的实存哲学，实际上是对生活世界发生的巨大变化的一种反应，这是一种很强烈的反应。我们要来看看，上帝死了，世界乱了，这个世界还会好吗？刚才我已经讲了，传统价值体系崩溃了，自然人类精神表达方式崩溃了，人类进入到技术统治时代，这一点我们一定要好好体会。比如说宗教，如今大部分宗教已经崩溃了，只有少数几种宗教还有些力量。欧洲基督教差不多已经衰落了，我在欧洲住过两年，对此是有过体会的。欧洲古典音乐也是，现在只有老年人去听了。前几年的一个春节我在德国，跟一帮艺术家喝酒，喝完酒他们邀请我去听一场教堂音乐会。我怕丢人，为了显示中国学者也是有点文化的，所以跟他们去听了，进去以后发现我大概是现场最年轻的。这真的好遗憾，这些多么美好的东西离开我们而去，许多传统价值都慢慢消失了。因为什么呢？因为我们的世界在变化，世界变了，许多传统的东西只有纪念的意义了。我们今天听巴赫，听贝多芬，大概更多地只是为了怀旧和纪念。这是一个文明的裂变，我把它描述为自然人类文明向技术人类文明的转变和过渡。这个裂变的根本动因是什么呢？无疑是技术工业。大家注意到欧洲机器工业是从1760年开始的。从蒸汽机开始，人类进入技术工业时代，直到1945年原子弹爆炸，才真正宣告了我所谓的“技术统治时代”的到来。这中间大概花了170年到180年的时间。原子弹爆炸以后，现代技术进入加速状态，速度越来越快，一方面是技术工业文明的上升，另一方面是自然人类文明的下降，差不多构成了今天人类文明的基本状况。现在我们必须重新定位，重塑生活世界的经验和生命经验。

我们先来确认这一点，这里有一个新概念出来了，叫“人类世”（Anthropocene）。“人类世”本来是一个地质学的概念，是指这样一个地质年代，其中人类的活动可以影响地球运动了，而且在地球上留下了明显的痕迹。我以前学过地质学，知道地质学家最讲证据，地球上发生了什么，一定在地层上留下了证据。“人类世”有很多证据，主要包括放射性元素、二氧化碳含量、混凝土、塑料和化工产品、地球表面改造、氮含量、全球气温上升、大规模物种灭绝等等，这些都在地层上留下了证据。[①]凡此种种，都表明人类已经成为影响地球地形和地球进化的地质力量。

“人类世”究竟意味着什么？这个概念大概对很多人来说是新的。首先，“人类世”意味着人类居住在上面的地球进入到一个新纪元了。这是地质学家的研究。有地质学家建议把1945年界定为“全新世”结束，“人类世”开始，而按照我的说法，就是自然生活世界转变为技术生活世界了。其次，“人类世”意味着人类统治形式的转变。以前是“政治统治”，现在是“技术统治”，这是我的两个概念。现在，自然人类文明及其政治统治方式衰退了。“政治统治”是自然人类的基本统治方式，或者说社会组织和治理方式，它的核心要素是哲学和宗教。每一种制度后面都有一个哲学的设计，哲学提供出来的是一种本质主义和集体主义的制度构造法则和社会组织原则，社会制度是这样，教育制度也是这样；宗教提供出来的是心性道德的基础支撑，是指向我们个人心性的超验绝对主义—道德主义的信仰和规范。所以，我们要想明白，尼采说的“上帝死了”到底

① 参看孙周兴:《现代技术与人类未来》，载孙周兴主编:《未来哲学》第一辑，第65页以下；本书第二编第二章。

意味着什么？我认为是：自然人类精神表达体系及其政治统治方式的崩溃。一句话，“人类世”意味着由哲学和宗教支撑的政治统治的衰落和崩溃，现在我们进入到了技术统治时代，一个技术资本的时代，政治运作往往只是技术资本的一个表面现象。而且，这一进程会加速推进。

“人类世”还意味着自然人类被技术化。这里我联想到尼采的两个概念，是他在1884年的《查拉图斯特拉如是说》里提出来的两个概念，一是“末人”，二是“超人”。什么叫“末人”？尼采暗示我们，所谓“末人”就是被计算和被规划的人，即被技术化的人，我理解也就是包括我们今天在座各位在内的“最后的人”，“末人”就是这个意义上的“最后的人”。那“超人”是什么呢？你以为往天上飞的叫“超人”？尼采偏偏说，“超人”的意义在于忠实于大地。什么意思？大地就是身体，就是自然。今天必须有一种理想，要恢复和保存我们的自然性，这是我们人类面临的艰巨任务。我们今天被普遍而深刻地技术化以后，我们人类如何保持我们作为自然物种的最后脸面和底线？这才是一个关键问题。所以尼采提出两个概念，“末人”和“超人”，简直是太伟大了！这就叫天才。[①]

所谓“人类世”要在上面这个进路上来理解，我们才能弄清楚它的意义。如果我们今天已经在“人类世”里面，那么，我们生活世界的经验面临什么样的问题？应该如何来重建生活世界经验？首先是关于事物的感知经验。生活世界已经切换了，我们从自然人类生活世界切换到了技术人类生活世界。以前在自然人类生活世界里面，我们碰到的事物有两种，一种是自然的物，一种是手工的物。

① 相关讨论可参看孙周兴：《末人、超人与未来人》，载《哲学研究》，2019年第2期；本书第四编第二章。

但现在已经不一样了，今天早晨我从苏州回来，从苏州回到上海家里，下午再到这儿，整个过程中我没有碰触过一件自然的物和手工的物，我碰到的所有物体都是机械的物。也许在座各位当中有个别富豪，他在自己的菜园里劳动了一个上午，下午赶到这儿来了，那是有可能的，不过我们大部分人已经不再接触自然的物和手工的物了。今天我们碰到的都是机械制造出来的物，技术的物占据了主导地位。这个时候我们关于事物的经验也发生了变化。自然的物和手工的物是有个体差异性的，这种差异性我把它叫作“殊异性”。这种“殊异性”是我们的事物感知和事物经验的基础。如果没有这种“殊异性”，两个东西长得一模一样的，我就无法把它们辨认和区分出来，我的经验就会落空，我不知道怎么办。各位想一想，如果在座三四百位朋友，你们长得一模一样，我站在这儿讲课是会难受的，恐怕会疯掉的。可是技术真的已经——正在——把我们的周围世界变得一模一样，巨量的机械复制的物品使周围世界的事物失去了“殊异性”，这时候我们的经验会空转，不知道怎么落地，我们就不知道怎么把握事物，不知道怎么把身边的事物给确认下来，怎么把这个茶杯跟其他茶杯区分开来。我认为我们生活世界里已经发生，而且正在加剧的这样一种巨大变化，正是我们现代人心灵不安的重要原因之一。这真的是一个问题。

其次，生命经验的重点从精神性到物质性的转变。以前在自然人类状态下，我们特别追求精神性，我们讨厌肉体，我们认为肉体是丑陋的，是要被摆脱的，精神是高尚的。传统西方文化与中国文化都有此倾向。我们强调宗教，我们推崇道德，是强道德时代。我们还有比较强大的感性感觉能力，我们认为美的东西是和谐的，那是自然人类文明的美学理想。我们构造各种制度，强调集体主义，在中国是这样，在西方也是这样。但是，在技术人类生活世界里，我们的生命经验发生了根本性变化，我们更强调物质性，我们的信仰和道德感弱化了，等等。我们基本上可以形成下列对照：

1. 自然人类生活世界经验：

精神性、宗教—强道德感、强感性、和谐美感、集体主义等。

2. 技术人类生活世界经验：

物质性、无信—弱道德感、弱感性、冲突美感、个体主义等。

这种对照当然是相对而言的，但大致不差，可以提示两个生活世界的差别了。拿美感来说，从前的自然人类追求“和谐美感”，而现代人则强调“冲突美感”，以为冲突和紧张才具有美感。这是从现代主义艺术开始的。为什么现在很多人去美术馆参观现当代艺术，去听现代音乐，看电影或者别的，经常感到无所适从，不知道怎么表态，主要是因为他们多半还坚守着古典的和谐和规则的美学要求。这个生活世界已经变了，艺术作品和艺术表达也变了，已经不再有和谐的美感。比如说瓦格纳的歌剧（他叫“乐剧”）打破了传统音乐的和声结构，他给出的理由是什么呢？他说自然本身就不和谐，为什么我们的音乐里只能有和谐的和声结构呢？尼采肯定理解了瓦格纳的这个思想，十分激动地写了第一本书，即《悲剧的诞生》，从一开始就强调希腊艺术中两种自然冲动的紧张交织关系。一句话，今天不再是古典时代了，而你还守着古典美学原则去欣赏现代艺术和当代艺术，那就只好骂娘了，说这是什么鬼啊！所以我做了上面的对照，即自然人类生活世界经验和技术人类生活世界经验的差异性的对照。不过我只是列出了几点，各位还可以继续补充。

那么，如何重建技术人类生活世界的经验？我想提出几个要点，而且特别希望跟在座各位讨论，因为各位多半是心理分析师，在这方面比我有更多的实际经验。我只能从哲学角度来提出建议和思考。

第一点，要重建世界信念。我们需要区分信仰与信念，因为在后宗教时代里我们已经失掉了神性的信仰，但我们必须确认和重建生活世界的信念。注意我这里区分了信仰与信念。信仰是绝对的，是对神性之物（至高者）的服从；信念是相对的，是生活的定力，是对周围世界之稳定性的信赖。这个区分很重要，信仰是信服，不是论证，一论证就会出事，就会产生对至高的神性之物即上帝的怀疑。上帝是怎么死掉的？原因就在于西方人开始用科学的方式讨论和论证上帝的存在以及其他神圣事物，比如居然提出了这样的问题：圣母马利亚没有肚脐眼是怎么把耶稣生下来的？到这一步宗教就快完了，因为圣母马利亚是不需要肚脐眼的，更不需要你来论证。就此而言，上帝早就死了，当欧洲人开始用科学和哲学方式处理神学问题的时候就死了。我一直认为，哲学是论证，宗教是服从，这两者要明白区分开来，两者也对应于个体心性，心思强的人要学哲学，因为他要论证，要积极掌握自己的生活，心思弱的人则可以信宗教，以求心灵的抚慰。如果心思强的人去信教，对上帝、对自己都不太好，因为他太强大了又不服从，两头都不好；而心思虚的人需要服从，需要把自己交出去，交给一个强大的东西，这就是宗教信仰。这是信仰，那么信念又是什么？今天我出来的时候把电脑放在办公室了，我相信我回去时它还在，这样的相信就是信念。但各位想一想，这种信念根本上是不可靠的，是经不起反思的，我怎么能确定我回去时它还在呢？有一次我到旁边办公室串门，回到自己的办公室，一个小年轻从我的办公桌后面站了起来，我说你是谁？干吗？他说我来捡球的（因为办公楼背后是球场），然后飞快地跑掉了，我没来得及反应过来，事后一想才知道他是一个小偷。其实小偷蛮多的。我怎么可以假定我回去时电脑还在呢？但是如果我不做这样的假定，我的生活是麻烦的，出来讲个课，就得把好多东西背出来，那我会累死掉的。生活中每个人都多少会有一点强迫症，明明已经把门锁好了，还转回去再推一把。这种感觉是不对的，也是不好的。我们要对这个生活世界持有一种信念，它是可靠的、稳定的、安全的、友好的，虽然这样的假定都是经不起哲学反思的，是可怀疑的，但我们必须有这些假定，如果没有就麻烦了。我认为，现在很多人已经没有了此类信念，没有了就出问题了，在生活中就会不知所措，不知道手往哪里放，不知道话该怎么说，整个是慌乱的，于是就得去找心理医师了。简言之，这种信念是对周围世界的稳定性的信赖，是基于假定的、相对的信念，而不是绝对的信仰——我们不能把它们夸张为信仰。所以我的说法是，我们要重建我们对新的生活世界的信念。

第二点，要重建世界理解。与第一点不无关系，我们要重建世界理解，要把世界理解为一个有意义的和亲熟的关联体。前面我们已经讲了，在欧洲历史上，关于物和世界的理解可以清晰地划分为三个阶段，即自在之物—为我之物—关联之物，对应的哲学也有三种，即古典存在学/本体论—近代知识学/认识论—现当代语言哲学。到第三阶段，欧洲的思维方式发生了一个重要的转变，就是从超越性思维向关联性思维的转变。我们置身于其中的世界已经变了，因此需要重建对它的理解，把它理解为一个亲切熟悉的关联世界。马克思早就看到了这一点，世界进入一个普遍交往的时代，没有区域性的东西了，人是世界历史性的了。马克思在1844年就开始讲这样的话，确实厉害，我现在越来越佩服这位先知了，他已经预见到了一个由技术工业支配的新世界的出现。[①]刚才我讲到欧洲历史上关于物和世界的理解的三个阶段：最早在古典时期，人们把物理解为自在之物，物是自在的东西；近代则把物理解为自我的对象，是为我的，物只有进入到主体表象性思维的领域内才是有意义的，物＝被表象性＝对象性，这是在康德那儿完成的一个转变；到现代，尤其在现象学和实存哲学中，物被理解为关联之物，物的意义取决于它如何与我们相关联，而世界被理解为一个关联整体。简单说来就是这样。这当中已经发生了巨大的变化。我认为从思维特性来说，中西文化最根本的差别在于，西方文化是一种超越性思维，而中国文化是一种关联性思维。但特别是从现象学开始，西方文化也开启了关联性思维——当然就主流而言，西方思维在今天依然有超越性思维的惯性。我有一个比较粗糙的理解，我认为时下火热的中美贸易战在一定程度上也是两种思维模式的冲突。超越性思维讲规则、讲形式、讲法制，而关联性思维重在讲联通和关系而相对轻视规则和法规，两者之间就有了沟通方面的困难。规则的基础是超越性思维，在超越性思维中，形式规则跟个体和个别现象无关，也跟个体经验无关；而在关联性思维和文化传统中，我们形成了一个弱规则世界，我们总是习惯于通过关系搞定事情，明明一个事情不需要通关系，本来通过正常的规则和正常的渠道可以办好的事，我们也要通关系、托人情、打电话——老赵啊，这个事情没你帮忙我肯定搞不定的，等等。就此而言，在这样一个关系社会里要消除腐败是相

① 参看孙周兴：《马克思的技术批判与未来社会》，载《学术月刊》，2019年第6期；本书第一编第一章。在这个关于马克思技术哲学的报告的讨论环节，我也表达了这样一种惊奇和感叹：主要受到苏联式的教条马克思主义教学的影响，我们以如此之多的从业人员，居然能把这么好的哲学搞得让人讨厌，这要花多大的力气啊！

当困难的，因为我们已经习惯于关联性思维。我这里不做简单的价值判断，实际上两种思维方式各有所长，真的是这样，关联性思维有它的优长，比如整体贯通，也有它的弱点，比如不太讲规矩；超越性思维有自己的好处，也有它的问题，它太形式化，太刻板，太规范，弄得一点人情味都没有。在未来世界文明中，重要的是两种思维方式的族群和人民之间需要相互学习，其实我们也看到，两方面现在已经开始相互学习了，当然经常也会有冲突。

第三点，要重新理解生活（实存）的意义。因为现代技术工业不断强化了本质主义的制度性强权，如何保卫个体自由成为实存哲学的根本关切。为什么19世纪后期以来会产生强调个体自由的实存哲学呢？是因为现代技术工业不断地强化这种制度性的普遍主义，于是我们要反抗，我们要追求个体的自由、个体的选择、个体的权利。这是实存哲学（存在主义）的动因所在。实存哲学的基本诉求成了“二战”以后兴起的当代艺术的基本主张。为什么会产生当代艺术？为什么当代艺术的开创者约瑟夫·博伊斯要主张人人都是艺术家？背景就在于此，我刚才已经讲了，这个生活世界变了，需要我们重新理解生活的意义，要把生活理解为创造和艺术。生活本身＝创造＝艺术，这是博伊斯的口号。在创造中完成抵抗，在抵抗中维护个体性，保卫个体自由——这就是以实存哲学为基础的当代艺术与哲学的使命。以我的说法，只有通过创造，世界方可忍受，未来方可期待。在一个后宗教时代里，我们已经没有办法通过信仰来安顿自己的生活了，那我们怎么办？我们每个人都得好好想一想。现在看来只有一条通道了，只有通过劳动和创造。所以当代艺术的产生是必然的，当代艺术把艺术普遍化，把每个个体都理解为创造性的个体，把每一种生活、每一种行为都理解为创造性的，这变得无比重要。

最后，还有第四点，要发动一种新的时空经验。前面在讨论“向死而生”时我们已经触及这个问题，但这个问题十分复杂，不容易深入讨论，我们这里只能做一次简述。[①]简单说，时间和空间是生活世界的基本尺度。我们现在接受的时间观和空间观是牛顿物理学的，空间是三维（XYZ），时间是一维（T），这就是物理学给自然人类的时间和空间观念，是自然人类生活世界的尺度。但从19世纪中期以来，这种时间观念已经受到质疑。时间是什么？时间是我走到那儿需要几分钟吗？空间是什么？空间只是长宽高的几何维度吗？真的是这样的吗？或者，真的只有这样的时间观念和空间观念吗？这些都是成问题的。无论如何，生活世界经验的重建需要一种新的时间空间观念，尼采和海德格尔等思想家已经在这方面有所预思。

以前我们都认为时间是线性的，今天我们还多半持有这样一种线性时间观，但这种时间观念正在改变，或者说还可能有另外的时间观。区别于传统的线性时间观，从尼采和海德格尔出发，我提出“圆性时间”概念，用以区别从前的“线性时间”；但关于这个提法，我还没有完全的把握，还需要进一步思考。我的基本想法是，尼采在“相同者的永恒轮回”学说中传达出来的“瞬间”时间理解，以及前期海德格尔的以“将来”为指向的实存时间理解，都已经启示着一种非线性的“圆性时间”观念。时间不是直线的、均质的和不可逆的，这样一种洞见在科学上要到20世纪初，在爱因斯坦的相对论中才出现，而尼采等实存哲学家更早地开始这种思考，不得不让人敬佩。

---

① 较详细的讨论参看孙周兴：《圆性时间与实性空间》，本书第三编第二章。

刚刚说了，欧洲传统的时间观是线性时间观，它是自然人类精神表达方式的基础。线性时间观把时间看作一条“现在之河”，我们此刻是现在，过去是已经消失的现在，将来是还没有到来的现在，反正都是现在，这其实是农民式的想法，是自然生活世界的时间观念，也是近代物理学的时间观。它本身没问题。我移动到这个报告厅门口需要几秒钟，这是可以计算出来的。在线性时间观的支配下，每个人都是时间之河的旁观者、等死者。我们说以前的哲学和宗教是以线性时间观为基础的，其实更应该说，为了摆脱线性时间的流失，各民族才创造宗教和哲学。我们前面说了，尼采说“上帝死了”，意思是以线性时间观为基础的自然人类精神表达体系崩溃了，哲学和宗教衰落了。

尼采的“相同者的永恒轮回”学说旨在反对线性时间观，开启一种以瞬间时机为核心的循环时间观——我称之为“圆性时间”。尼采在《查拉图斯特拉如是说》里写道：所有的直线都是骗人的，所有的真理都是弯曲的，时间本身是一个圆圈。[①]请各位记住这三句话，这三句话太强大了，其中含着十分伟大的想法，也可以说包含着现代哲学的基本原理。当然尼采这里只是给出了一种“弱论证”：如果世上没有直线，那么何来直线时间？时间必定是一个圆圈。在这个时间圆圈中，重要的是什么？不是无休止的流逝，而是在“瞬间/当下”（Augenblick）发生的“碰撞”，即过去与将来在“瞬间”的“碰撞”，“相同者”（das Gleiche）——不是“同一者”（das Identische），而是“似曾相识者”——在此“碰撞”中“重演”或“返回”，此即“永恒轮回”。

① 参看尼采：《查拉图斯特拉如是说》，中译本，第248页。

这事还有另一种可能的理解方向。尼采所谓“瞬间”意义上的永恒轮回，即“瞬间—时间”，实际上指向创造性的“时机”，即古希腊文的Kairos［时机］。时机很重要啊，比如说今天的第六届精神分析大会，相信某些人已经为此努力了五六个月，当时我接到邀请，但一直定不下来，时间和讲题都定不下来，反正够呛，但终于有一个时机/契机，事就成了。Kairos就是创造性的时间，我写文章时经常会很痛苦，怎么也想不出来，写不下去了，然后散了一会儿步或者喝了一顿酒，想法忽然就出来了。但这种时间是无法通过物理学的所谓“运动的计量”来计算的，它不是物的时间，而是事的时间。现在的问题是，我们所有的时间观念都变成物理时间，物的时间观念，这就不对了。所以，尼采实际上开始讨论Kairos［时机、契机］意义上的创造性时间，每一个瞬间都是一个创造性的时机和契机。

海德格尔进一步发展了尼采的“圆性时间”观，但他跟尼采有一个重要的区别。我们已经看到，尼采以“瞬间”或“当下”（Augenblick）为重点，而海德格尔说时间的根本维度是“将来”，未来的可能性是人生此在的根本的实存性维度。我们的实存是由“将来”这个维度来发动的，我们是向未来开放的，要不然我们的生活就发动不起来。各位心理分析师都知道，如果一个人不能向未来开放了，那应该就是患自闭症了。海德格尔思考的是这样一个以“将来”为指向的此在时间性循环结构，基本逻辑还是跟尼采一致的。后来海德格尔更进一步，开始思考时间和空间一体的“时—空”（Zeit-Raum）观，提出了一个叫作“瞬间时机之所”（Augenblicksstätte、site of the mement）的说法。这个提法本身暗示我们，他的思考仍旧与尼采的“瞬间”相关。海德格尔说，时间和空间本身是从“时—空”而来的，也就是说，在时间和空间这两个概念之前有一个没有分化的“时—空”。“时—空”是更原始的，时间与空间是本源合一的，时间与空间的相互分裂则是后来的事情。[①]海德格尔是在说什么呢？我们在此无法深入，但有一点可以了解：他是想在物理—技术的时空经验之外，寻求可能的非科学的时空经验。

在人类生活世界的基本经验中，决定性的是时间经验和空间经验。就我们上面讨论的情况来说，关键在于发现一种原初真实的时—空经验。如前所述，传统欧洲的超越性思维由两个部分组成，一是哲学—科学的形式性思维，二是宗教的神性思维。这两种成分在中国传统文化中没有发展起来，它们现在已经抽空了人类生活世界以及生活世界经验；今天借助于技术工业，这种抽空的力量变得越来越强大，我们只还拥有一个抽象的疏离的世界了。我们的时间和空间经验被隔离，我们的感性感觉同样被抽象和孤立开来。这些都需要我们反思，人类被抽空了，精神病很多时候就是这样引起的。这里我们同样也看到了技术的两面性：一方面，现代技术造成了对原初时—空经验的抽离和压制；而另一方面，技术工业又为圆性时间观和时—空经验提供了可能性，特别是通过影像以及其他新媒体，我们获得了超越线性时间和抽象空间的可能性，使得时间的重复/重演以及空间的压缩成为可能的了。刚才我已经描述了一些，我们的时间经验的改变不是毫无来由的，是现代技术帮助我们实现了这种改变。虚拟实存和永生也许马上会成为人类新的存在方式，人的肉身消失了，但可以存活于网上，继续跟他人交流。[②]这听起来十分

① 详细的讨论参看孙周兴：《创造性时机与当代艺术的思想基础》，载孙周兴：《以创造抵御平庸——艺术现象学演讲录》（增订本），第152页以下。

② 2019年9月23日，我在修改本文的同时，在网上看到了有关“数字人”的报道。“数字人”是一种永生方式吗？

惊人。我想说的只是，对于我们暂时理解不了或者难以接受的东西，我们不能干脆否定和拒斥之，是不是？

四　基于实存哲学的当代生活策略

我居然已经讲两个多小时了！真的不好意思，确实今天我想讲的东西是太多了。下面我就做一个总结吧，争取15分钟内结束。今天我们的报告涉及“实存哲学”和“实存主义心理学”。什么叫实存哲学（存在主义）？我愿意简单地做几重规定：

第一，实存哲学是一种个体化的哲学，它关注个体实存状态及其意义。第二，实存哲学是世界化的哲学（这个世界化并不是国际化），它关注个体实存处境以及生活世界的意义。第三，实存哲学是创造性的哲学，它关注人类的可能性存在。第四，实存哲学是抵抗性的哲学，它关注技术时代的个体自由，抵抗由技术发动起来的、被技术加强的普遍主义—本质主义的制度化宰治。一般而言，抵抗技术制度，保卫个体自由，是未来哲学和未来艺术的根本使命。实存哲学起于19世纪后期，其时文明的断裂刚刚显露。实存哲学本身就是对这个断裂的反应，这个断裂是自然生活世界与技术生活世界的断裂，也是超越性思维与关联性思维的断裂。总之，实存哲学是一种“未来哲学”，或者说是“未来哲学”的前提，它以未来（可能性）为定向，以艺术创造和个体自由为目标。

还有最后一段话。我今天这个报告的主题是：如何重建生活世界经验？这是我们每个个体都不得不关心的问题。我们前面的讨论已经初步描述了实存哲学对于生活世界经验重建的可能意义及其基本方向。实存哲学/实存主义作为20世纪的哲学思潮已经渐渐消隐了，但它的思想成就对于技术时代的人类生活依然具有指引意义。作为总结，我最后还想提出几点想法，可以说是从我们前面讨论的实存哲学以及实存主义心理学中引申出来的当代生活策略——并不是企图给各位提供什么指导，而是对我自己的反省和要求。

首先，我们需要确认“人类世”的意义。“人类世”意味着什么？意味着技术人类生活世界和技术人类文明，确认这一点很重要，只有确认了这一点，我们才知道我们的处身境况和时代命运。否则的话，我们的判断经常会发生一些问题，我们就会拿传统的宗教、学说和理论来考量现在的生活，来面对今天的生活世界，于是经常会发生错位，会出现问题，甚至会进入错乱状态。“人类世”也意味着“技术统治”压倒了“政治统治”，这一点将越来越显赫，我们前面已经做了描述。尤其是通过今天的新技术，人工智能和生物技术，技术将越来越成为世界和社会组织的支配性力量，我们不得不习惯于这样一种新政治运作和新治理状态，同时也要寻求应对之策和可能的抵抗方式。

其次，我们要积极重建世界信念和世界经验。我们前面已经指出，今天西方文化也进入到一种关联性思维中了，特别是通过现象学和实存哲学，西方哲学文化也开启出关联性思维的新维度。关联性思维的核心就是万物互联、人物关联，我们的周围世界是一个万物互联和人物关联的世界，这个世界是一个关联体，这一点很重要，我们前面已经从哲学史的角度给予了揭示。从传统的超越性思维到关联性思维，这本身就意味着世界经验的转换和重建。其中首要的是周围世界稳定性的信念的确认，因为没有这种信念，我们的生活将是不安的和慌乱的。当务之急是如何应对急速变化的技术世界，这个技术世界的变化是加速度的，你一不小心就掉队了，弄不懂了，不知道如何应付了。还有一个人类欲望问题，现代人太会要了，拼命要了200多年。我们欲望高涨，最后我们发现我们已经力不从心，已经不会要了。人类在全球工业的刺激下都变成了欲望的动物，欲望不断提升，能力却不断下降，人类已经陷入这样一种极为尴尬的局面之中。用海德格尔的说法，现在的问题恐怕是怎么唤起一种“不要”（Nicht-wollen）的能力，因为我们现在已经不会“不要”了，不光是不会“要”了，而且——更重要的是——也不会“不要”了。如何唤起一种“不要”的能力，在今天变得尤为重要了。这其实也是我对自己提出来的一项要求，太要了不行，能不能放松下来，放下来（let it be）。我们变得连这种“放下来”的能力都没了，这才是今天的问题和症结所在。我想这也是后期海德格尔倡导“泰然任之”（Gelassenheit）的动因。当我们说要重建世界信念和世界经验时，也包括了这样一些考虑。

再次，我们必须意识到，只有通过创造才能获得自由。在这个后宗教时代里，创造是解放自己的唯一道路，没有第二条道路了。只有通过创造，我们才能获得自由，才能实现自己。我们必须把生活理解为艺术。而且，我们理解的创造是广义的，每个人都是创造性的个体，个体每时每刻都在创造自己的生活。我在最近一篇文章里说：什么叫艺术？当代艺术为什么越来越重要？因为艺术就是通过造型的手段把奇异的观念创造出来。当代艺术根本上都是观念艺术。观念艺术是什么？我们完全可以理解为一种“观念比赛”，关键看谁想得更奇异，以及谁有能力通过造型的方式把奇异的观念表现出来。但是各位，要想得奇异容易吗？现在我们的想法都趋于一样，那是尼采说的“末人”，是最后的自然人类。要有奇异的观念当然是越来越难了。为什么要奇异呢？我所谓的“奇异性”也意味着趣味性。如果这个生活世界没有了不一样的东西、奇异的东西，也就没有了趣味，也就了无生机，我们的生活就会是无趣味的，平庸而无聊的。各位好好想一想是不是这样？

最后，我愿意重复和强调的是，我们需要一种新的时空经验。在这种新经验中，时间不是直线的时间，空间不是空虚的空间，可以叫“不直的时间”和“不空的空间”。这是我最近才形成的想法和说法。原本的时间不是直的，原本的空间不是空的。直线的时间是多么冷酷，多么让人绝望，而空虚的空间是多么孤寂，多么让人无聊。然而，我们久已习惯于物理—技术的时间和空间观了，我们早就放弃了世界的丰富性和世界经验尺度的多样性，这是我们今天特别需要考虑的问题。千万不要以为世界只有一个维度，我们的世界经验只有一个尺度，比如说只有科技的尺度，只有物理学的尺度，这显然是不对的。除此之外，还有艺术的维度和尺度，还有思想的维度和尺度。这方面的问题殊为复杂，我还只有一些一时的、不成熟的想法，还没有充分想清楚。如何重建生活世界经验？这个命题是我最近和今后一段时间里要重点思考的，希望不久会有所推进。好了，今天就讲到这里，谢谢大家！

五　关于哲学心理学的若干问题（现场讨论）

赵旭东：大家觉得孙周兴教授的报告怎么样？我刚才说了，你讨论“时空”，你自己都把时间忘了，那说明孙教授比较high，很好玩很有趣。那么，现在我们进入最后的提问环节，我们再讨论15分钟好吧？可以提两到三个问题。首先请我们的东道主张海音教授提问。

张海音：我今天饶有兴趣地听了孙教授的报告，幸福地听了两个半小时。有一个特别想问的问题：作为哲学家，您在思考论证一些很想突破的艰难问题时，想不通，感到苦恼，会不会像我们做心理治疗的一样去找找督导师？就是两个人在当下时—空中进行没有中介的直接对话，有没有这样一种形式？

孙周兴：我不知道怎么回答您这个问题，这个问题有一点古怪，您大概是问我有没有同行交流？或者是不是像心理治疗师一样需要同行帮助，接受心理治疗？无论如何，我想说的是，哲学家可能是人群当中最孤独的人，这是毫无疑问的。但是所幸的是，哲学家当中患精神病的很少。有人说尼采不是疯了吗？不对，尼采发疯是因为得了脑梅毒——这是弗洛伊德大师说的。好的哲学家肯定是要把自己的精神搞定，然后才能去帮助别人搞定自己的精神，如果哲学家连自己的精神也搞不定，那么如何可能在精神上帮助别人？还有一点很重要：历史上伟大的哲学家没有一个是自杀的，但文学家、艺术家却经常跳楼寻死。这就很能说明问题。哲学让人不自杀，因为哲学让人通过论证主动地、积极地掌控自己的生活和行动，更通过"练习死亡"——"向死而生"——而参透了人生终极问题。

提问者：老师好，我是学荣格心理学的。荣格跟尼采也有很深的渊源，荣格最出名的一本书叫《寻求灵魂的现代人》，讲的是心理治疗就是要帮助人们寻找到他们的灵魂。心理咨询进入中国后，现在似乎到了一个变革时期，本土化的诉求越来越高，越来越多的人开始关注中国文化与心理咨询的关系，试图把心理咨询本土化。我们说中国特色社会主义，是不是也应该有本土化的心理咨询？我的问题是：我们中国人的灵魂与外国人的灵魂，或者说中国人的精神世界与外国人的精神世界，整体而言有没有本质的差别？如果有，主要在哪些方面？

孙周兴： 你这个问题虽然比较农民，但也确实是一个问题。本来我们的灵魂跟欧洲人的精神世界是完全不搭界的，跟其他外国人也是不一样的。但是差不多最近两个世纪以来，这种情况已经变了，相互搭界就比较多了，而且我们正在被同一化或者同质化。这个同一化或者同质化过程是受现代技术工业的影响，是由现代技术工业引发的。我们在座的所有人都逃不脱这个进程。实际上我们的精神世界已经被西化，潜移默化，已经被西化得差不多了。有个数据说，我们今天中国人的用词，超90%是译词，就是翻译进来的词语。我们的经验，包括时空经验、距离感、图像经验、美感等等，都被拉平了。举个例子说，现在的中国男人们脑子里的美女形象，基本上都是欧洲式的轮廓分明的美女形象，你自己想一想就明白了。这是没办法的事，这就叫全球化。在这个意义上，我们中国人的灵魂与欧洲人的灵魂已经相差无几，而且将越来越趋同，到最后我们将拥有一个技术人类的共同灵魂。

赵旭东： 孙教授的意思大概是，自然生活时代人类的精神世界可能是多样化的，比现在技术生活时代更丰富。我们请下一位提问，好，就这位先生。

提问者： 十分感谢孙教授今晚有趣又有用的分享，真的可以说是一个"毁三观"的报告，最重要的是"毁三观"又努力建立"新三观"，这个特别重要，所以我非常喜欢今天晚上的分享。我的一个问题是，孙教授在报告中提到"人类世"，以您的观察和研究，您觉得"人类世"会持续多久，或者说"人类世"是我们人类的最后一个世代吗？谢谢！

孙周兴： 这位朋友提的问题很好，也是我正在思考的问题。"人类世"眼下主要还只是一个地质学的概念，哲学领域主要有几位德国和法国哲学家，他们开始讨论“人类世”问题。我前面讲了，“人类世”意味着人类的活动可以影响到地球的存在及其运动了。以前在自然状态下，我们人生下来又死掉了，跟猪没有什么分别，对地球没有实质性的影响，但现在不一样了。为什么1945年很重要？因为在这一年里，人类终于发现技术不是人类所能设想，更不是人类所能控制的了。广岛原子弹爆炸时，在短时间内近20万人变成骷髅，这样的场景是自然人类以前无法想象的。以前我打你一枪，没打死，枪被你夺了去，最后你一枪把我打死了，这是自然人的搏击方式。现在原子弹爆炸，地面温度达到6000摄氏度，大量生命立即消亡，已经完全超出我们自然人的自然想象力。这时候我们终于发现一个新的时代开始了，“人类世”开始了。

1945年以后，现代技术加速进展，当然此前已经有了近200年的积累，就是西方技术工业的进展。以后的方向是什么？我认为总方向是技术性不断加强，自然性越来越小。我提出的问题是：人类作为一个自然物种，它的自然性不断下降，不断下降，最后的限度是什么？这是一个问题。人类今天面临着两个意义上的技术化，一个是精神意义上的技术化，我们的精神世界已经不断被算法、互联网、大数据所控制；还有一个是身体意义上的技术化，通过基因工程，通过化工产品造成的环境激素，我们的身体不断被技术化改造。据说我们学校的新校长认为，同济大学只要把基因工程与人工智能两大块搞好就行了，其他学科均可与这两块接通。我觉得他脑子很清楚。我在一个场合里说过，今天大学面临的最大问题恐怕是，我们把学生招进到大学的某些专业里来，等到他们毕业的时候发现这些个行业没了。我当然不是开玩笑的，我们正面临这样的困境，如果墨守成规，不思变革，我们就只好出局。人工智能和基因工程为什么重要？就是因为它们在今天是人类精神和身体被技术化的两种基本方式。

你刚才问“人类世”会持续多久？这个不好预言，一定要我说，我会大胆说还有七八十年或者一个世纪，到本世纪末差不多了，人类可能会进入马克思所说的共产主义社会。在这个共产主义社会里，人的自然性与技术性可能会达到某种平衡，但这种平衡将是马克思说的最后的斗争。我这样说当然是不负责任的，我就随便一说，你们可听可不听。我的大概想法是，欧洲技术工业从18世纪下半叶开始，到1945年大概是180年，1945年是一个重要的转折点，之后差不多也还有180年，已经80年过去了。霍金说人类还有100年，我不知道他怎么算出来的。我们当然也不能对他的预判太当真，但想来也差不多是这个数字，还有一个世纪吧。这事我们再商量吧。

赵旭东：最后一位提问，我们给这位女士，要公平一点。

提问者：谢谢主持人给我提问的机会。我觉得今天孙教授讲得很扎实。我们大家都在学习，我也喜欢哲学，我很崇拜马克思，相信人类必将走向共产主义，这是肯定的。大家的身心可能正在经历一系列的革命，工业革命、技术革命已经把我们卷进去了。我们正在构筑人类生命共同体，人与人之间相互连接，相互协调，相互发展。我们在这里就是在做一个连接，所以希望大家互相连接，互相学习，共同前进，愿共产主义早日到来。

孙周兴：你总结得不错，但我忽然觉得，我今天晚上的报告相当失败（众笑）。我们得提出自己的问题。

提问者：我们女生喜欢喊口号嘛，但喊完口号还是要提个问题的。我的问题是，您前面说到人工智能，一般认为从弱人工智能到强人工智能到超人工智能，机器人终将超越人类，但是在老师刚才的讲座中，您说人类的感受和想象这一块始终是机器替代不了的。后来又说再过七八十年或者一个世纪会怎样怎样。所以我好像有点糊里糊涂的，人类未来到底是怎样一个蓝图？

孙周兴：不要紧张啊。我们对未来的思考和预测是极其艰难的事。为什么像尼采、马克思这样的哲学家是大师，因为他们在100年、150年前就在思考我们今天面临的问题了，而且对我们今天的状况有所预示和描述。这就是天才。我哪里到得了这样的境界？我只能说你也不必紧张。人类确实面临许多不可测的因素，今天人类面临的风险，不仅是人工智能、基因工程，还有核武器，还有环境激素，其中每一项都足以对我们这个自然物种构成致命的危险，而且许多要素的变化都是不可预测的。所以我们处于一个风险时代，我们已经离开了自然风险社会，进入技术风险社会中了。技术风险社会跟以前不一样了，差不多可以说，在技术风险社会里，人被弄死了却不知道怎么被弄死的。今天我们老是喜欢说"未来已来"，大家都很忧虑，很着急，"未来已来"这个说法本身就表达了一种紧急的状态。前面我在讲如何应对这个技术生活世界，如何重建生活世界经验，只是我的初步想法，不免有些杂乱。我觉得根本上我们还需要放松，整个技术时代，这个技术占领的世界，之所以变得越来越快速，越来越无法控制，主要原因还在于人类意欲太强，要得太多了。人类已经失去对技术世界的控制，这一点好像无法改变，但我们可以努力把这种加速进展给降下来，使之慢点下来。

提问者：我突然感觉，老师的意思是我们可以依靠心理学或者是哲学心理学来把它降下来。

孙周兴：心理学当然重要，肯定也将在降压过程中发挥它的作用。为什么我几年前要在同济大学办这个哲学心理学专业，给赵旭东教授建一个系？不瞒各位说，我们学校的一些人物是十分反对的，他们理解不了我的用心。三年前我辞去院长职务，辞职之前我新建了两个学科，一个是艺术（艺术学理论），一个是心理（心理学），我认为这是未来十分重要的两个学科，一个像样的大学必须建设好这两个学科。我今天的报告实际上也是在为此做证明，各位如果听懂了，大概就能理解我的意思了。

赵旭东：我们有忧虑，可能这个忧虑就不会变成噩梦了。我们还要继续努力。因为我开头也讲多了，孙教授也讲多了，大家讨论得也很热烈。大家还希望下一次再听吗？孙教授今天还没有详细展开，更没有做出结论。我们需要开一个哲学心理学大会，把孙教授刚才提到的理解的心理学、意义的心理学、实存的心理学好好清理一下，也把害了空心病的科学心理学矫正一下，现在科学心理学在我们临床层面上常常帮不上大忙。所以今天晚上这个讲座很应景，你们来开精神分析大会，我们首先请孙周兴教授讲实存哲学，讲实存主义心理学，跟精神分析的取向和精神分析的态度是很默契的。所以我相信，今天这个讲座已经为明天的精神分析大会做了一个很好的预热。感谢孙教授为这个大会定了一个基调。

孙周兴：谢谢大家，今天让大家受累了，论题艰难，我的普通话又不够好，又拖延了一个多小时，抱歉！抱歉！

赵旭东：不要紧，我们以后做高科技时代愉快的猪就好了。这个听懂了？好，再次感谢孙教授的精彩报告。我们明天见！

第四编

未来人类

第一章　模仿之学、数之学与未来之学[①]

什么是“学”？历史上的“学”发生了何种变化？未来我们“学”什么？本文认为，在欧洲—西方文化传统中，“学”有三种：一是模仿之学（mimesis）即自然人类之“学”，或者说古典的作为“模仿”的“学”；二是数之学（mathesis）即近现代理论人的“学”，或者说近现代的作为“数”的“学”；三是“未来之学”即正在显现的技术人类的“学”之形态，或者说未来智能时代可能的人机联合的“学”。与之对应的人类的样式和状态也有三种：“自然人”、“理论人”（“科学人”）与“技术人”（“类人”）。在哲学—科学—技术工业时代里，全球人类完成了从“自然人”向“理论人”的转变；而今天，我们正处于从“理论人”向“技术人”的过渡阶段。这时候，我们确实需要追问“未来之学”：未来我们“学”什么，怎么“学”？本文最后尝试给出“未来之学”的两个可能定向：“模仿之学”难敌“数之学”，但仍然构成一种抵抗；未来文明要求重振“模仿之学”，通过“模仿之学”重建生活世界经验。

① 本文系作者2017年8月14日在北京大学2018世界哲学大会启动仪式“学以成人”学术研讨会上的报告，当时报告的题目为《过往之学与未来之学》。改写稿（简写本）以《未来之人与未来之学》为题在同济大学人文学院和创意设计学院举办的“未来大学论坛”（2019年5月19日，同济大学）上演讲，后刊于《信睿周报》第四期2019年7月8日。本文是对这两个报告的综合改写，并做了大幅度扩充。定稿本以《模仿、数学与未来之学》为题于2019年12月14日上午在江苏师范大学教育学院主办的“徐州教育哲学论坛（2019）：信息时代教育认识论的新发展”上演讲，载《陕西师范大学学报》，2020年第2期。

2018年8月在北京召开的世界哲学大会的主题是“学以成人”，与会者甚众；我只参加了一年之前的预备会议（2017年8月），主题也是“学以成人”。“成人”这件事情虽然顶顶重要，但我却说不上来，感觉也不好说，所以只想来说说“学”。不过“学”这件事情也不简单，古今中外都有不同的讨论和说法，既有中西之分，也有古今之别。单单把各处和各时的讨论和说法都介绍一番，就特别累人了，好几千人的专题大会也未必能把这事说清楚。我这里只能从自己的兴趣点出发，首先来讨论欧洲—西方的“学”的本义，然后重点来议论一下面临未来之变的“学”，这也就是说，我今天想来谈谈“过往之学”与“未来之学”。

我试图区分欧洲历史上三种不同的“学”：一是“模仿之学”（mimesis）即自然人类之“学”，或者说古典时代的作为“模仿”的“学”；二是“数之学”（mathesis）即近现代理论人的“学”，或者说近现代的作为“数”的“学”；三是“未来之学”即正在显现的技术人类的“学”之形态，或者说未来智能时代可能的人机联合的“学”。与之对应的人的样式和状态也有三种，差不多可以叫：“自然人”、“理论人”（“科学人”）与“技术人”（“类人”）。如此这般，我似乎也讨论了“成人”这件事。

一　古典时代的模仿之学

“学”是人类的天性，一如亚里士多德所言，“求知”是人类的本性。古今中外，人人都在“学”。但什么是“学”呢？我想还未必是不言自明的。“学”的本义是“模仿”，第一种“学”是古典的“模仿之学”。原初的“学”就是“模仿”，这在东西方都是一样的，对于其他民族文化来说也应该是一样的。汉语动词“学”意为“效仿”；“习”“从羽从白”，意思是“数飞也”，就是小鸟反复试飞。可见中文“学”的原初意思就是“模仿”。古希腊文的动词“学”（manthanein）的意思是“学习”和“把握”，同样首先跟“模仿”（mimeomai、mimesis）相关联。在古希腊早期文明的说唱时代，“学”想必是与“跟”不可分离的，是要“跟着说”（nachsagen）和“跟着唱”（nachsingen），也就是与“模仿”（mimesis）有关。“模仿”（nachmachen、nachahmen）就是“跟着做”，与之对应的希腊文是动词的mimeomai和名词的mimesis。简言之，“模仿”就是跟着自然做，或者跟着他人做。这在民间手工艺中是十分平常的事：我们学手艺，就是跟着师傅做，师傅甚至用不着言语，徒弟自己看着，然后跟着做就是了。

在我们今天的汉语语境里，“模仿”差不多已经成了一个贬义词，其意义指向的变异令人遗憾，颇令人沮丧。不过在古典希腊，尤其在前哲学—科学时代（即通常所谓的“前苏格拉底时代”），“模仿”（mimeomai、mimesis）却不是一个负面的词语，相反地却是一个积极上进的词语，它尤其传达了“技艺/艺术”（techne）之于“自然”（physis）的关系。古希腊的医神希波克拉底说，医生之为“技艺者”充其量只是“自然的助手”，意思就是说，医生必须跟着“自然”（身体）学习，方能成为“高手”，方能帮助“自然”（身体）达到自己的目的。这跟今天把人当作机器的医术观念当然是大异其趣了。

进入哲学和科学时代以后，比如在柏拉图和亚里士多德那里，“模仿”（mimesis）的意义虽有些变化，但一般地仍旧被用来表达和呈现人与自然的关系，或者说人对于自然的姿态。柏拉图用“模仿”

（mimesis）来比方“个体”与“共相/理念”（idea）的关系，“个体”之为“个体”是因为它“模仿”了“共相”。而艺术之所以比较低等，不靠谱，是因为艺术家不靠谱，只会“模仿”个别、殊相，而达不到“共相/理念”。柏拉图的弟子亚里士多德对此不无生气，说这么重要的事体怎么可以打比方呢？哲学可不是打比方啊！再说了，即便是对于“个体”的“模仿”，也未见得就是低等卑下之活动，相反，亚里士多德认为，“模仿”乃出于人的本性，人生来就喜欢“模仿”，并且往往从“模仿”中获取快感。“模仿”带来快感，有快感不好吗？时至今日，我认为亚里士多德关于“模仿”的说法依然有效，“模仿”确乎是一种不无神秘的本能性的行动。

无论是柏拉图的存在学/本体论还是亚里士多德的诗学，都喜欢讨论“模仿”（mimesis），这当然不是偶然之事。“模仿”（mimesis）一词强烈地暗示我们：在古希腊人的思想和行动中，人与物、人与自然的关系是一种亲密的相应相即的关系；即便后来，到了古希腊哲学时代，这种关系虽然渐渐地“脱落”了，但也并未丧失殆尽，也还不是后世科学时代的主客对立的对象性关系。我们也可以说，作为“模仿”（mimesis）的“学”或者说“模仿之学”是自然人类生活状态下的“学”。

值得我们注意的是，20世纪有不少哲人，最典型者如特奥多尔·阿多诺和马丁·海德格尔，开始重温古希腊的“模仿”（mimesis）概念。在阿多诺那里，“模仿”意味着物与人之间的一种亲密关系，这种关系不是基于理性知识，而是魔幻的和神秘的，而且超越了主体与客体之间仅有的对立状态。[①]阿多诺自己说过：“与科

① 希尔德·海嫩：《建筑与现代性批判》，中译本，卢永毅、周鸣浩译，商务印书馆，2015年，第270页。

学一样，魔幻也有自己的目标，但它是借助于模仿而不是与客体逐渐拉开距离来达到自己的目标。”[①]也有论者指出，阿多诺的“模仿”概念是“一个纲领的草案，是对与自然之间关系的追忆，这种关系显然有着一定的结构，却又与唯一为人们所认识的表现形式有所区别。”[②]若是这样，我们大概就可以说，阿多诺是回溯和挽救了古希腊的“模仿”（mimesis）一词的本来意义。

海德格尔径直把“模仿”（mimesis）解为“应合、响应”（Entsprechen）。很少远游的海德格尔晚年去了一趟希腊雅典，在那里做过一个关于艺术的演讲，其中说道：“艺术应合于physis［涌现、自然］，但却决不是已然在场者的一种复制和描摹。Physis［涌现、自然］、techne［技艺、艺术］以一种神秘的方式共属一体。”[③]海德格尔的意思是说，原初的“模仿”（mimesis）是一种“应合”，或者说是一种“共属”，但后来，受近代知识论的规定和影响，艺术远离了古典的“模仿”（mimesis），变成了对现实对象的复制和摹写。海德格尔要恢复“模仿”（mimesis）的古义，意图类似于阿多诺，是要摆脱主—客二元的对象性关系，重新调适人与自然的关系，而在海氏看来，方便法门当然是实施所谓“返回步伐”。

概而言之，作为“模仿/摹仿”（mimesis）的“学”具有古典存在学/本体论的意义，也是一种诗学/艺术哲学的规定性，即关于physis［涌现、自然］与techne［技艺、艺术］的关系的理解。而现代思想家对于古典希腊的“模仿/摹仿”（mimesis）的回溯和重解，

① 霍克海姆、阿多诺：《启蒙辩证法》，德文版，美茵法兰克福，1998年，第28页。

② 居伊·珀蒂德芒热：《20世纪的哲学与哲学家》，中译本，刘成富等译，江苏教育出版社，2007年，第165页。

③ 海德格尔：《艺术的起源与思想的规定》，中译本，载孙周兴编译：《依于本源而居——海德格尔艺术现象学文选》，第73页以下。

恐怕还不能简单地被理解为“复古”和“复辟”，而是起因于他们对近代以来形成的人与自然基本关系的反省和批判。阿多诺和海德格尔都是从艺术角度切入“模仿”问题的，这绝非偶然现象，而是因为欧洲近代以后，作为“模仿”的“学”已经被“数学”之“学”所排斥，只还在艺术中有所留存。

什么是真正的“模仿”（mimesis）呢？我想已经可以总结出如下三点：首先，“模仿”是人的天性和本能，因而是普遍的。在这一点上，我们只需记住亚里士多德的说法：“模仿”属于天性自然，怎么可能是低级的呢？其次，“模仿”是自然人类的基本存在方式。“模仿”（mimesis）是劳动和艺术（techne）的本质，古希腊人正是这样来理解他们的“艺术”的。就此而言，“模仿”绝不是简单机械的复制，更不是下流贬义的抄袭，而是一种普通的日常的行为，间或更是一种创造性的行为。人类必须“模仿”，不“模仿”不行。再次，“模仿”传达了“技艺”（techne）与“自然”（physis）的亲密贴合关系。所谓“模仿”（mimesis）就是人向自然学习，表明古典时代自然人类的自然理解和自然关系，即人与物、人与自然的关系，原是一种相互归属和相互呼应的关系。

有人会问：“模仿”不是古人的行为吗？今天我们更科学、更技术、更进化了，我们还要“模仿”吗？——当然啰，即便在今日技术时代里，即便我们全体已经成了被理论化和被科学化的现代人，我们还不得不承认，人类日常生活和艺术活动的主体部分依然是以“模仿”为主的，我们人人都在“模仿”，我们天天都在“模仿”。我的意思是说，“模仿”虽然受到了近现代数学和数学化的自然科学（我们下文要讲的“数之学”）的挤压，没有像在过去时代（特别是古典时代）里那么重要了，表面上也不受重视了，但它并没有湮灭和消失，不光幼儿、儿童和青少年们要“模仿”，要进行“模仿”的“学”，我们所有成年人都多半在“模仿”，我们在“模仿”中学习、游戏、工作和创造。简而言之，作为“跟着做—跟着说”的“模仿”，至今依然是自然人类基本的——重要的——“学习”方式之一。

二　近现代占主导地位的数之学

如前所述，“学/学习”的古希腊文动词是manthanein，它的第一重意义是我们已经讨论过的“模仿”（mimesis）。虽然“模仿”之“学”是普遍而持久的，但从欧洲近代以来，另一种“学”兴起了，而且通过技术工业占领了全球，很快成为全人类的“学”了。这种新的“学”就是作为今日科学—知识典范的“数之学”。不过，从起源上讲，这种新的“学”依然来自古希腊。希腊文动词“学”（manthanein）不光有“模仿”（mimesis）之义，还有另外一重意义，是与希腊文名词的“学”（mathesis）相联系的，后者有“学习、认识、经验、学说”等多个含义。而这里的焦点在于，这个“学”（mathesis）又是与“数学的东西”（mathemata）相关的，即是说，“学”与“数”相关联——这就很有些意思了。

海德格尔在1935/1936年冬季学期讲座《物的追问》中专门讨论了这个意义上的“学”（mathesis），非常值得我们关注。海德格尔认为，原始的“学”（Lernen）是一种“取”（Nehmen），“学”（mathesis）的本质是“取得认识”（Zu-Kenntnis-nehmen）。“学”就是“取”，也就是“得”，当然并非所有“取”都是“学”。“学”是一种“取”，这个意思不难理解，我们在汉语语境中其实也经常在“习得”和“获得”的意义上了解“学”。无所“取”便无所“得”，

“学”便不成其为“学”。海德格尔说：“我们从中认识一物本身是什么，一个武器是什么，一个用具是什么。而这是我们早已完全知道的。”[①]他这话又不免让人吃惊。海德格尔总是有惊人之论。他说我们事先早已知道，而且必须知道武器是什么，否则就不可能觉知枪本身。我们知道“武器”是比“枪”更高的概念，依此类推，我们先得知道“人/人类”，方才能觉知“男人”或“女人”。这难道不是“本质主义”的基本逻辑吗？确实是的，海德格尔这里揭示的恰恰是“学”后面的本质主义哲学基础。

海德格尔进而指出了“学”（mathesis）与“数学的东西”（mathemata）的关联：

> 正是这一“取得认识”是学的真正本质，是mathesis的真正本质。mathemata是就我们对之取得认识而言的物，作为取得认识的物，我们根本上对之事先已经认识的物，即作为物体因素的物体，植物的植物因素，动物的动物因素，物的物性，等等。因此，这一真正的“学”是一种最引人注目的取，在这种取中，取者取的只是他根本上已经拥有的东西。[②]

这里比较让人奇怪的是，为何“学”（mathesis）与“数学的

① 海德格尔：《物的追问》，德文版，第73页。

② 海德格尔：《物的追问》，德文版，第73页。在此上下文中，海德格尔还进一步发挥了一通关于“教”与“学”的关系的宏论，在他看来，“教也与这一学相符合。教是给予、提供；但在教中提供出来的不是可学的东西，给出的只是对学生的指引，指引学生自己去取他已有的东西。如果学生只接受某种提供出来的东西，他就没学。只是当他感受到他所取的东西是他根本上已经拥有的东西时，他才达到了学。真正的学只在那种地方，在那里，对人们已有的东西的取是一种自身赋予并且被真正经验到了。因此，教无非是让别人学，也即带向相互间的学。学比教更为困难；因为只有真正能学的人——而且只要他能学——才真正能教。名副其实的教师唯有一点区别于学生，这就是他能更好地学，愿意更本真地学。在所有教中，教师学得最多”。参看德格尔：《物的追问》，德文版，第74页。

东西/数学因素”（mathemata）相关？海德格尔说“数学因素”（mathemata）是我们已经取得认识的东西，那又是什么呢？海德格尔拿数字做例子来加以解答和解说。数字当然是“数学的东西/数学因素”，我们看到这里的3把椅子便说：这是“3”。只有当我们已经知道了“3”的时候，我们才能把物（比如3把椅子）数作“3”。而要理解“3”本身，个别事物（比如3把椅子）却是毫无帮助的。我们是这样来把握数字“3”的，即：我们只是明确地领会到以某种方式已经拥有的知识，而这种“取得认识”就是真正的“学”。所以，“数字是某种真正意义上可学的东西，一种mathemata（可学的东西），即某种数学的东西”[①]。海德格尔把mathemata译为德语的das Mathematische，后者可直译为“数学的东西”或“数学因素”，但实际上，我们也可以直接把它简译为“数”。

“学”即是“数”。海德格尔接着指出，希腊文的mathemata具有双重含义：其一是“可学的东西”（das Lernbare），其二是“学”（Lernen）的方式。海德格尔解释说：

> 数学的东西是那种可以在物上展现的东西，我们经常已经活动于其中，我们据此将其经验为物以及这样的物。数学的东西是那种面对物的基本态度，我们以此态度把物当作已经被给予、必然或应该被给予我们的东西来对待。所以，数学的东西是了解诸物的基本前提。[②]

如前所述，我们可以把这里的“数学的东西”径直译为“数”，

① 海德格尔：《物的追问》，德文版，第75页。
② 海德格尔：《物的追问》，德文版，第76页。

于是，“数”就是在先的，用康德的话来说，就是“先验的”（transzendental），而作为“数”的“学”才是认识的前提，有了这个前提，我们才能了解物。这一点在海德格尔接着对柏拉图学园门口的名言的重新解释中表达出来了。该名言曰：Ageomeretos medeis eisito［不晓几何学者不得入内］。这个名言是我们早已熟知了的，通常也把它译为“不懂数学者不得入内”。我们一般会以为这是强调数学（几何学）的重要性。确实，几何学在古希腊可以等同于数学，因为符号方面的限制，另一门古典形式科学——算术——在古希腊没有发达起来，而是在引进阿拉伯数字后才得以发展起来的。[①]海德格尔想得还要深远一些，他认为，上面这句名言是要让人明白，“真正的知识能力和知识的条件，是对于一切知识之基本前提的认识，是对那种由知识所包含的立场的认识”[②]。

简而言之，作为“数”（mathemata）的“学”被当作在先的认识前提：我们“学”的是“3”这个“数”而不是具体的“3个物”，比如3个苹果或者3棵树，或者说，可学的是完全抽象的、纯粹的“数”，具体的“物”是不可学的。在数学中，我们从未“学”3个苹果或者3棵树。用怀特海的说法，在数学中我们可以“完全摆脱特殊事例，甚至可以摆脱任何一类特殊的实有”[③]。而有了“数之学”这个前提，我们才能认识物。这个“学”的传统从古希腊就开始了，但要到近代才成为主流的“学”。古代数学（几何学和算术）向近代科学的过渡，可视为数学世界的建立。与古代科学既区别又联系的近

① 怀特海认为，“希腊时代表示数时用的是不同形式的点。因之，数的观念和几何形状的观念便不像我们现在这样离得很远了”。参看怀特海：《科学与近代世界》，中译本，何钦译，商务印书馆，1989年，第28页。

② 海德格尔：《物的追问》，德文版，第76页。

③ 参看怀特海：《科学与近代世界》，中译本，第21页。

代科学具有数学的特征，数学成为近代科学的标准，这就是当时欧洲盛行的“普遍数理/普遍数学”（mathesis universalis）的理想。在最近几个世纪里，这个理想已经在全球得到了全面实现和展开。

我们看到，海德格尔这里的讨论，目的在于把“数/数学的东西”揭示为近代（现代）自然科学的基本特征。所以，海德格尔紧接着讨论了牛顿的第一运动定律和伽利略的自由落体实验，由此来探讨与古希腊科学经验相联系又相区别的近代/现代自然科学的“数学”特征，即“普遍数理/普遍数学”（mathesis universalis）的本质。这里的关键问题是近代科学与古代科学的区别。通常我们认为近代科学是“事实科学”“实验科学”和“测量科学”，由此区别于古代科学。但海德格尔说，所有这些规定和说法都还没有触及近代科学的本质，也即近现代的认识态度的基本特征。到底是什么决定着近代科学本身的基本运动呢？海德格尔说是“与物的交道方式和对物之物性的形而上学筹划（Entwurf）”[①]。这就是要从近现代形而上学意义上来讨论近代科学。

近代科学到底如何区别于古代科学呢？这不是一个轻松的课题，而是一个难以探讨的问题，历史上好像也还没有一个特别好的解释。海德格尔通过比较亚里士多德与牛顿的运动学说来切入问题，这个切点和角度是极好的。亚里士多德对自然物的本质做了这样一个规定：ta physica somata是kath auta kineta kata topon，意即“属于并构成‘自然’的物体，根据其本身，在位置方面是运动的”[②]。对亚里士多德来说，物体运动的方式和位置是由其“本性/自然”决定的，比如说一块石

① 海德格尔：《物的追问》，德文版，第68页。
② 海德格尔：《物的追问》，德文版，第83页。

头下落到地上，这是合乎“本性/自然”的运动，是kata physin，而如果一块石头被抛向上空，这种运动根本上就是违抗石头的“本性/自然”的，是para physin。[①]这听起来是一种自然而然的解释。

牛顿的运动观却不是这样。牛顿的第一运动定律也被叫作“惯性定律”，我们熟知的通常表述如下：“任何物体，如果它不受或在它不受外力强迫而从一种状态到另一种状态之前，都将保持其静止状态或匀速直线运动。”[②]与亚里士多德的运动学说相对照，海德格尔认为，牛顿的“惯性定律”有如下八个要地（特征），或者说有如下八个方面的改变：

1. 它说的是“所有物”，消除了地上的物体与天体之间的差别；

2. 以直线运动取代了圆周运动；

3. 位置不再是物体依其本性而处于其中的场所，任何物体原则上可以处于任何位置；

4. 运动本身不是根据物体的各种不同的本性、能力或力、元素来确定的，相反，力的本质由运动的基本定律来规定；

5. 运动只被看作地点之改变或地点之关系，看作从某位置离开；

6. 自然和反自然，即强制的运动之间的区别也消失了；

7. 自然不再是物体的运动所遵循的内在原则，而是物体的地点关系变化的多样性的方式，是物体在空间和时间中在场的形式；

① 海德格尔：《物的追问》，德文版，第84页。
② 海德格尔：《物的追问》，德文版，第86页。

8.对自然的追问方式由此发生了改变，而且在某些方面变得相反。[①]

海德格尔最后总结说："这些改变都是相互关联的，而且全都建立在新的基本立场上，后者在牛顿第一定律中表现出来，即所谓的数学的立场。"[②]海德格尔这里讲的"数学的立场"特别重要。在他看来，在牛顿第一运动定律中发生了一种立场的迁移，即从古典自然观的立场（"模仿"的立场）向"数学的立场"的迁移。这种迁移当然具有革命性的意义，也就是我所讲的从"模仿之学"向"数之学"的转变。

我们已经看到，通过对牛顿的第一运动定律的讨论，海德格尔探讨了近代自然科学的数学特征。对于所谓"数之学"或者"数学的东西"的本质，海德格尔做了如下几点总结：

1.数学的东西作为心灵设想跳过诸物而筹划其物性；

2.在数学的筹划中所理解和确定的知识，就是那种事先把物置于其基础之上的知识；

3.数学的筹划作为公理性的筹划，是对物、物体之本质的先行把握，物体由此在平面图中先行得到确定；

4.自然现在是在公理性的筹划中所勾画出来的、均质的时空运动关系的领域，物体只有在被嵌入并固定到这个领域中才可能成为物体；

5.近代科学是在数学筹划的基础上进行实验的，对事实进

① 海德格尔：《物的追问》，德文版，第87—89页。

② 海德格尔：《物的追问》，德文版，第89页。

行实验的冲动，是事先的数学跳过一切事实的必然结果；

6.数学筹划设定了一切物体的空间、时间和运动关系的均质性，同时作为物的本质性规定方式通常需要同一的尺度，也即要求数量上的测试，从而形成狭义的数学。[①]

海德格尔这段话的意蕴十分丰富深远，难以轻松了解，不过基本意思已经比较清楚了。在海德格尔看来，古代的与近代的两种运动观基于不同的自然和存在理解。亚里士多德的运动学说基于古典时代的自然观或存在观，“物”“位置”“空间”都是具体的，而不是形式的和抽象的，比如亚里士多德说“空间是包围着物体的边界”[②]，可见他把“空间”理解为具体的和多样的，每个物都有自己的“位置”和“空间”。与之相反，牛顿和伽利略的近代科学的运动观则基于近代形而上学的存在观，他们把物、空间、运动都形式化和抽象化了，物被理解为质点，空间被把握为三维抽象的绝对空间，运动不再是按“本性/自然”的运动，而是被把握为质点的直线运动。概而言之，近代科学对自然和运动做了一种形式的—数学的抽象。

如我们所知，形式科学意义上的“科学”起源于古希腊，当时已经生成了几何、算术和逻辑学等形式科学，但古希腊的“科学”还不是实验科学，还没有与实验科学结合起来。相反地，古希腊的“科学”（episteme）与“技术”（techne）是相互分离的，当时的“技术”（techne）更多地指手工技艺，即“艺术”。这就形成了一个艰难而不无有趣的问题：源自古希腊的形式科学（数学）是如何可能被

① 海德格尔：《物的追问》，德文版，第92—94页。

② 中译本译作：“空间是包围物体的限”，“空间必然是……包围物体的限面”。参看亚里士多德：《物理学》，中译本，第102页和第103页。

实质化（具体化），也即与实验科学结合起来的？这种分离在近代科学中被消除掉了，实验科学意义上的近代科学成了“现代技术”。或者说，只有到近代，“科学”与“技术”才合二为一，成为“科技”。

海德格尔试图揭示近代科学的哲学（形而上学）基础，那就是前述的“与物的交道方式和对物之物性的形而上学筹划”。牛顿和伽利略把世界形式化和数学化（所谓“普遍数理/普遍数学”），进而又把形式科学实验化，背后的动因是一种已经改变了的与古代不同的新“物观”，我们称之为主体主义的或者对象化的态度，也就是最后在康德那儿完成的“主体哲学/主体性形而上学”的等式：物＝被表象性＝对象性。海德格尔用一段总结性的话来加以描述：

> 直到笛卡尔时代，任何一个自为地现存的物都被看作“主体”；但现在，“我”成了别具一格的主体，其他的物都根据“我”这个主体才作为其本身而得到规定。因为它们——在数学上——只有通过与最高原理及其“主体”（我）的因果说明关系才获得它们的物性，所以，它们本质上是作为一个他者处于与“主体”的关系中，作为客体（objectum）与主体相对待。物本身成了“客体”。[①]

三　面临未来之变的学

前面我们概述了“学”的欧洲传统之义，历史上的“学”的两个基本样式，即古典希腊的“模仿之学”和近现代科学/知识时代

① 海德格尔：《物的追问》，德文版，第106页。

的“数之学”。古典的作为“模仿”的“学”渐渐隐退之后，近代作为“数”的“学”占据了统治地位，此即“普遍数理/普遍数学”（mathesis universalis）。今天的全球文明现实根本上还是“普遍数理/普遍数学”的实现，即作为“数”的“学”的全面实现，后者说白了就是已经到来的互联网技术时代和正在到来的智能技术时代。于是我们要讨论面临未来之变的“学”。

“模仿之学”大体上与下列词语相关：直观/直觉、感性、诗性、想象、体验、理解、创造——我们不难设想，“模仿之学”差不多就是艺术人文的“创造之学”；而表征“数之学”的主要是下列词语：抽象、理性、知性、论证、逻辑、说明、计算——我们同样可以理解，“数之学”主要是由数理科学来实现的“计算之学”。我们这样的说法并不严格，可能属于粗糙简化的二元区别，但其中的意义方向是明确的和合乎实情的。

如此说来，“学”有三种，即：模仿之学、数之学、未来之学。前两种“学”都不难理解，如今已经成为全人类的基本学习方式（虽然“模仿之学”受到了压抑，而“数之学”占据主流地位），但“未来之学”却不易了解和解说，因为它还在生成之中，我们对之还无法做出完全的预判。诚如我们指出的那样，人工智能的“深度学习”是“数之学”的极端化完成，它可能深刻地影响和改变人类的知识体系和学习，也可能对“未来之学”具有规定作用，但它还不是“未来之学”的全部本体。如果人工智能的“深度学习”成了“未来之学”，那就已经到彻底技术化的世界状态了。人类确实面临这样的风险，这就是霍金的预言：人类终将被机器人消灭。

确实，人类的“学”是不断变异的，“学”的内容和方式也总是在不断变化，而与之相应的就是“人之变”。人类的基本样式和状态也可分为三种：自然人、理论人（科学人）与技术人（未来被计算化和技术化的人）。“自然人”不用解说；“理论人”是尼采的说法，尼采说，自从苏格拉底—柏拉图的科学乐观主义（苏格拉底主义或者柏拉图主义）产生，欧洲人都变成了“理论人”；而所谓“技术人”则还只是我们对未来人类的一个想象。进而在哲学—科学—技术工业时代里，全球人类完成了从“自然人”向“理论人”的转变；时至今日，我们正处于从“理论人”向“技术人”的过渡阶段。

今天我们要想象“未来之学”，即未来人类的“学”或者说技术人类文明时代的“学”将是什么样的？未来我们“学”什么？未来我们怎么“学”？看起来都成了问题。我们把“模仿之学”与“数之学”看作人类两种基本的“学”，今天的“学”的状况和未来的“学”的可能性需要从这两种基本的“学”以及两者的关系出发来讨论。今天我们看到，自然人类的“模仿之学”渐渐式微，居于下风，但仍顽强地保持着；从近代以来，理论人（科学人）的“数之学”占据主导地位，而且将通过人工智能达到极点。

什么是“人工智能”（Artifcial Intelligence，简称为AI）？据《新牛津美语词典》（第三版）给出的名词解释，所谓“人工智能”是指：“一种理论也是一种发展趋势，即计算机系统能够执行正常而言需要人类智能的任务，如视觉识别、语音识别、决策以及不同语言之间的翻译。”[①] “人工智能”通常被划分为三级，即“弱人工智能”（ANI）、“强人工智能”（AGI）和“超人工智能”（ASI）三个等级。几年前已经引起人类恐慌和热烈讨论的谷歌阿尔法狗（AlphaGo）还只不过是“弱人工智能”的代表，后面的路还长，但进展速度之快

① 《新牛津美语词典》，牛津大学出版社，2010年。

出乎意料，最新报道已有机器人自制出人类无法理解的语言，这就表明人工智能已进入“强人工智能”阶段了，后面还有“超人工智能”。今天已经毋庸置疑的是，通过“深度学习”，人工智能将在整体上超越自然人类的智力。

面对人工智能技术的加速发展，目前的大量讨论大约可分两派：乐观派主张人机合作、人机共生，悲观派主张人机对立，人类将因机器人而完蛋。毫无疑问，人—机关系成了争论的焦点。但无论是乐观派还是悲观派，实际上都无法准确地预知和确认未来，就此而言，他们的乐观或悲观态度都缺乏根基。

未来学家雷·库兹韦尔属于乐观派，他在《奇点临近》中指出，人类创造技术的节奏正在加速，技术的力量正以指数级的速度增长。“奇点将允许我们超越身体和大脑的限制；我们将获得超越命运的力量……在21世纪行将结束的时候，人类智能中的非生物部分将无限地超越人类智能本身。”[①]根据库兹韦尔的预测，到21世纪20年代中期，人类将会成功地逆向设计出人脑。到20年代末，计算机将具备人类智能水平的能力。2045年出现“奇点”时刻。他估计，到2045年由于计算能力剧增而其成本却骤减，创造的人工智能的数量将是当今存在的所有人类智能数量的大约10亿倍。

历史学家、《人类简史》和《未来简史》的作者尤瓦尔·赫拉利则预言了作为碳基生命的人类将被硅基生命所取代的必然走向，他认为：“在我们有生之年，我们有可能看到，有机化学规律和无机智慧性的生命形式并存，有机生命会逐步被无机生命所替代。在未来，硅基将取代碳基，成为主要的生命形式，这将是有生命以来出现的

① 雷·库兹韦尔：《奇点临近》，中译本，董振华等译，机械工业出版社，2011年，第25页。

第一次重大变局。”[①]

我们所熟悉的物理学家斯蒂芬·霍金是典型的悲观派，他预言未来100年内人类将亡于机器人。詹姆斯·巴拉特大概也属于悲观派，他在《我们最后的发明——人工智能与人类时代的终结》一书中认为智能技术是人类最后的发明，而且人类将因无法控制机器人而陷入灾难。他引用了科幻作家艾萨克·阿西莫夫提出的“机器人三定律”：1.机器人不得伤害人类或坐视人类受到伤害；2.除非违背第一法则，机器人必须服从人类的命令；3.在不违背第一及第二法则下，机器人必须保护自己。[②]但这三个定律的内在矛盾使得机器人总是处于“反馈循环”中，只有绕着定律兜圈子才能避免灾难。

在技术统治时代，或者说技术统治压倒了政治统治的新时代，个人（包括专家、学者在内）关于未来的预言都是令人担心和让人起疑的。我们这里只来谈“学”的问题。就面临未来之变的“学”而言，显然有两个问题值得讨论：其一，智能时代“学”什么？其二，智能时代怎么“学”？

已经有专家预言了在不远的将来（十年左右）人机相联的可能性。实际上，我们今天也已经在某种程度上达到了人机相联，比如我们已经完全离不开手机和电脑了，手机和电脑已经如此贴切地与我们的肉身相即相随，可以说已经成了我们的身体的一部分，成了我们的“义肢”。不过，所谓人机相联还有另一种意义，是指在未来的技术文明中，可形式化、可数据化的知识可能直接被植入。若然，

① 赫拉利:《人工智能会最终消灭人类吗？》，作者2017年7月6日在中信出版集团举办的首届“X World”大会上的报告。

② 转引自詹姆斯·巴拉特:《我们最后的发明——人工智能与人类时代的终结》，中译本，第15页。

则人类知识的习得方式和传播方式将发生最彻底的变革，大部分自然科学和技术工程意义上的“知识”（我们姑且称之为“数码知识”）恐怕就用不着人们辛苦地学习了，或者说，在“知识”和“科学”面前，我们人人平等了，我们都可以极其方便地调动“知识”了。

于是问题出来了：人机相联之后，人类还剩下什么需要学习？我们知道人工智能技术现在已经到了“深度学习”阶段。所谓“深度学习”概念是由“人工智能教父”辛顿（Geoffrey Hinton）等人于2006年提出来的，指机器学习研究中的一个新的领域，其动机在于建立、模拟人脑进行分析学习的神经网络，它模仿人脑的机制来解释数据，例如图像、声音和文本。如何理解今天人们热议的人工智能的“深度学习”呢？在我看来，“深度学习”本质上是“数之学”的普遍化和极端化，也可以说是“数之学”的极端泛化，可视为近代“普遍数理”理想的实现。而大家担心和关切的问题在于，通过“深度学习”，智能机器人能够达到，甚至超过人类智能吗？机器人通过“深度学习”有了超强的高度智能，它有限度吗？人工智能的边界在哪？

有人从“反思”角度切入，认为反思能力是人类与人工智能（机器人）的根本差别，人工智能达不到人的反思能力，机器不能反思，只有人才具有反思能力，所以机器人就代替和战胜不了人类。这件事固然值得讨论，但我不能同意这种说法。什么叫“反思”？按照哲学家胡塞尔的说法，“反思”就是对我们意识行为的把握，比如说我站在这里的演讲，我知道我正在演讲，我此刻看着你们，我知道我正在看你们。这种反身性的意识行为（内感知）就是“反思”。人工智能的“反馈”是一种“反思”吗？人工智能的“深度学习”，特别是它的“反馈”和“自我修正”能力，与人类的“反思”

有根本差别吗？我认为没有，人类的反思行为（内感知）与人工智能的“反馈”机制并无实质区别。

我的看法是，在这个问题的探讨上，我们与其从“反思”入手，还不如从“想象”和“创造”入手。谷歌人工智能专家、“深度学习”框架“Keras”的创作者弗朗索瓦·肖莱（François Chollet）认为，“尽管我们在机器感知方面取得了进步，但我们仍然离类人AI非常远：我们的模型只能执行局部泛化，适应与过去数据非常相近的新情况，而人类认知能够极端泛化，迅速适应各种新奇的情况，或为长期未来的情况进行规划”[①]。肖莱这里所谓的“极端泛化”，是指人类“适应异常的，在情境之前从未经历过、使用非常少的数据，甚至没有新数据的能力”。肖莱此说其实涉及一个根本性问题：这就是说，人工智能最终难以达到人类的“想象”和“创造”。被肖莱概括为“极端泛化”的能力，在我们看来其实就是人所独有的高度奇异和神秘的想象力，那是以“模仿之学”为主的艺术和人文科学的领域。科学的边界是艺术，这个道理好像未变。

若要细说，我认为，机器人虽然通过“深度学习”有了超强的高度智能，但可能有两个边界是机器人突破不了的：其一是人类心思的奇异性/创造性，即自然人类具有的创造奇异和神秘的能力，其二是未来性/可能性，即自然人类具有指向未来的大尺度筹划能力。而这两者是智能机器人所不具备的。奇异性与未来性——这两项恐怕是人工智能所达不到的。这里所谓的“奇异性”，我也称之为“奇思妙想”，比如说我此时此地在跟大家讲话，但心里却想着别的人和别的事，想着过去的或远方的某人某事，开展种种或许完全无厘头的跳跃式遐想。人就是这样一种稀奇古怪、奇思妙想的动物，人的

① https://blog.keras.io/the-limitations-of-deep-learning.html.

想象可以随时随地完成无限跳跃、大尺度的跳跃。人类的想象和创造在“普遍数理”和逻辑之外，属于无法被完全形式化和数码化的艺术人文领域；或者说，人类心思的“奇异性”是人类通过艺术和哲学的创造来完成和展现的。所以在我看来，人工智能推进到最后，会碰到一个边界，那是艺术与哲学的边界，或者一般而言人文科学的边界。

人类知识和文化体系正在发生裂变，教育内容和教学方式将面临史无前例的剧变。比如人类学习途径已经变得多样化了，影视、网络和手机等新媒体成为知识习得的新方式，从而制度化的学校教学的意义已经被大幅度降低了，也许将不再是支配性的人类学习方式。还有一个明显的趋势是，随着前述的人机相联的未来技术进展，数码知识（或者说可形式化和可数据化的知识）或将越来越容易获得了，甚至可能不再需要通过学习的方式。这方面的讨论已有不少，比如中国教育理论学者朱永新提出了“认知外包”的观点，认为“未来学习中心里，混合学习和合作学习将成为主要模式。现在我们已经进入到借助于智能设备而生存与发展的时代，未来人机结合的学习方式将发挥更大作用，认知外包的现象会让个人更加注重方法论的学习”[①]。

无论如何，我们可以预见，在未来时代里，数码知识与人文科学的关系将变得更为紧张，而不可数码化或者难以被数码化的艺术人文科学有可能绝地反击，发挥其别具一格的作用。就艺术人文科学本身而言，也依然有一个问题：什么是未来之“学”？在智能时代里人类“学”什么以及怎么“学”？

① 朱永新:《未来学习中心构想》(“人工智能与未来教育”笔谈［上］)，载《华东师范大学学报》(教育科学版)，2017年第4期。

四　未来之学的可能定向

今天跟大家讨论“未来之人与未来之学”，老实说我心里是相当不安的。最近我也经常跟人重复一个说法：未来不可思议，未来难言，未来是不可言说的。预见未来不易，预言未来往往是有风险的。回头看，历史上只有少数天才哲学家才有这方面的预见功力，比如马克思、尼采等哲人，他们独具慧眼，预见到了人类未来文明的总体进程和总体方向。我当然没有这等本事，不过我以为，未来难言但又必须言，预见和言说未来本是大学和人文科学的使命，在今天尤其如此。

在今天，因为技术统治时代到来，技术文明已经失控，也即失去了自然人类的控制，成了一种高风险文明，这也就意味着我们对现代技术的综观和掌控成为不可能的；但也正因为这样，对未来文明的思虑和预期已成当务之急。另一方面，正如现代实存哲学（存在主义）所表明的那样，人的本质在于他是一种可能性存在，是面向未来的存在。如果失去了展望未来的能力，人就失去了自己的本质规定性。正是在此意义上，我们必须认为，思考和预见未来是人文科学的基本任务。我们也必须认为，在今天已经开始的“技术人类文明”的世界里，以“过去”为定向的传统人文科学——历史学的人文科学——面临一个根本的转向，要转向以“未来”为定向的艺术人文科学。

围绕“未来之学”，我们可以设问：有哪些可能的前景和可能的方向，是我们可以预期的？我想指出如下两点：

第一，模仿之学难敌数之学，但仍然构成一种抵抗。因为“模仿之学”属于自然人类文明，是自然人类的基本学习方式；而技术统治的“人类世”本质上是一个形式科学的世界，这就是说，今天这个技术时代是一个“数之学”为主的时代。在“未来之学”的构成中，“数之学”仍然将占据主导地位，而且这种主导地位很有可能将越来越得到加强，今天人们已经清晰地看到，如果说第三次工业革命是数字技术的发展，那么，正在发生的第四次工业革命（人工智能和基因工程）依然是以数字技术为基础的。总的来说，起于古代的“模仿之学”已经不是“数之学”的对手，而且将来恐怕也难以构成对“数之学”的对抗，然而，这并不意味着“模仿之学”将毫无希望，一无所用，完全无所作为，而毋宁说，“未来之学”要通过“模仿之学”保护人类生活和生活世界的奇异和神秘，抵抗过度的“数之学”造成的技术同质化对个体的压抑和对个体自由的伤害。

第二，未来文明要求重振模仿之学，通过模仿之学重建生活世界经验。作为自然人类的学习方式，“模仿之学”在欧洲近代科学时代就已经受到了排挤，进一步在技术工业时代受到了更严重的抑制，变得越来越弱势。不过我们也看到，“模仿之学”依然无处不在，依然是我们日常劳作和艺术创作的方式。另一方面，我们必须意识到，“模仿之学”本身也有自我更新的必要，需要获得一种新的发动力。今天的人文科学作为“模仿之学”的主体，需要有一种方向上的根本调整，需要一种大幅度的彻底改造，因为我们的人文科学可以说早已经陷入一个“陷阱”，它作为狄尔泰所谓的“历史学的人文科学”，长期以来习惯于通过不断回忆过去、虚构美好的过去时代来贬低现实，轻视和蔑视今天的人类生活和文明状态。传统人文学科的这个“乐园模式”基于传统线性时间观，它对于自然人类文明可能是必然的和有效的，而且事实上已经成了人文学术的基本套路。但时代生变，这样的老式人文科学当然会在技术统治时代里越来越趋于自我封闭，越来越弱势化，越来越空心化，因为今天的和未来的新人类（技术人）将不再需要这样的人文科学。在新的技术时代里，“模仿之学”需要取得一种新的形态，我认为，新的“模仿之学”应该是“体验—游戏—通感—共享—创意”之学，它的意义和使命在于技术人类生活世界经验的重建。如果艺术人文科学不能对技术时代人类生活世界的经验重建给出足够的帮助，那么，它当然是意义匮乏的，只能落入被抛弃的命运之中。

我愿意再次强调的是，重振“模仿之学”不是主张复古和复辟，而是要回归生活世界，应合新文明的要求和未来可能性，因为这种被现代技术所规定的新文明唯一值得期待的状态，是自然性与技术性的平衡——或者我们可以采用尼采的说法，是达到自然性与技术性之间的“控制性协调”。

第二章　末人、超人与未来人①

尼采于19世纪80年代提出的“末人”和“超人”概念经常遭受误解，例如关于“超人”概念，常有来自法西斯主义和生物主义的曲解。时隔近一个半世纪，时势大变，人类的末日感和未来之忧愈加炽烈，我们理当在新的形势下追问：谁是“末人”？“末人”是我们吗？谁是“超人”？“超人”是“未来人”吗？本文试图对尼采的“超人”概念做一个未来哲学或技术哲学的重新定位，目标在于朝向未来的人类文明之思。本文认为，任何关于“超人”概念的区域科学式理解都是不当的或者不够的；尼采的“超人”概念应与他的“上帝死了”命题相联系，更应与他的“权力意志”学说（关于人和生命之本质的重新规定），特别是与在“相同者的永恒轮回”学说中蕴含的“圆性时间”观相关联；尼采的“末人”是对进入技术工业的自然人类之本质的规定，“超人”则是关于未来新人的天才般的想象和预感，两者之间纠缠着自然与技术的二重性运动。而无论如何，今天我们不得不接着尼采思考人类的位置和命运，人类的自然性和技术性，以及自然人类向技术人类的过渡。

① 本文根据作者2018年8月20日18—19点在上海书展“尼采三书新书发布会暨孙周兴、陆兴华对谈会”上的发言扩充而成，立题为《末人、超人与未来人》，提交给同济大学欧洲思想文化研究院·本有哲学院、上海张江ATLATL创新研发中心和网易研究局联合主办的“首届未来哲学论坛”（2018年11月23—24日），但因故未作。修订后的报告提交给2018年12月8日由同济大学欧洲思想文化研究院和哲学系主办的“第四届华语尼采哲学研讨会”。感谢张振华博士对本文初稿提出的若干批评意见。载《哲学研究》，2019年第2期。

一　被误解的尼采的“超人”

谁是尼采的“超人”（Übermensch）？这还是一个问题。首先，如我们所知，“超人”并非尼采的专名。在人们的日常想象中，“超人”就是能力超强的“神人”。世界各民族的古代传奇和神话中，大抵都有“超人”形象，多半是类似于鬼怪神魔的人物或神物，比如齐天大圣孙悟空之类。进入技术时代以后，“超人”形象主要出现在动漫故事中。如今在网上查一下“超人”，首先跳出来的“超人”（Superman）是DC漫画公司旗下的超级英雄，在1938年《动作漫画》（*Action Comics*）创刊号首次登场；其次是指20世纪60年代日本推出的特摄系列《奥特曼》；然后才指尼采在《查拉图斯特拉如是说》中提出来的“超人”。

可见有各种各样的“超人”，既有神话和传说的“超人”，又有漫画和影视的“超人”，也有尼采哲学的“超人”。所有这些，构成人们关于“超人”的混乱而复杂的想象。人们对尼采之“超人”学说的混杂理解也起于此。而就尼采哲学意义的“超人”而言，我们首先要反对的是两种流传最广的基本误解，一是对尼采之“超人”的法西斯主义误解，二是对尼采之“超人”的生物主义误解。

关于尼采的“超人”的最大误解具有政治色彩，主要是希特勒法西斯主义对尼采“超人”学说和“权力意志”学说的利用。希特勒曾多次访问德国魏玛的尼采档案馆，并公开宣称对尼采的喜爱和推崇，大概是真把自己当作尼采所讲的“超人”了。“尼采与希特勒”已成一个历史公案。不过我认为，对此我们要有一个公正的看法。一方面，尼采反对民族主义和国家主义，不但不反犹，甚至还讨厌德国人；而另一方面，毋庸讳言，尼采主张“权力意志”，反对政治意义上的启蒙运动和现代民主制度，崇尚主人道德，鼓吹力量和战争，因而也确实为法西斯主义的利用留下了空隙。尼采委实是一个充满内在冲突的复杂体，在哲学上又趋于采取极端立场（比如最喜欢采取“颠倒”手法），甚至“超人”之说本身就有鼓吹强权的暗示性，凡此种种，让希特勒法西斯主义有机可乘。这固然是事实，但无论如何，我们还没有理由干脆把尼采本人的“超人”学说归于法西斯主义。

这里自然也涉及哲学与政治的紧张关系问题。如我们所知，西方历史上许多哲学家一直都有介入社会政治的“统治愿望”，想成为国内所谓的“国师”，但失败者居多，典型者如柏拉图的“哲学王”，也包括尼采之后的哲人海德格尔臭名昭著的“纳粹校长”经历。尼采本人反对政治变革，特别是反对法国启蒙运动，坚持个体启蒙，认为通过区域性的政治革命和社会改造是不可能保障个体自由和幸福的。[①]就此而言，尼采和尼采哲学是十分“非政治的”。但历史的经验也表明，政治统治思维必定会对哲学进行主义式的简化利用，哲学经常被用于政治宣传。

其次是关于尼采之“超人”的生物主义曲解。在最后的《瞧，这个人》中，尼采自己就描述了人们对他的“超人”观念的误解，特别反对人们对自己学说的达尔文主义误解：“……因为这个词，另一个博学的、长角的畜牲竟然怀疑我是达尔文主义者；甚至于在这个词中重又见出了那个违逆知识和意志的大骗子卡莱尔的‘英雄崇拜’，那原是我深恶痛绝的。”[②]在别处，尼采也多次公开批评过达尔

① 参看孙周兴：《未来哲学序曲——尼采与后形而上学》，第171页以下。

② 尼采：《瓦格纳事件·偶像的黄昏》，科利版《尼采著作全集》第6卷，德文版，柏林/纽约，1999年，第300页；中译本，孙周兴等译，商务印书馆，2015年，第379页。

文和达尔文主义。

不过，尼采之于生物学和达尔文主义，关系是相当复杂的。[①]我们知道，尼采对于科学基本上持有开放态度，并不排斥包括生物学在内的自然科学。尼采后期反对柏拉图主义哲学传统的灵魂学说以及心—物或灵—肉二元论，誓要把“精神”颠倒为“身体/肉体”：“创造性的身体为自己创造了精神，作为其意志之手。”[②]在《查拉图斯特拉如是说》时期的一则笔记中，尼采也明言：目标并不是大脑的更高塑造，而在于“整体身体的更高塑造”[③]。虽然尼采这里使用的“身体”均为德文的Leib，而不是Körper［躯体］，即不是生物—物理意义的躯体，但是，这种对肉身的强调当然会让尼采倾向于生理学—生物学。在一些地方，他甚至声称要把传统的“精神性”颠倒为“动物性”。

当尼采在《查拉图斯特拉如是说》序言中首提“超人”时，他的表述带着一种明确的生物学腔调，认为人处于猿猴与超人之间的过渡阶段：“对于人来说，猿猴是什么呢？一个笑柄或者一种痛苦的羞耻。而对于超人来说，人也恰恰应当是这个：一个笑柄或者一种痛苦的羞耻。”[④]人源自猿猴，身上依然具有太多的猴性，而且常想做回动物。这种想法当然是有鲜明的达尔文的影响的。诚如萨弗兰斯基指出的那样，尼采坚持达尔文的两个基本思想：一是在进化论的

① 可参看皮尔逊：《尼采反达尔文》，载刘小枫选编：《尼采与古典传统续编》，田立年译，华东师范大学出版社，2008年，第380页以下。

② 尼采：《查拉图斯特拉如是说》，科利版《尼采著作全集》第4卷，德文版，柏林/纽约，1999年，第40页；中译本，第46页。

③ 尼采：《1882—1884年遗稿》，科利版《尼采著作全集》第10卷，德文版，柏林/纽约，1999年，16［21］，第506页。

④ 尼采：《查拉图斯特拉如是说》，科利版《尼采著作全集》第4卷，德文版，第14页；中译本，第10页。

专门措辞中的发展理论；二是作为演变进程之推动力的争取生存的斗争。[①]简而言之，一是进化，二是生存竞争，而这两项分明是达尔文学说的基本点。

我们可以接着来追问：尼采既然非常接近于达尔文，为何又不愿承认之呢？为何尼采还要指控人们对他的“超人”的生物主义误解？尼采自己给出的回答很是干脆：“达尔文忘记了精神！”[②]这个回答颇令人吃惊。尼采不是要以“身体/肉体”反“精神”吗？怎么反过来要指责达尔文忘掉了“精神”呢？这是不是有点混乱和错乱呢？当然不是。尼采反柏拉图主义的“精神性”而倡导身体性，甚至动物性，并不是要转而去赞成生物主义或者反智主义，正如有论者指出的那样，尼采的主张应该是：不能以无意识的自然进化模式来思考人的更高的进化，人的进化必须被理解为自由行动和自由创造的产物。[③]这就是说，尼采之反柏拉图主义的“精神”，乃是对以传统哲学和传统宗教为表达方式的“精神”的反叛，尼采的目标倒在于寻求和倡扬一种“自由精神”。

总之，在我看来，任何关于尼采“超人”概念的区域科学的理解都是不当的，或者说都是不够的，因为“超人”是一个哲学概念。我们这里无法展开对尼采哲学的整体定位和理解，诸如尼采到底是谁，是不是海德格尔所谓的“最后的形而上学家”等，但我们至少可以确认的是，两种最流行的误解，无论是法西斯主义的曲解还是生物主义（达尔文主义）的误解，都未触及尼采哲学的真正内核。

---

① 萨弗兰斯基：《尼采思想传记》，中译本，卫茂平译，华东师范大学出版社，2007年，第309页。

② 尼采：《瓦格纳事件·偶像的黄昏》，科利版《尼采著作全集》第6卷，德文版，第121页；中译本，第150页。

③ 萨弗兰斯基：《尼采思想传记》，中译本，第310页。

撇开曲解和误解，我们首先要回到尼采的文本来看“超人”，更要着眼于尼采对未来人类的预期来看“超人”。

二　上帝死了才有“超人”

那么，尼采自己是怎么来说“超人”（Übermensch）的呢？在《查拉图斯特拉如是说》序言中，我们看到尼采的故事是这样开始的：在山上修炼了十年之久的查拉图斯特拉下得山来，在路上碰到一个用“唱、哭、笑和哼来赞颂上帝”的老圣徒，而这个老圣徒居然还全然不知道“上帝死了”；紧接着，查拉图斯特拉来到了一个镇上，径直跟市场上的民众说了这样一段话：

> 我来把超人教给你们。人类是某种应当被克服的东西。为了克服人类，你们已经做了什么呢？/迄今为止，一切生物都创造了超出自身之外的东西：而你们，难道想成为这一洪流的退潮，更喜欢向兽类倒退，而不是克服人类吗？/对于人来说，猿猴是什么呢？一个笑柄或者一种痛苦的羞耻。而对于超人来说，人也恰恰应当是这个：一个笑柄或者一种痛苦的羞耻。[①]

尼采这段话的意思十分丰富，也不容易了解。这段话首次宣告了“超人”。它出现在《查拉图斯特拉如是说》序言的第三节开头，而在第二节的结尾处，尼采刚刚与老圣徒告别，自言自语道：“难道这是可能的吗？这位老圣徒待在森林里，居然还根本不曾听说：上

① 尼采：《查拉图斯特拉如是说》，科利版《尼采著作全集》第4卷，德文版，第14页；中译本，第9—10页。

帝死了!”[①]这就表明，“超人”之出现是与“上帝死了”这件“大事”相关的，可以说是以这件“大事”为前提的。这个前提必须被确定下来，不然后面就不好谈了。如若上帝没死，则无所谓“超人”，也无所谓“克服人类”了。

那么，“上帝死了”意味着什么？人们最直接的反应是，“上帝死了”就是基督教信仰衰败了，不再有强大的伦理和宗教力量了。这当然没错，但我们还不能停留于此。我们还必须落实到尼采所谓的“虚无主义”命题和形而上学（柏拉图主义）批判上。尼采自称“虚无主义者”，并且说“虚无主义者”持有双重的否定：“对于如其所是地存在的世界，他断定它不应当存在；对于如其应当是地存在的世界，他断定它并不实存。”[②]我反复引用过尼采的这两句严格而精致的话，因为在我看来，它们是尼采的形而上学批判工作的精髓。前一句否定源于希腊的哲学（以及科学）传统，即由存在学/本体论（Ontologie）构造起来的“本质世界”，后一句否定源于犹太—希伯来的宗教信仰传统，即基督教神学（Theologie）的“理想世界”或“神性世界”。总之，哲学的本质主义（普遍主义）和神学的信仰主义（在思维方式上是个体—实存主义）一概被否定了，是为“虚无主义”。

进一步，我们更应该把传统哲学和宗教（以及艺术）视为前技术—工业时代的自然人类精神状态的构成和表达方式，“上帝死了”即表征着这种构成和表达方式的衰落和崩溃，简言之就是自然人类精神样式（自然状态的人类文明）的式微。“上帝死了”，自然人类

① 尼采:《查拉图斯特拉如是说》，科利版《尼采著作全集》第4卷，德文版，第14页；中译本，第9页。

② 尼采:《权力意志》上卷，科利版《尼采著作全集》第12卷，德文版，9［60］；参看中译本，第418页。

文明归于终结，尼采才开始吁请“超人”。

> 在上帝面前！——可现在这个上帝已经死了！你们这些高等人呵，这个上帝是你们最大的危险。/自从他躺在坟墓里，你们才又复活了。现在才出现伟大的正午，现在高等人才变成——主人！/我的兄弟们啊，你们听懂这话了么？你们恐惧了：你们的心灵晕眩了么？深渊在此向你们迸裂了么？地狱之犬在此对你们狂吠了么？/好吧！来吧！你们这些高等人啊！现在，人类未来之山才有了阵痛。上帝死了：现在我们想要——超人活着。[1]

尼采这里的逻辑看起来很简单：“上帝死了”，“超人”复活。那么，“超人”是已经死掉的上帝的替代者吗？“超人”是另一个新的上帝吗？尼采从未这么说过。他只是说，“超人”是一个“至高的发育良好的类型”，这种人的对立面是“现代人”和“好人”，是“基督徒和其他的虚无主义者”。[2]在尼采看来，“超人”的对立面，即现代“好人”，是要被克服掉的。“人类是应当被克服的东西”，为什么？因为人类已经中毒了，受了那些鼓吹“超尘世的希望”的“放毒者”的毒害，也即是中了在自然人类文明时代里居统治地位的形而上学（柏拉图主义）的毒，中毒已久，成了“颓废者”。尼采也把这个“颓废者”称为“没落者”和“过渡者”。向何方“没落”和“过渡”呢？这就涉及尼采关于“末人”与“超人”之关系的讨论了。

---

① 尼采：《查拉图斯特拉如是说》，科利版《尼采著作全集》第4卷，德文版，第357页；中译本，第457—458页。

② 尼采：《瓦格纳事件·偶像的黄昏》，科利版《尼采著作全集》第6卷，德文版，第300页；中译本，第378页。

三　末人与超人：人之本质的重新规定

尼采的“超人”是与“末人”对置的。“末人”就是“最后的人”（der letzter Mensch），似乎更应该译为“最后的人”。“末人”这个译名不免有些贬义了，“末人”未必是“低人”，更不是微末之人。关于“超人”，我们前面也只做了否定性的界定。因此，关于“末人”与“超人”，我们仍然需要做进一步的追问：谁是“末人”？“末人”是我们吗？谁是“超人”？“超人”是“未来人/未人”吗？“末人”与“超人”是何关系呢？

首先我们看到，尼采在“猿猴—人类—超人”之间构造了一个序列，“超人”之于人类，就如同人类之于猿猴。人类是被夹在中间的，夹在动物与超人之间，所以左右不是，如履薄冰，殊为危险。以尼采的说法：“人是一根系在动物与超人之间的绳索，——一根悬在深渊之上的绳索。/一种危险的穿越，一种危险的路途，一种危险的回顾，一种危险的战栗和停留。/人身上伟大的东西正在于他是一座桥梁而不是一个目的：人身上可爱的东西正在于他是一种过渡和一种没落。”[①]夹在中间的人类不光是“过渡者”，也是“没落者”，是“最后的人”即“末人”。所以尼采的序列其实就是：猿猴—末人—超人。

关于“末人”的特性，尼采的描写也是相当令人费解的：

> 看哪！我要向你们指出那末人。/“什么是爱情？什么是创造？什么是渴望？什么是星球？”——末人如是问，眨巴着眼睛。/于是大地变小了，使一切变小的末人就在上面跳跃。他的

① 尼采：《查拉图斯特拉如是说》，科利版《尼采著作全集》第4卷，德文版，第16—17页；中译本，第13页。

种族就如同跳蚤一般不可灭绝；末人活得最久长。/“我们发明了幸福”——末人说，眨巴着眼睛。①

这段话里最不好理解的是“眨巴着眼睛”。为什么“末人”要眨巴着眼睛？有论者认为，眨巴着眼睛这种表情动作说明了“末人”的生活态度，“末人”一方面因惬意而眨巴着眼睛，以此表达他对幸福的理解；另一方面不断地眨巴着眼睛，说明“末人”根本没有能够真正地睁开眼睛。②这个解释有点意思，“末人”是平庸生活的享受者，没有崇高的追求——“末人——他轻咳，享受自己的幸福”③。再者，“末人”又像柏拉图“洞穴比喻”里讲的囚徒，待在洞穴里，根本还睁不开眼。

可能让中国人愤愤不平的是，在科利版《尼采著作全集》第10卷的一则笔记中，尼采把“末人”称为“一种中国人”④。在《快乐的科学》中，尼采有两次谈到中国人，都给出了负面的评论，有一处写道：“中国是一个国家的例子，那里大规模的不满与求变能力已经灭绝好多个世纪了。”另一处写道：“我们绝对不会认为，在地球上建立一个正义和和睦的王国是值得想望的（因为无论如何，那会是一个极度中庸化和中国人式的国度）。”⑤这是为何呢？尼采为何要拿

① 尼采：《查拉图斯特拉如是说》，科利版《尼采著作全集》第4卷，德文版，第19页；中译本，第18页。有论者认为，尼采在此表达了“对所有功利主义和社会主义口号的讽刺。最大限度上的最大幸福，兄弟情谊以及人人平等——这是他那个时代种族和政治理论的流行语”。参看彼珀：《动物与超人之间的绳索——〈查拉图斯特拉如是说〉第一卷义疏》，中译本，李洁译，华夏出版社，2006年，第70页。

② 彼珀：《动物与超人之间的绳索——〈查拉图斯特拉如是说〉第一卷义疏》，中译本，第71页。

③ 尼采：《1882—1884年遗稿》，科利版《尼采著作全集》第10卷，德文版，4［162］。

④ 尼采：《1882—1884年遗稿》，科利版《尼采著作全集》第10卷，德文版，4［204］。

⑤ 尼采：《快乐的科学》，科利版《尼采著作全集》第3卷，德文版，柏林/纽约，1999年，第24节，第399页；第377节，第629页。

他了解并不多的中国人开刀呢？

中国人是“末人”吗？从《快乐的科学》的两处引文中，我们看到尼采对中国人的评价大致是：易于满足，不求变化，创造乏力，极度中庸。我们不知道尼采关于中国人的这个看法有何来源以及有何依据，难道是因为中国人喜欢眨眼睛吗？也许是当时的欧洲人对中国人（东亚人）面相的集体想象？我们不得而知。[①]但只要不带偏执而强烈的“民族主义”情绪，我们其实是可以基本上同意尼采的上述评价的，传统中国人至少在晚近几个世纪里满足于世俗生活，对于人类文明的创造性贡献不在多数。另一方面，我认为，尼采的根本用意恐怕还不在于批评中国人，而在于描述人类谱系中“最后的人”。这“末人”是“最可轻蔑者”，再也不能射出渴望之飞箭，再也不能孕育任何星球，再也不知道爱情和创造，而只会不断地眨巴着眼睛了。

“末人”意义上的人类必定要停滞，必定要被克服。于是，尼采提出了与之对立的“超人”。“超人的对立面是末人：我在创造了前者的同时也创造了后者。”[②]除了上面讲的“猿猴—末人—超人”的位置和序列安排之外，尼采对于“超人”给出的正面规定则是：超人是大地的意义。

看哪，我来把超人教给你们！/超人乃是大地的意义。让

① 如果说由西方形而上学的两大核心要素即希腊哲学与犹太—希伯来神学决定的思维特质是“超越性思维”，那么，科学和宗教都不发达的中国（东方）思维的特质则是“关联性思维”。两者之间没有孰高孰低的分别。而在现代，特别是由现象学哲学开启出一种关联性思维和表达方式，似乎意味着东西方的一种趋同。我们必须看到，这同时也意味着生活方式的趋同，即技术—工业时代全球人类的同质化—平庸化的世俗生活。这大概就是尼采心目中的“末人”的生活方式，而自古以来都习惯于世俗生活的中国人可能是这种生活方式的享受者。

② 尼采：《1882—1884年遗稿》，科利版《尼采著作全集》第10卷，德文版，4［171］。

> 你们的意志说：超人是大地的意义！/我恳求你们，我的兄弟们，忠实于大地吧，不要相信那些对你们阔谈超尘世的希望的人！无论他们知不知道，他们都是放毒者。[①]

这个说法跟“超人”（Übermensch）的字面意义不合，也与我们通常关于“超人”的想象大相径庭。我们会以为“超人”是“高人”，至少是向上超越的，但尼采却说：超人是“向下的”，是大地的、尘世的。这当然跟尼采的柏拉图主义批判相关，“超人”是摆脱了传统宗教和哲学虚构的“超感性世界”的人。那么“大地”（Erde）是什么？我认为，尼采的“大地”是泛指的，既是地球，也是土地，也包括人类身体，总之是尼采反复强调的区别于“超感性世界”的“感性世界”。

忠实于大地的“超人”根本上是尼采对人之本质的重新界定。在《查拉图斯特拉如是说》之后，尼采开始把“权力意志”规定为“生命”的基本特征，而“生命”则被等同于“存在”。“‘存在’——除‘生命’外，我们没有别的关于‘存在’的观念。某种死亡的东西又怎么能‘存在’呢？”[②]对于生命来说，意志/意愿是本质性的，甚至求虚无的意志也是一种意志/意愿——要“不要”也是一种“要”。生命本身就意愿拥有，并且要更多地拥有，以尼采的话说，生命本身就“意愿增殖”。当尼采说“超人乃是大地的意义”时，他否定了以往的人之本质规定（即“理性动物”之规定），给出了一个动物性—身体性—大地性意义的人之本质的新规定。正如海

① 尼采：《查拉图斯特拉如是说》，科利版《尼采著作全集》第4卷，德文版，第14—15页；中译本，第10页。

② 尼采：《权力意志》上卷，科利版《尼采著作全集》第12卷，德文版，2 [172]；参看中译本，第180页。

德格尔所解释的那样，尼采此时所强调的“大地性”意义上的“动物性”（animalitas），乃是肉身地存在、充满欲望和渴求一切的“身体”（Leib），是“所有本能、欲望和激情的支配性构成物的别具一格的统一性”。[①]

除了在“权力意志”意义上对“超人”的本质规定（即“大地性—身体性”）之外，尼采还必须从后宗教的意义上重解“超人”的生命实存经验问题，即“超人”这个“新人”的时间性实存意义问题。如果说“旧人”——“末人”——的存在是以自然状态下的时间经验为前提的，那么“新人”——“超人”——的存在方式应该具有一种异样的时间经验。这就是尼采晚期所思的“相同者的永恒轮回”学说。

四　超人与永恒轮回：线性时间与圆性时间

虽然尼采所思的“超人”要追求强力和权力，但它的根本标志并不在于权力，而在于它能忍受“永恒轮回”思想，或者说，是为“权力意志”和“相同者的永恒轮回”所要求的那个人类。但是，为何“超人”与“相同者的永恒轮回”相关呢？两者是何种关联呢？两者的关联点在哪里？

我们先来说说海德格尔的看法。海德格尔认为，尼采的“相同者的永恒轮回”是表示存在者之存在的名称，而“超人”则是表示响应这种存在的人之本质的名称。[②]对于两者之间的关系，海德格尔径直说：查拉图斯特拉是教“超人”的教师，而他之所以教“超

① 海德格尔：《尼采》下卷，德文版，斯图加特，1998年，第264页；中译本，第985页。
② 海德格尔：《演讲与论文集》，德文版，美茵法兰克福，2000年，第122页；中译本，第133页。

人”，只是因为他是“相同者的永恒轮回”的教师。[1]在《什么叫思想?》的第一个讲座中，海德格尔进一步完成了对尼采哲学中的“超人”与“相同者的永恒轮回”之关联的揭示。“超人”的本质在于“穿越”和“过渡”。“超人”要穿越“末人”。“末人”的特征是“复仇”——这当然是“道德人”和“宗教人”的通病；在尼采看来，“复仇”甚至是以往全部思索的基本特征。所以，“超人”之“穿越”“末人”，关键就在于摆脱“复仇”。故海德格尔在这个讲座中反复引用和解释了尼采下面这个句子：

> 这个，的确，只有这个，才是复仇本身：意志对时间及其“曾在/曾是”的憎恶才是复仇。[2]

尼采这个句子的核心在于：“意志对时间及其‘曾在/曾是’的憎恶”，这是“复仇”的本质。海德格尔则在其中看出了对于西方形而上学传统来说决定性的时间观念，即“把时间刻画为消逝、先后相继之流”的线性时间观念——在《存在与时间》中则称之为“现在时间”。而所谓“复仇之解脱”，根本上就是要摆脱传统形而上学的时间观以及以此为基础的存在理解。海德格尔的解释由此通向尼采的“相同者的永恒轮回”之说：“复仇之解脱是一种过渡，即从意志对时间及其‘曾在/曾是’的憎恶，过渡到永远意愿相同者的轮回、并且在这种意愿中意愿自身成为它自身的基础的意志。”[3]因为在

① 海德格尔：《演讲与论文集》，德文版，第116页；中译本，第127页。

② 尼采：《查拉图斯特如是说》第二部，科利版《尼采著作全集》第4卷，德文版，第180页；中译本，第223页。

③ 海德格尔：《什么叫思想?》，德文版，美茵法兰克福，2002年，第108页；中译本，孙周兴译，商务印书馆，2017年，第119页。

海德格尔看来，尼采的“相同者的永恒轮回”思想意在克服形而上学和虚无主义，这个思想的着眼点是“瞬间”，以“永恒轮回”为特征的生成/变易之流不再具有“线性时间”特征，而是被落实于“瞬间”（Augenblick）以及以“瞬间”为焦点的三维循环涌现的时间性结构。

传统的“线性时间”有什么问题吗？我有一个直接明了的说法是：“线性时间”令人绝望。在“线性时间”观点中，“过去”是已经消逝的“现在”，“现在”（此时此刻）正在过去，“将来”是尚未到来的“现在”，此即海德格尔所谓的“现在时间”，是亚里士多德时代就已经开始的客观的物理世界的时间；在这种时间观中，可以说我们每个人都是无可奈何的“等死者”，旁观着“逝者如斯夫”，等着生命残酷无情地流逝。为了对待生命的无限流逝，各民族都创造了永恒宗教，告诉人们要摆脱“线性时间”的不断流失，必须有一个非时间的永恒彼岸，或“天国”或“来世”。而当这个“天国”或“来世”——神性意义上的“另一个世界”——遭到尼采们的否定以后，“线性时间”观以及以此为基础构造起来的世界观和生命观便崩溃了。

那么除了“线性时间”，还可能有别的何种时间吗？有，那就是前述的以“瞬间”为焦点的三维循环涌现的时间性结构，即一种循环时间观。为了更贴切地与“线性时间”相对应和对待，我更愿意名之为“圆性时间”。在《查拉图斯特拉如是说》中，尼采以“一切笔直者（直线）都是骗人的”一句，为自己的“相同者的永恒轮回”说做了一个结实的论证。如果说所有直线都是骗人的，世上并没有直线，那么，假设一个人从“瞬间”往前走，而另一个人从“瞬间”往后走，两者会碰在一起吗？尼采的回答是：两者必然会碰在一起。[①]

在我看来，尼采的“相同者的永恒轮回”学说，根本上就是要否定基于自然人类生命经验的“线性时间”观，而启思一种我所谓的“圆性时间”观。这种“圆性时间”之区别于传统的不断单向流逝的、令人绝望的“线性时间”。我们大概可以用聪明的希腊人的两个表示时间的词语来加以说明：其一是Chronos［时间］，其二是Kairos［时机］，前者表示计量的线性的“现在时间”，是物理意义上的，而后者表示“时机—瞬间”，就是我所谓的“圆性时间”，此即尼采在“相同者的永恒轮回”学说里蕴含的新时间理解。

我们看到，后尼采的西方哲人中，依然是海德格尔的理解最到位。海德格尔把尼采的新时间理解推进到了实存论路线之中。对于尼采“永恒轮回”学说的实存论意义，海德格尔在其《尼采》书中总结道：“永恒轮回学说中最沉重和最本真的东西就是：永恒在瞬间中存在，瞬间不是稍纵即逝的现在，不是对一个旁观者来说仅仅倏忽而过的一刹那，而是将来与过去的碰撞。在这种碰撞中，瞬间得以达到自身。瞬间决定着一切如何轮回。”[②]永恒在瞬间中存在——在海德格尔看来，这正是尼采后期哲学的要义所在。“瞬间”不是线性时间中的“现在”，而是“过去”与“将来”的“碰撞”；人也不是“瞬间”意义上的时间的“旁观者”，或我所谓的“等死者”。而更应该说，人是“瞬间”这样一种“碰撞”的承受者。

在以线性时间观念为基础的传统形而上学的“永恒”和“超越”思考终结之后，尼采来关注“如何安顿个体此在生活”这样一个实

① 更详细的讨论和解释，可参看孙周兴：《未来哲学序曲——尼采与后形而上学》，第257页以下。

② 海德格尔：《尼采》上卷，德文版，第278页；中译本，第327页。

存论问题，不再主张任何具有形而上学（神学）色彩的谋求永恒的超越论，而是采取了一条“把瞬间永恒化”的路径。对于行动的个体此在来说，当下瞬间的时机性决断才是至关重要的，只有置身于“瞬间”者，作为“瞬间”之“碰撞”的承受者，其行动才能深入到“将来”，同时把“过去”接受和肯定下来。貌似高超空洞的“永恒轮回”之说，实质上却是指向个体此在的当下存在。尼采仿佛是想“教”我们：你应当如此这般地生活在每个瞬间中，并且相信每个瞬间都是永恒的，是永恒轮回的。时间是圆的，生命才是有意义的。

如果传统的“线性时间”是“末人”的时间观，那么，尼采“永恒轮回”意义上的“圆性时间”是属于“超人”的时间。虽然我们必须看到，时至今日，可计量的物理时间即“线性时间”依然是人类主导性的时间观，但无论是哲学还是科学都已经开始了非线性时间观以及相应的“时间—空间”新理解，其中孕育出了一种“圆性时间”（或“循环时间”），其后果和意义都还值得进一步评估。[①]

五　超人与未来人想象：自然与技术的二重性

最后我们要来说说尼采的“超人”的未来性。“超人”无疑是尼采关于未来人类的想象。与“超人”相对的，是尼采所谓的“末人”——“最后的人”。尼采也反复地使用“以往的人”的说法，也就是“旧人类”。就此而言，尼采的“超人”必定是“新人”，是“未来人/未人”。那么，在尼采这种“未来人”想象中有哪些基本

① 尤其是“圆性时间”与技术世界和未来生命经验的关系，还是一个难以入思的问题，但无疑将是一个有意义的问题。

要素呢？或者说，作为“超人”的“未来人”之规定的内在逻辑是什么？

尼采首先说，“超人”是“更好的”人。在晚期遗稿《权力意志》中，尼采关于“超人”的直接讨论不在多数，其中有一则笔记谈到“超人”，认为关键问题不在于什么东西将取代人，而毋宁说在于“培育”一种“具有更高的价值的人”。[①]在另一则笔记中，尼采也把“超人”称为“更强大的种类”：“必须证明的必然性：一种对人和人类的越来越经济的消耗、一种关于利益和功效的越来越坚固的相互缠绕在一起的‘机构’，包含着一种对立运动。我把这种对立运动称为对人类的一种奢侈和过剩的离析（Ausscheidung）：在其中应当出现一个更强大的种类，一个更高级的类型，后者具有不同于普通人的形成条件和保持条件。”[②]而这个“更强大的种类”，就是所谓“超人”（Übermensch）。尼采这段话十分复杂，什么叫对人的“消耗”？什么叫“离析”？都还不好理解。但我们可以确认的是，无论作为“更高的价值的人”，还是作为“更强大的种类”，尼采的更好的“超人”并不是在道德上来思考的，不是“道德人”，而是在形而上学意义上来思考的。[③]

然而，光是从形而上学意义上来理解“超人”也还不够，还要进一步从技术哲学的角度来理解“超人”，或者更应该说，这时候的

① 尼采：《权力意志》下卷，科利版《尼采著作全集》第13卷，德文版，11［413］，第191页；中译本，第232页。

② 尼采：《权力意志》上卷，科利版《尼采著作全集》第12卷，德文版，10［17］，第462页；中译本，第525—526页。

③ 海德格尔说：“末人与超人乃是同一个东西；它们是共属一体的，正如在形而上学的animal rationale［理性动物］中，动物性的“末”（Unten）与ratio［理性］的“超”（Über）是紧密结合而相互吻合的。在这里，末人与超人必须在形而上学意义上来思考，而不能被当作道德上的评价。”参看海德格尔：《演讲与论文集》，德文版，第90页；中译本，第98页。

形而上学就是技术哲学，因为现代技术是作为存在史的形而上学的最后阶段——而这又是海德格尔提示给我们的视角。此时已经是20世纪50年代了。海德格尔关于尼采的“超人”说了下面这段意味深长的话：

> 超–人（Über-Mensch）是这样一种人，他首先把以往之人的本质运送入其真理之中，并且接受这种真理。如此这般在其本质方面被确定的以往之人，将由此能够在未来成为地球之主人，也就是能够在一种高端意义上掌管那种权力之可能性，那是未来的人基于对地球和人类行为的技术性改造之本质而分得的权力可能性。①

海德格尔这里讲到了“未来人”，而且给出了一个“技术哲学”意义上的解释。以他之见，似乎尼采的“末人”将通过技术工业成为地球的主人，从而将转化为“超人”。这个想法十分大胆，因为在我们通常的理解和想象中，尼采哲学及其“超人”概念是不可能与技术问题有任何关联的。质言之，通常我们会认为，尼采是不关心技术的，他是没有技术哲学之思的。现在看起来，这可能是一种误解了。以尼采的敏锐，他怎么可能不注意技术工业呢？即便在早年，尼采接受了瓦格纳的“通过艺术重建神话”的艺术理想，这时候的尼采与瓦格纳一样，忧虑和抵抗的正是当时方兴未艾的技术工业以及后果。也许尼采更多地关注思想史和文化史，但他绝不是一个不接地气的悬空思想家。所以，正如海德格尔所指出的那样，尼采已

① 海德格尔：《什么叫思想？》，德文版，第62—63页；中译本，第69页。

经认识到了机械工业的形而上学特征。在《漫游者及其阴影》（1880年）中，尼采有一个“格言”说：

> 作为教导员的机械。——机械通过自身教导人群，在每个人只能做一件事的行动中要相互交错地进行：它提供出一个党派组织和作战的模式。另一方面，它并不助长个体的专横跋扈：它从许多部件中做出一台机械，从每个个体中做出一件只有一个用途的工具。它最普遍的作用就是：教导集中化的用场。[①]

这是尼采的文风，用词相当粗放，需要我们做一番联想式的理解。机械/机器是什么？这对于自然人类和自然人类文明来说已经是一个大问题。尼采敏锐地意识到了个中问题，他以“党派组织和作战的模式”来描述机械的作用，并且使用了“集中化”（Centralisation）这个概念。我们可以用“同质性”和“同一性”来表述之。机械提供了后来海德格尔所谓的简单而严格的“简化过程”，就是“把一切事物和人类都简化为一个统一性，即一个为了大地统治地位而进行的对权力之本质的无条件的赋权过程的统一性”。在机械—技术统治时代里，一切价值都是通过对事物的完全“机械化”（Mechinalisierung）和对人类的“培养”而被设定起来的，并且由此得以实现。[②]海德格尔这里指出了机械技术完成的“简化过程”的两个方面，一是对事物的机械化，二是对人类的培养或培育。在海德格尔看来，尼采在上引这段话中已经认识到这种“简化过程”，

① 尼采：《漫游者及其阴影》，科利版《尼采著作全集》第2卷，德文版，柏林/纽约，1999年，第653页。

② 海德格尔：《尼采》下卷，德文版，第278页；中译本，第1000页。

从而理解了机械和机械工业时代的真正本质。在20世纪30年代中期的《哲学论稿（从本有而来）》中，海德格尔自己则用“谋制”（Machenschaft）和“体验”（Erlebnis）两个词语来描述这一“简化过程”的两个方面。[①]

至此我们还是没有充分了解尼采所思的“末人”与“超人”的关系。到底应该如何来理解“末人”与“超人”的关系？“末人”与“超人”听起来是对立的关系，但海德格尔认为两者是共属的。海德格尔说：

> 对超人而言，本能是一个必需的特性。这意思就是说：从形而上学上来理解，末人归属于超人；但却是以这样一种方式，即：恰恰任何形式的动物性都完全被计算和规划（健康指导、培育）战胜了。因为人是最重要的原料，所以就可以预期，基于今天的化学研究，人们终有一天将建造用于人力资源的人工繁殖的工厂。[②]

海德格尔这段话大有深意，而且可以说包含着一种天才式的预言，因为他说这番话时还是在20世纪的三四十年代，现代技术正处于大机器技术和生产的末端，其时计算机、互联网和人工智能都还没有开始，生物技术尚未真正地发达起来，基因工程还根本未见踪影，甚至原子弹也还在研制中，但海德格尔却以历史之眼，通过对现代技术之本质的思索，预见了技术的未来进展，特别是人类自我

① 参看海德格尔：《哲学论稿（从本有而来）》，德文版，第126页以下；中译本，第150页以下。
② 海德格尔：《形而上学之克服》，载海德格尔：《演讲与论文集》，中译本，第101页。该文作于1936—1946年间。

繁殖工厂的出现。

如前所述，“超人”（Übermensch）是对以往人类——即“末人”——的克服，但在海德格尔的理解中，尼采又令人奇怪地赋予“超人”以“自然性”的意义。这是怎么回事呢？仿佛尼采的“末人/自然人”的特征是“向上超越”（固守于传统宗教与道德），而“超人”虽然超出以往人类及其自然状态，但又要“忠实于大地”，也就是对人类自然性的保留。如果是这样，那么我们现在就不得不承认，尼采天才地预见到了自然人类向技术人类过渡的核心命题，也即“超人”身上的自然性与技术性的二重性（Zwiefalt）。“末人”将通过计算和规划而被克服，而“超人”将通过“忠实于大地”而成就自己。“超人是大地的意义”——为何要忠实于大地呢？恰恰表明了末人与超人的共属关系，或者说“超人”身上自然与技术的二重性。①

不过，对“超人”的技术哲学定位还必须回到尼采的“权力意志”形而上学上。海德格尔把尼采的“超人”与现代技术相联系，基本动因就在于对尼采权力意志学说的理解。因为在海德格尔看来，尼采的“权力意志”哲学是形而上学——特别是主体性形而上学——的完成阶段，“权力意志”标志着近代以来的表象性—对象性思维的极端形式，其表现就是现代技术的支配性地位，或者就是我所谓的“技术统治”。“超人”因此成为一个极端主体性的概念，它通过现代技术来完成对万物的统治。海德格尔说：

① 德勒兹也看到了尼采的“末人”与“超人”的这样一种二重性（不是简单的对立性），只是他的表述有所不同。德勒兹写道：“一方面，超人以最后的人和希望灭亡的人为媒介，但是又在他们对立面，作为人的本质的分裂和改变而从人中产生出来。但是另一方面，超人虽然从人中产生出来，却并不是靠人才产生出来：他是狄奥尼索斯和阿里安的成果。”参看德勒兹：《解读尼采》，中译本，张唤民译，百花文艺出版社，2000年，第65页。

> 本能乃是与超人相应的对智力的提高，就是要把智力提高到对万物的无条件清算的水平上。因为这种清算绝对地掌握着意志，所以看起来，似乎除了意志之外就只有单纯的计算冲动的可靠性了，而对这种计算冲动来说，对万物的估算就是第一计算规则。……超人被授予无条件的权力，与之相应的是对末人的完全释放。动物本能与人类理性变成同一的了。[①]

海德格尔这里在讲什么？“权力意志”在此表现为一种普遍计算，成了一种“计算冲动”。他预感的进程今天大概正在通过人工智能（算法、大数据）而得到快速实现。那么，如何理解海德格尔这里说的“超人”与“末人”的关系——“超人被授予无条件的权力，与之相应的是对末人的完全释放”？“超人”通过技术统治来支配万物，当然也包括对“末人”的支配；“末人”之受支配也就是被技术化、被齐一化和被同质化的过程，即所谓被“完全释放/解放”。因此，“超人”与“末人”之间构成了一种支配与被支配的关系，那么如何可能有海德格尔所谓的“共属关系”？或者说，这种支配关系与上面讲的共属关系相容吗？我认为是一致的。作为技术人的“末人”是人类的技术化方向，成了万众同质一律的机械部件，而作为权力意志之载体的“超人”是技术化进程的实施者（“机械装配工”？），是“末人”的统治者，但“超人”同时必须“忠实于大

① 海德格尔：《形而上学之克服》第26节，参看海德格尔：《演讲与论文集》，德文版，第93页；中译本，第101页。在相关上下文的解释中，海德格尔把“领导者”或“元首”解释为“超人”，也即凌驾于众人之上、把众人组织起来的“决定性的装备工”；而大众则是被“超人”集合起来的“工人”或“劳动者”。海德格尔这里的讨论显然与他此间对恩斯特·荣格的阅读有关。海德格尔认为，荣格是尼采在现时代的接班人。荣格在《劳动者》中的时代观察启发了海德格尔转向对技术统治问题的讨论。对此课题及其可能的政治后果，我们在此不拟讨论。

地”，重获和重振自然生命之力，成为智力和生命力超群之人。此即我所谓的“超人”身上展现出来的自然与技术的“二重性”。

只有在上面揭示的背景中，我们才能真正理解晚年尼采所讲的“大政治”或“伟大的政治”。在1888年12月的一则笔记中，濒临发疯的尼采提出“大政治”的三个定律，第一定律是：“大政治想把生理学变成所有其他问题的主宰；它想创造一种权力，强大得足以把人类培育为整体和更高级者，以毫不留情的冷酷面对生命的蜕化者和寄生虫，——面对腐败、毒化、诽谤、毁灭的东西……而且在生命的毁灭中看到一种更高心灵种类的标志。”接着的第二定律说：“创造一种对生命的袒护，强大到足以胜任大政治：这种大政治使生理学变成所有其他问题的主宰。”[①]在这里，尼采的“大政治”居然是一种“生理学”！听起来极为无厘头，而现在我们已经清楚了，这无疑就是一种“生命政治”、一种“生命哲学”。

或问：“超人”是未来人类的形象——特别是“技术人”吗？尼采的“末人”是对进入技术工业的自然人类之本质的规定，而“超人”则是关于未来人的天才般的想象和预感吗？作为“超人”的“未来人”，是今天正在通过现代技术——特别是生物技术和人工智能——不断加强和完成的一种“新人”，即“技术人”吗？“未来人”的自然性与技术性的二重性以及可能达成的平衡，应该是我们今天和未来必须面对的难题。这道难题也许可以表达为：自然人类之被技术化（非自然化）的限度在哪里？

① 尼采：《权力意志》下卷，科利版《尼采著作全集》第13卷，德文版，第638页；中译本，第760页。

第三章　新生命哲学与生活世界经验[①]

随着人工智能和生物技术的加速推进，人们对现代技术的忧虑和恐慌与日俱增，到了前所未有的地步，不光是人文学者，也不光是政治家，连通常持有技术乐观主义立场的科学家和技术专家也开始发声，表达他们对于技术风险的担心以及对技术伦理的诉求。这是因为现代技术的最新进展已经触及自然人类的根基和自然人性的底线。是放任技术彻底改变人类还是要维护自然人性和人类尊严？到底什么是人的本性？人性是恒定不变的吗？有不可动摇的人性要素吗？人类未来何往何为？这些在今天都成了严峻的问题，需要我们深入思考和通盘考量。而无论如何，今天我们必须启动一种新的生命政治或生命哲学，以回应现代技术带来的挑战和风险，预测技术统治下的人类自然生命的未来演变方向，筹划未来文明和未来生命的可能形态，以及重建技术生活世界的基本经验。

2018年11月23—24日，我在位于上海张江的ATLATL创新研发中心组织了多学科的“首届未来哲学论坛”，邀请了两位国内科学家和

① 本文初稿系作者应《探索与争鸣》杂志社之约而作，原标题为《我们需要一种新的生命哲学》，发表于该刊2018年第12期。之后做了较大幅度的扩充，于2019年11月1日在西北大学哲学院演讲。进一步扩充稿于2019年11月19日下午在华东师范大学思勉人文高等研究院报告；最后定稿（修订扩充稿）以《新生命哲学与生活世界经验》为题提交给同济大学技术与未来研究院举办的“第二届未来哲学论坛・生命科学与生命哲学”（2019年11月23—24日）。本文终稿未发表过。

国内、国外各三位哲学家讨论“技术与未来”，生物技术（基因工程）与人工智能（机器人）自然就成了这次论坛的热门议题。在论坛闭幕致辞中，我临时决定，预告了2019年论坛的主题为“生物技术与生命哲学”。不料两天后就爆出了一个巨大新闻：世界上首对基因编辑婴儿已经在深圳诞生，引起全球范围内的热烈讨论。我们的未来哲学论坛也因此受到了更多的关注。有人就说，你们这个论坛搞得真是及时啊。事有凑巧，不足为奇。但这种巧合也表明，确实是到了一个事不宜迟的紧要关头了，需要发动和组织多学科的学者，对加速推进的现代技术及其效应做出深度分析和讨论。按照基辛格老先生的说法：再不组织讨论就晚了。

马上有《新京报》和其他媒体的记者来采访我，要我谈谈基因编辑以及相关的问题。迄今为止，我只是宏观地思考过现代技术的诸要素及其现实的和可能的后果，对于当代生物技术特别是基因编辑技术，却是所知不多。于是只好说了一段无关痛痒的话，大意是：对于基因编辑技术的恐慌，是自然人类的正常反应，因为我们还希望守住自然人类的最后边界，一旦突破，后果未知。这也许就是我提出的问题：自然人类被技术化（非自然化）的限度在哪里？今天必须有这样的讨论了，必须对人类未来生命的方向和形态有一个整体的预测和规划了，这是新生命哲学或未来哲学的任务。[①]

这段话基本上属于大话。当时国内外对深圳这位基因编辑研究者贺建奎形成一片谴责之声，这次事件成了网络一大热点，引起公众的广泛关注；主流媒体上的看法也是彻底否定，坚决声讨，几百人签名的声讨檄文都出来了。这肯定是有意义的，可以促进反思和

① 参看《对话孙周兴：基因编辑成为现实，自然人类技术化的限度何在?》，载《新京报书评周刊》，2018年11月30日。

研判。但从现在的技术进展来说，基因编辑人类可能是迟早的事，是必然会发生的。对涉事婴儿个体来说，如果实验能够完全成功的话，那么这次实验不失为一件好事，以后通过基因编辑，会解决一些疑难杂症，克服诸如癌症、艾滋病之类的顽疾。克服疾病，延长寿命，这是当今生物技术研究者们的理想和雄心所在。今天包括基因工程在内的新技术日益加速，越来越需要相应的伦理规范，但另一方面，简单地从伦理角度评论和指责这件事和主事者，恐怕还是不够的。我们更需要从技术哲学和生命哲学的角度做更深入的讨论。

一　为什么相信技术进步的人们也开始担忧了？

对于这次深圳南科大基因编辑事件，为何全球各界都会有如此强烈的恐慌反应？其实在此之前，这样的恐慌反应已经发生过好几次了。可以说自从基因工程启动之后，人们的质疑和担忧就从来不曾中断过。比如1996年第一只克隆羊“多莉”诞生，立即轰动了全世界，因为它是世界上首例没有经过精、卵结合，而由人工胚胎放入绵羊子宫内直接发育成的动物个体。当时就引发了全球范围的激烈争论。后来这只羊只存活了六年，人们更加觉得基因工程可疑了。

争议归争议，此后基因工程依然在发展，甚至可谓进展神速，不断传出各种惊人的消息和言论。人们的心情是复杂的，有惊有喜有悲有疑。人们最乐于听到的恐怕是人将长生甚至于永生。谁不想长生啊？过去一个多世纪以来，主要拜现代技术所赐，人类平均寿命已经差不多翻了一番。根据化石测定和分析，周口店北京猿人的平均寿命不到15岁，新石器时代人类的平均寿命只有14.6岁（相当于现在狗的平均寿命），原始社会人类的平均寿命只有20岁左右。即便到公元1000年，人类平均寿命也只有24岁。1900年的人类平均寿命（39岁）大概是自然人类存活期的正常数据。在过去一个世纪中人类寿命的大幅延长则主要是由现代食物工业和医疗技术的发展所带来的，也就是说，是现代技术的功劳。就此而言，我们得感谢现代技术工业，要是没有技术的帮助，我们多半还是短命的。现在人类平均寿命的不断延长，使得人类已经到了需要重新筹划自己的生命的阶段。

在人类谋求长生的事业上，今天的生物技术专家们可以说雄心勃勃。现在我听到或者读到的至少已经有三种专家说法：一般的说法是，人类马上将活到150岁，也有人说要活到500岁了，最夸张的说法来自一位我认识的干细胞技术专家，说人类寿命将长达720岁，还说得有板有眼，仿佛事情就会在明天似的，或者事情就拿在他手上呢。这当然是好事，人们多半是乐见其成的。当然也有人提出疑问：为什么要活这么长呀？但我认为这差不多是一个虚假的问题，你让这样发问的人马上跳楼，他是坚决不干的。生命之为生命，是求持久生存的；尼采的“权力意志”学说其实就是想表达这种一种生命观和存在观。回顾历史，以传统哲学和宗教为核心和基础的自然人类文明，其恒久的命题不就是永生和永恒吗？哲学不就一直都把死亡看作主题，宗教不就是要解决人类的“不朽”难题吗？为什么眼见快要实现了或者在某种程度上要实现了，我们还要怀疑、担心、害怕、反抗呢？

在如今这个技术时代，人们对于所谓“技术进步”是普遍欢迎的。但事涉基因工程，尤其是像这次基因编辑之类的事件，人们却生发了一种前所未有的恐慌。这到底是为什么？我想，首先当然是因为惧怕技术风险。比如这次南科大的基因编辑事件，后来传出来的消息称在技术上并未过关，存在着各种各样的风险和不可预测的后果，而其中最大的担心是人类基因库会受到污染。人们不知道后果到底是什么，于是大家恐慌，这大概也属于对未知之物的恐慌。事发之后，甚至有人残忍地建议，赶紧把这两个经过基因编辑的小孩处置掉，弄死拉倒。那么，如果换个角度，我们完全可以来追问一下：如果基因编辑在技术上已经是安全可靠、完全没有问题的，是不是还会有此类质疑和声讨呢？人们还会对基因编辑以及一般而言的生物技术如此恐慌吗？

在这方面我完全同意福山的观点，他认为，人们对于生物技术的结局和代价的担忧是可以理解的，而且这种担忧并不是功利主义的，而是有更深层的原因，这个原因就是人类今天面临人性沦丧和泯灭之虞。福山如是说：

> 终极意义上，毋宁说人们担心的是，生物技术会让人类丧失人性——正是这种根本的特质不因世事斗转星移，支撑我们成为我们、决定我们未来走向何处。更糟糕的是，生物技术改变了人性，但我们却丝毫没有意识到我们失去了多么有价值的东西。也许，我们将站在人类与后人类历史这一巨大分水岭的另一边，但我们却没意识到分水岭业已形成，因为我们再也看不见人性中最为根本的部分。[1]

技术上安全不安全的考量当然会有，但还不是根本性的要素。在福山看来，根本性的问题关乎人性，关乎技术对人性的改变。这正如我所说的，人们对生物技术的忧虑属于自然人类的正常反应。

---

① 弗朗西斯·福山：《我们的后人类未来：生物技术革命的后果》，中译本，第101页。

福山身上显然还有一股重重的“文人”气，所以他才会关注人类与后人类历史的“巨大分水岭”，才会说到人性的丧失。这个“巨大的分水岭”现在被标识为“人类世”（Anthropocene），以我的说法则是：自然的人类文明正在过渡为技术的人类文明，后者也许可以被叫作“类人文明”。[①]“类人文明”这个表述主要指向人类身—心的双重非自然化或技术化，即目前主要由生物技术（基因工程）来实施的人类自然身体的技术化，以及由智能技术（算法）来完成的人类智力和精神的技术化。而根据最新的报道，美国谷歌公司已经宣布开始进军基因科学和生物科学领域，即实现“人工智能＋基因科学”。这就是说，人类身体的技术化与人类精神的技术化终将合一，成为同一个进程，也即从自然人向技术人演进的过程。

其实作为尼采所谓的“末人”即最后的人，我们自然人类的反应都差不多。我曾被问及是否能接受人类的“赛博格化”[②]？说实话，我给出的回答是无可奈何的，在一定意义上也是自相矛盾的。我所谓的自然人类在身—心两个方面（即肉身与心智）的非自然化（技术化）并不是一个假设，而是一个正在发生的现实进程。在全球文明中，目前还看不出来有什么力量可以阻止或者哪怕是延缓这一技术进程。这大概就是我所说的“技术统治”。这种情形让我感到无奈。还有，作为自然人类当中的一员（也许是最后一批自然人类的一员），我当然有自然人类的情感和思想，也有对自然人类文明价值和成果的尊重，以及对自然人类生活习性的喜好，这时候，我对于越来越加速的身体的技术化和心智的技术化是抵抗的——人将变

① 参看本书第二编第一章。

② 赛博格（Cyborg）：英文音译，也即义体人类、生化电子人，用机械替换人体的一部分、连接大脑与机械的赛博格系统。原本属于科幻世界的赛博格正在成为现实。

成“非人”或者“类人”，当然让我们自然人深感不爽和不安。我们要问：这都叫什么事呀？为什么偏偏是我们这一代？自然人类恐怕不得不站在“自然人类中心论”的立场上来抵抗技术化。然而另一方面，我也分明享受着现代技术的福祉，比如长生长寿、舒适快乐、各种便捷，这时候，如果我们简单否定技术，其实是不妥当的，也是不公正的。在今天，纯粹反技术的姿态不免让人感觉虚假和滑稽。①

也许海德格尔所采取的“狡计”是对的：我们对现代技术要既说“是”又说“不”，既肯定又否定。这话听起来很狡猾，但要不然又能如何呢？也许，自然人类将不断抵抗，人类可能在不断抵抗中落败。这也许就是自然人类的宿命。海德格尔后期不断地讨论“存在历史”的“命运”问题，岂是偶然之举？

二 人性之变：自然人性与技术人性

我想来讲第二个问题：自然人性的问题。其实我们刚才讲的“人类世”的问题就是自然人性不断沦丧、不断衰落的一个过程。在福山的《我们的后人类未来：生物技术革命的后果》一书第一章，福山引用了海德格尔《技术的追问》中的一段话作为题词：“对人类的威胁不只来自可能有致命作用的技术机械和装置。真正的威胁已经在人类的本质处触动了人类。集置之统治地位咄咄逼人，带着一种可能性，即：人类或许已经不得逗留于一种更为原始的解蔽之中，从而去经验一种更原初的真理的呼声了。”②让福山心动的想必是海德

① 参看孙周兴：《自然人类技术化的限度何在？》，载《新京报书评周刊》，2018年12月1日。

② 海德格尔：《演讲与论文集》，中译本，第31页。

格尔的这样一个表达：真正的威胁已经在人类的本质处触动了人类。

在该书第一章的开头，福山一上来就介绍了在20世纪中期影响巨大的两本科幻书，一是乔治·奥威尔的《1984》(1949年出版)，二是奥尔德都·赫胥黎的《美丽新世界》(1932年出版)。这两本书分别预见了两种现代技术：一是信息技术，二是生物技术。两者都是在第二次世界大战之后才发展起来的。奥威尔的《1984》说的是：横跨大洋的帝国建立了一块“电屏”，它能实时收集各家各户的信息，发送给空中的“老大哥”，在“真理部”和“友爱部”的管理下，“电屏”被用于社会生活的集权化，政府通过网络监视人们的生活。所有这些预言在今天都已经实现了。第二本书《美丽新世界》描绘了今天世界上正在发生的生物技术革命，比如说子宫外孵化婴儿(试管授精)。这在德国已经完成了第一例，好像是去年，夫妻两个可以手拉手去看望，小孩子在一个玻璃瓶装置里面不断长大，长到10个月把他拎了出来，就完成了生育。再比如给人带来即时快感的精神药物“素玛”(Soma)。人寿越来越长，人生越来越无聊，加上人类身体越来越迟钝，我们大部分时候已经没什么反应了，这时候我们需要新的和更强烈的刺激，所以美国现在已经开放了很多以前被归列为毒品的药物，这是无可奈何的事，不刺激人们怎么度过这平庸无聊的生活，对不对？又比如能模拟情感的“感官器”(Feelies)，等等。[①]

这两本书已经成了“先知之书”，我们上面只列出这些比较重要的项目，这些科幻式的预言已成今天的技术事实。但这还不是福山关注的重点所在，他关心的是在现代技术条件下人性的保存。按照

① 弗朗西斯·福山：《我们的后人类未来：生物技术革命的后果》，中译本，第7—8页

福山的说法，“我们试图保存全部的复杂性、进化而来的禀赋，避免自我修改。我们不希望阻断人性的统一性或连续性，以及影响基于其上的人的权利”[①]。“因为人性的保留是一个有深远意义的概念，为我们作为物种的经验提供了稳定的延续性。它与宗教一起，界定了我们最基本的价值观。”[②]话到这儿，我们已经可以看出来了，福山是一个保守主义者，他在哲学上也受到尼采的影响，但显然并不具有尼采式的激进思想态度。他说我们的人性是有某种统一性和稳定性的，我们需要保护之。福山是站在自然人类的立场上思考问题的，所以在技术观上采取了一种保守姿态。

然而问题在于，什么是“人性”？有固定不变的“人性”吗？或者，有固定不变的“人性”要素吗？福山的问题焦点正在于此，但我认为他并没有处理好这个问题。当福山追问和主张“人性的保留”时，他显然假定了一种恒定不变的自然人性。更有甚者，福山把他所谓的“人性”归于生物基因：“人类本性是人类作为一个物种典型的行为与特征的总和，它起源于基因而不是环境因素。”[③]人性是由基因来决定的，我们能同意这样一个生物主义的想法吗？在我看来，福山这个假定是可疑的，是经不起推敲的。

首先我认为，“人性”是一个历史性的现象，不存在固定不变的“人性”，甚至也不存在固定不变的“人性”要素，因此才会有各民族差异化的人性理解和历史性的人性规定。一方面，在自然人类文明史上，人们对“人性”的理解或者说关于人的定义是丰富多样的。关于“人性”，历来说法不一。以柏拉图为代表的希腊哲学形成了一

① 弗朗西斯·福山：《我们的后人类未来：生物技术革命的后果》，中译本，第172—173页。
② 弗朗西斯·福山：《我们的后人类未来：生物技术革命的后果》，中译本，第11页。
③ 弗朗西斯·福山：《我们的后人类未来：生物技术革命的后果》，中译本，第131页。

种古典的人性观，把人性理解为理智、激情与欲望三者的统一。在《理想国》中，柏拉图主张理智要在灵魂中占据主导地位，这就与他“哲学王”的社会理想达成了统一。每一种人性要素都代表着一种职业，“理智”对应着“哲学王”，“激情”对应着“武士”，“欲望”对应着“商人”。这听起来很有道理，一切都被安排妥当了，特别合乎理性。这就是柏拉图的“理想国”。像巨人姚明娶了一个高个子太太，在柏拉图看来就十分不合理，十分浪费。几年前有一次会议，我恰好坐在姚明旁边，当时我终于意识到我是多么渺小，世界对我来说是多么安全，天压下来也压不到我呀。按照柏拉图的想法，姚明应该娶一个一米二左右的老婆才是对的，综合一下，生出小孩长成一米七左右，那就有利于我们种群的改良，否则对这个社会就没好处。还有小孩的培养，大家都知道，按柏拉图的建议，小孩生下来是要集体培养的，因为并非所有的父母亲都有能力承担起小孩教育的责任，你把小孩归不良父母养育和管教，万一把小孩培养坏了怎么办？不是给国家（城邦）添乱吗？柏拉图就是这样来设计的，整个设计基于他关于人性的规定，听起来十分天真。

近代哲学的人性观继承了柏拉图的基本规定，但同时也保留了基督教的神性维度，这时候才把人性理解为理性与神性的二合一，把人规定为“半神半兽”的动物。我们在康德哲学中看到这种二元论人性观。康德哲学很明显地把现象界和本体界区分开来，把道德—信仰世界与有必然规律的自然界严格区分开来，所以是“二元论”，而这同时也是一种人性二元论，诚如福山指出的：“康德的本体世界是不再受自然的因果关系限制的世界，它为绝对命令提供了根据，并且从自然概念中整个剥离了道德。”[1]

---

① 弗朗西斯·福山：《我们的后人类未来：生物技术革命的后果》，中译本，第119页。

在康德时代还有威廉姆·冯·洪堡的古典主义的完美人性观。大家知道，洪堡是现代大学的开创者，今天大学最基本的规定性是由洪堡提出来的，把它总结一下无非就是两条：一个是学的自由，一个是教的自由。这是现代大学的本质要求，但众所周知，要充分实现这两条并非易事。这且不去说它，我这里要关心的是洪堡教育理想背后的古典主义人性观。在洪堡看来，完美人性——“完人”——是自由与规律（必然）、想象与思辨、个体与群体三对矛盾的统一，统一后才有“和谐”人性。他说大学的目标就是培养“完人”的，这当然特别理想，现在看起来不免有点不合时宜了。另外，洪堡这个思想完全是古典式的，他说只有希腊人达到了这种统一了。

无论古典的人性论还是近代哲学的人性观，虽然人性内涵的规定各不一样，但“和谐人性”是一贯的理想。一直要到19世纪后半叶，尼采完成了一种对传统人性观的颠倒和解构，揭示了人性本有的内在冲突和张力。尼采在他1872年出版的《悲剧的诞生》中告诉我们，没有完美的、和谐的人性，人性在根基上是痛苦的、紧张的、对抗的，完美和谐的理想是错的和假的。传统美学一直强调美是和谐、规则、理性，是黄金分割，那是虚构的。为什么需要艺术和哲学？如果生命本身是完美和和谐，我们还需要艺术和哲学吗？我们不需要呀。艺术和哲学实际上是要让人直面这个痛苦的人生，希腊悲剧的意义即在于此。现在我们可以看到，疯子哲人尼采为什么如此重要？因为他首先告诉我们，传统人性理解是错误的，哪有和谐的人性？尼采要颠倒传统的人性观，解构之，揭示人性本来就有的内在紧张、冲突和张力。我自己经常建议同学们读书不在多，世上书太多了，但像尼采这样的人物你必须读一点，不读尼采就没有时代感。尼采才开启了现代主义艺术，以及后来的当代艺术，不理解尼采就难以理解现代主义艺术，就不知道为什么有后来巨大的变化。因为尼采第一个告诉我们什么是真相，生命的本质是斗争、分裂和痛苦。如果你现在还坚持着一种和谐的、完美的人性理想，然后去观看当代艺术的作品和展览，你就会一脸懵逼，不知道这些东西是干什么的，为什么搞成这个样子。

另一方面，“人性”的各个要素，无论是理智还是情感还是道德心，在每个时代里都发生了各种变异。仍旧拿美感来说，在康德那里，美感的基础被描述为common sence［共通感］，美被规定为脱离内容、不计利害、不带任何欲望和要求的，美是纯形式的、普遍必然地令人愉快的、带有没有目的的合目的性并使任何人都感到愉快的东西。康德的审美理想真的太纯粹了，但如果你用这种理想的观点来看今天的艺术，你就彻底崩溃了。康德的先验论美学在后世越来越受到了怀疑，实际上，美感是在生活世界里不断被重新塑造的一个要素。特别是在过去的三四十年间，在影视图像文化的规制和形塑下，我相信中国人的美感已经发生了根本的变化。比如说我们脑子里面的美女形象，肯定是西方式的，那种轮廓分明的西洋美女的美感，因为我们被归置了，我们已经被调整到那个位置上了。你说美感是固定的吗？晚期尼采说美就是强壮，虚弱的东西怎么可能是美的呢？这是尼采对美的规定。因为我们越来越虚弱了，尼采才会说美是强壮。那弱不禁风的、看着就要倒掉的林黛玉呢？我们古代文人都喜欢呀，我们只能说那是另一种美感，今天的男人多半是不会喜欢的了。美感不是固定的，而是一个变化着的要素。

为了避免福山式的恒定人性论的偏见——我认为这是一种偏见，没有恒定不变的人性——，我们必须注意和确认在过去两个世纪中发生的文明大变局，我称之为自然生活世界向技术生活世界的转换。

在这种断裂式的转换过程中，“人性”发生了何种变化？在这里，我斗胆提出两个相对的概念，即“自然人性”与“技术人性”。这两个概念当然会有争议，尤其是所谓“技术人性”。什么叫作“技术人性”？就是被技术化的人性。今天我们人类已经被技术化了，不光是身体和体质被技术化了，正在通过环境激素和生物技术加速被技术化，而且智力和精神也通过互联网和人工智能而被普遍技术化了。不要以为人工智能时代还没到来，它已经到了。试想我们今天还离得开手机、电脑和网络吗？我们在精神层面上早已经被数码、算法、大数据所掌握。

所谓“自然人性”是自然生活世界中的人类的人性，虽然也在不断变化，但总体上保持某种相对的连续性和稳定性；相反，“技术人性”则是在技术工业条件下不断变异和生成的人性状态。如果说“自然人性”主要通过传统哲学和宗教得到了表达和规定，那么，“技术人性”到底会怎么样，到底会如何生成和构成，迄今也还是一个未知数，还需要另起炉灶。

三　新生命哲学：如何筹划未来生命？

这就引出了我的第三个问题：未来的生命哲学。地球进入“人类世”，即技术人类的世代，面对技术统治下自然人类文明（传统文化及价值体系）的崩溃以及技术的脱缰狂奔之势，我们需要一种新的生命哲学。1945年以后，现代技术已经进入失去限制的状态中了，而且呈现不断加速之势。回顾历史进程，20世纪首先出现了三大技术产品，前30年出现了飞机，中间30年出现了电视，后面30年出现了互联网电脑。这“三大件”彻底改变了人类的日常生活和日常经验。

我大概属于国内最早用电脑写作的人，那是在1992年或1993年。我记得当时我跟一位朋友一起花了4000元左右各买了一台286电脑，特别沉重。电脑公司老总问我用电脑干什么的？我说我写作，纯文字输入，连图都不用的。他说那么你买这个电脑，25年不用换了。我当时想，这实在太划算了，4000元买一个电脑居然可以用25年。这是1993年，迄今刚好25年过去了，这中间我大概已经换了十五六个电脑了。这就是技术的不断加速。电脑公司老总没有骗我，估计他当时真诚地相信286电脑可以用25年。

我一直用五笔输入法。这个输入技术实在太重要了。我认为发明电脑汉化技术的王选和王永民应该获得诺贝尔奖。1989年电脑汉字输入系统成功了，以前我们只会机械打字，现在汉字进入电脑了。鲁迅那一代中国知识分子都主张废除汉字，都说汉字是中华文明进步的最大障碍，现在我们使用的拼音只是鲁迅那个年代产生的几百种拉丁化方案的一种，当时大家都恨不得把汉字干掉。现在呢？电脑汉化以后，汉字成为全球输入最快的文字，比如“中华人民共和国”，如果用英语输入大概要打四五十下，而我用五笔输入法只需要用四下就好了。到这个时候，中国知识分子才恢复了对母语的信心。[①]无论如何，电脑汉化技术把我们这个民族的文化都改变了。拿我自己来说，有了那个286电脑，我的工作效率就大大提高了，以前我写作多么痛苦，我写好一遍再抄一遍，再改一稿又抄一遍。我的博士论文25万字，要抄写100万字，抄得手都抽筋了。可见技术还是

① 不但恢复了信心，而且看起来牛气冲天了，有的甚至过度自信了，现在居然已经有人得出英国起源于湖北英山县，英语也来自汉语之类的神怪之论。

有好处的。

当然很多问题也出来了，人类面临着由现代技术造成的各种风险。所以我们要提高警惕，直面问题。现代技术越来越快地进展，这时候我们需要一种新的生命哲学，用以筹划新人类生命和技术人类生活世界。未来生命形态主要通过人工智能和生物技术，自然人类被双重技术化（非自然化）。我们也不要把它想得太玄了。现在我们跟一些技术专家讨教问题，他们经常会用一些专业术语把我们绕得云里雾里。其实所谓人工智能，就是对我们人类智力的技术化，要把我们的智力技术化和数据化。而所谓的基因工程就是把我们身体技术化。这种技术化就是非自然化。

尼采早就看到了这一点。尼采当时提出两个概念，一个叫作"末人"，一个叫作"超人"。"末人"就是最后的人，尼采说最后的人将不断地被计算和被规划，也就是说失去自然性；而"超人"呢，尼采在《查拉图斯特拉如是说》里说"超人"的意义反倒是在于"忠实于大地"。我现在越来越喜欢尼采了，这个人本身不太讨人喜欢，但他的思想真的是厉害。尼采那时候哪里有今天这些技术状况，他能说出这样的话，说"末人"是不断地被计算被规划的人，就是今天的我们，我们就是不断地被计算和被规划，在这种计算规划中失去了我们的自然性。"超人"是什么？你以为"超人"是往天上飞的？是孙悟空或者奥特曼这样的superman？"超人"不是这样的东西。什么是"超人"？尼采说了，"超人"是要"忠实于大地"。我以前翻译这句话的时候不懂个中意义。所谓"忠实于大地"就是要回到自然，重获自然性。[①]

人类世的新生命哲学，我认为主要得做两件事情，或者说要完

① 参看本书第四编第二章。

成两项任务：一是如何筹划未来生命，二是如何重建技术生活世界。

如何筹划未来生命？首先我们要搞清楚未来生命的基本方向。无论如何，当务之急是要对不断加速进展的新技术及其后果做出系统评估，需要重新确认人类的位置，需要对人类生命和文明的未来形态做出一个整全和长远的规划。有人会问，生命和文明是可以"筹划"或者"规划"的吗？生命和文明难道不是自然地生长的吗？这样的问法表明提问者仍旧固守于自然人类的思考模式中，或者说尚未理解"技术统治"的意义。在这方面，少数思想家具有先见之明。海德格尔也在20世纪40年代，从其"存在历史"的哲思出发，预见了今天被叫作基因工程的人工繁殖工厂，也即看到了自然人类被技术工业加工、被"计算"和"规划"的进程。

更早的先知式哲人是尼采，他在濒临发疯前（1888年12月）提出"大政治"概念，其中的核心主张居然是"把生理学变成所有其他问题的主宰"，这个想法着实令人吃惊。以尼采的说法，他所谓的"大政治"是要"创造一种权力，强大得足以把人类培育为整体和更高级者，以毫不留情的冷酷面对生命的蜕化者和寄生虫"。紧接着尼采又说要"创造一种对生命的祖护，强大到足以胜任大政治"。[①]我认为，尼采这里的"大政治"设想是建立在他对自然人类文明的衰败和技术时代人类生命形态的预感和思考基础上的，实际上是一种"生命政治"，提示了一种新的生命哲学。

这是尼采的惊人预言。一个思想家要有多强大的心力和眼力，方能感受和把握到完全不确定的未来？请注意尼采的表述：创造一种对生命的祖护！是的，今天已经成为现实的是：人类生命环境的

① 尼采：科利版《尼采著作全集》第13卷，德文版，第638页；中译本，第760页。

不断恶化，人类生命自然力的不断下降，以及生命本体不断被技术化（非自然化）。今天我们已经不得不接受尼采的吁请，开启一种面向未来生命的新生命哲学思考。

虽然哲学一直都在关照和讨论生命现象，但在柏拉图主义传统中，尤其在近代哲学的心—物二元论中，身体意义上的生命本身是受到贬低和蔑视的。真正意义的生命哲学是从19世纪中期以后才开始的。今天来回顾，欧洲的生命哲学大致可分为三个阶段：第一阶段是叔本华与尼采的意志哲学；第二阶段是柏格森的生命哲学、哲学人类学、海德格尔的实存哲学；第三阶段是福柯的生命哲学、德里达的解构哲学、法国当代理论。这三个阶段的生命哲学虽然各有千秋，但具有思考方向上的连续性。它们的重点任务在于：颠覆以精神性为导向的观念论—唯心论传统，转向关注生命的非精神性面向（身体的本能、激情、欲望等）。这些现代生命哲学思潮已经为我们所谓的新生命哲学做了准备。

新生命哲学“新”在哪儿？或者说，生命哲学的新问题和新任务何在？我暂时愿意举出以下几点：

第一，自然与技术的二重性问题，或者说未来生命的趋势和可能平衡问题。对于新生命哲学来说，重要的是要探索未来人类可能的生命形式，重审生命的本质以及在人类身上表现出来的自然性与技术性的关系。新生命哲学的首要问题恐怕是：自然人类被技术化（非自然化）的限度何在？这种新生命哲学之所以在尼采那里被叫作“大政治”，是因为未来生命成了一个头等重要的政治主题，在今天就是要尽快形成一个全球政治共商机制，对包括基因工程和人工智能在内的新技术的发展做出方向性预测和引导，对未来生命形态做出合理的界定，尽可能形成有效的、稳重的、整全的新人类生命规划。唯有这样，才有可能防范现代技术造成极端的致命错误，唯有这样，对包括技术专家在内的个别特例的伦理约束才是可能的。

未来不可确知，但我们要有关怀的姿态，需要一种新的生命哲学。所谓未来生命规划的焦点在于，自然人类与技术人类之间是否可能达成一种平衡，或者说，人类身上的自然性和技术性之间是否可能构成一种平衡状态。这是个核心问题，今天和未来的人文科学还要有意义的话，就要为这个目标努力。

第二，未来长生生命的组织。人类长生长寿引发代际、婚姻、家庭等之变，未来的生命哲学必须面对这些重大变化。我们的人类寿命实现了某种意义上的长生以后，哪怕只是在目前水平上再延长30岁或50岁，也会产生许多全新的问题，代际、婚姻、家庭和职业等都变成了问题。首先是代际关系。自然人类的代际关系基于血缘和局促的自然年龄，比如中国人会把“五世同堂”视为人生一大圆满；但现在和未来，这种自然代际交替的意义大大下降，也会变得高度复杂。其次是婚姻制度，婚姻的意义在很大程度上消失了，传宗接代不再是婚姻关系的目标和任务。随着男性自然生育能力的下降、基因工程的发展，人类的生育方式肯定将改变，技术性含量将会越来越高。那么，自然人类的这个婚姻制度还有意义吗？还有存在的必要吗？即便婚姻制度还有意义，还维持着，婚姻关系恐怕也得要重新制定规则，总不能让你120年只嫁或者只娶一个人吧？这是不是太残忍了？与代际关系和婚姻关系相关的是家庭，对自然人类来说，欧洲也好，中国也好，我们的家庭单位是特别重要的，家庭是社会最基本的单位，而且是你经常要回去的地方。哪怕是像我这样经常出差的人，家庭也是很重要的，可能更是人的归属，但这种归属感慢慢会被抽掉。自然人类的家庭功能将越来越弱化。职业方面的问题同样突出，对于一个自然人类来说，通常一辈子只活三十几岁，所以只从事一个职业就够了，能把一件事做好就算不错了，但如果让一个人从事一个职业超百年，是不是会闷死？

第三，发明和创造新的快乐方式。传统人类（自然人类）的快乐方式将在更大程度上被改变，技术人类将发现和创造新的快乐方式。在未来生活中，自然人类的快乐方式的意义会慢慢降低，比如自然人类的游戏、休闲、娱乐、性爱等。[①]性的问题将成为一大问题，更应该说已经成为一道难题。性是自然人类的基本快乐方式，但其意义已经大不如从前。最近有一个新概念叫“性萧条”，说的是男生对女生没兴趣了，女生对男生也没兴趣了。总之，自然人类传统的快乐方式将慢慢衰落和终止。但人不能就这样大眼瞪小眼地活着呀。毫无疑问，我们要有新的快乐方式，需要新的刺激方式。它们到底是什么？这里有好多好多还完全无解的问题。在某种意义上我会说，艺术和哲学将在未来变得越来越重要。艺术是通过创造来完成的。创造什么？在某种意义上说就是要创造快乐方式。哲学呢？虽然以前的哲学以历史性批判为主业，但未来哲学却理当有不同的任务，它根本上也需要创造，需要奇思妙想。人类通过奇思妙想才跟人工智能区分开来，因为人工智能做不到。什么叫奇思妙想呢？简单地说，我在这儿讲课，好像看着你们，讲得很认真，但我脑子里却想着完全不相干的情况，这就是人类，人类思维是可以大尺度跳跃和无限跨越的。人类就是这么怪异的。

第四，开创一门无聊学或者创造学。我认为无聊将成为一个重大的哲学课题，马上要有一门新的学问，可谓“无聊学”或者“无

① 有一天喝酒时，我讲了一句鬼话：我们跟机器人最大的差别是机器人不会喝酒，我们会喝酒。大家听了很开心，又多喝了两瓶。说的玩笑话，但似乎也不尽是笑话。

聊哲学”。这个问题恐怕要追溯到叔本华，但如我们所知，此公是在完全消极意义上看待“无聊”的，把人生的本质揭示为痛苦与无聊的叠加和循环。在20世纪哲学中，海德格尔成了“无聊哲学”的先行者，在1929/1930年冬季学期讲座《形而上学的基本概念——世界、有限性、孤独性》中，海德格尔花了很大的篇幅讨论“无聊”（Langeweile）的本质问题，并且区分了“无聊”的三种形式。海德格尔认为，“无聊是我们的哲学活动之基本情绪，我们在其中发展出关于世界、有限性和个体性的问题”①。海德格尔的“无聊现象学”已然可视为一门“无聊学”或者“无聊哲学”的准备形式，其奠基性意义值得我们重视。

无聊课题实际上指示着我前面提出的问题，即人类如何提供和构造新的快乐方式？我又得回到尼采那儿。尼采他在晚期不断地追问，我们人类生活最大的问题是什么呢？简单说来就是这么一个问题：我们为什么愿意重复？试想，你每天都在重复自己的行为，那你做一次跟做十次有区别吗？跟做一万次有区别吗？你为什么愿意重复呢？我认为，尼采已经预测到了人类生活将进入漫长而无望的无聊状态，所以才会提出这样一个关于重复之意义的问题。重复的意义是什么？这是尼采后期哲学最根本的问题。尼采终于形成了他后期的“相同者的永恒轮回”的思想，进入我所谓“圆性时间”的思考。在这种思考中，尼采也为艺术和哲学重新赋义。

在未来新人类生活的筹划中，艺术与哲学将成为最核心的方式。

① 海德格尔:《形而上学的基本概念——世界、有限性、孤独性》（1929/1930年冬季学期讲座，《全集》第29/30卷），中译本，赵卫国译，商务印书馆，2017年，第121—122页。该书共有六章（第一部分第二、三、四、五章和第二部分第一章）讨论了“无聊”（Langeweile）问题，参看该书第117—260页以下。

所以各位到哲学学院来学习是对的。也许大家现在还对哲学表示怀疑，当然可以怀疑，但这只是暂时现象。如果你现在离开哲学，到八九十岁的时候会回来的，因为你实在太无聊了。

四　生活世界经验重建的几个问题

最后一个问题：如何重建生活世界经验？这是我近几年来探索的一个重点。我觉得，哲学的任务就在于此，就是要思考如何来重建我们今天已经变化了的、被技术所规定和改造的新生活世界的经验。为什么现在人群中的精神病患者越来越多，已经达到了一个相当吓人的量？我认为主要原因在于，许多人没有调整过来，还是用旧的尺度来衡量变化了的世界，也就是说，大部分人坚持着自然人类的经验尺度，还来不及重建今天这个变化了的技术人类的经验，那就麻烦了，就出问题了。当然现在所谓的精神病人，只有约一半是需要治疗的，别的是可以自我调整的。怎么调整法？我认为还需要通过哲学。

如何重建生活世界经验？更准确地讲，新生活世界经验的重建有哪些可能的方向？这个问题我还没有想清楚，但我以为有几个问题或者问题方向是值得我们重视的。再声明一下，下面的讨论都还是我在思考当中的问题，还不一定有成熟的想法，今天只是先拿出来跟大家讨论一下，也希望大家批判。

第一，信赖和信念。在后宗教时代里我们已经不能指望信仰了，信仰太绝对太高冷。信念跟信仰是不一样的。信念是什么？比如说我们今天课后离开了这个教室，明天我们还要到这里开会，我们相信明天我们来这里不会有什么变化，一切如旧。这就是相信、信念，它根本上是不可靠的，按胡塞尔的说法，是经不起反思的。但日常生活中我们必须有这样的信念。许多人失去了这样的信念，比如说有些强迫症倾向的人，分明把门带上了，走了20米又要回来推一下，有没有？这种情况再发展下去，就离精神病不远了。在后信仰时代里，我们要建立对事物的相对稳定性、世界的可靠性和他人的善意的信赖，这就是说，我们要相信：事物是稳定的，世界是安全可靠的，他人是可以接近的。我们要有这样一些基本的信念，不可失去对周边人物的信赖。这一点很重要，不然我们的生活会崩溃的，是活不好的，你就会慌乱，慌了以后你就不知道手怎么放。这是第一点，这一点很重要，是后宗教时代生活世界经验的基本要求。

我说要建立关于事物和他人的信念，并不意味着我要否定世界的变化，相反，我认为，正是技术时代生活世界的加速变化和动荡迫使我们重建我们的世界信念。美国学者凯文·凯利在他的“KK三部曲”之一《必然》中断言：“永无休止的变化是一切人造之物的命运。我们正在从一个静态的名词世界前往一个流动的动词世界。”[①]凯利的这个判断极有意思，而更有意思的是，凯利在这本书中描述了12个动词：“形成”（Becoming）、“知化”（Cognifying）、“流动”（Flowing）、“屏读”（Screening）、“使用”（Accessing）、“共享”（Sharing）、“过滤”（Filtering）、“重混”（Remixing）、“互动”（Interacting）、“追踪”（Tracking）、“提问”（Questioning）和“开始”（Beginning）。在他看来，这12个动词所标志的力量将越来越加强，成为未来的轨迹。[②]

如果从自然人类的历史上看，大致在公元前5世纪前后，发生了一次从动词文化（动词世界）向名词文化的转换。这一点在古希腊

① 凯文·凯利：《必然》，中译本，第IX页。
② 凯文·凯利：《必然》，中译本，第XII页。

文明中尤为显赫。在所谓前苏格拉底时期（尼采说的“悲剧时代”），主要的文化形态是“说唱”，是一种动词性的文艺主导的文化，而在苏格拉底和柏拉图时代发生了一个转变，形成一种名词性文化，即哲学和科学主导的理论文化，书写文明开始了。到如今，在技术工业的支配下，人类文明正在发生从名词文化向动词文化的转变，新的图像和说唱文化开始了。[①]

第二，新的时空经验。我们要建立一种适应于新生活世界的新时空经验。这一点我在别处讲过几回了，但多半没有讲清楚，今天在这里也依然讲不清楚的，因为我还没有想清楚，还没有特别深入的思考。简单说来，从前和现在已成习惯的时间观念，是线性时间观念，那是自然人类的时间观，是对时间的农民式理解。农夫早上背一把锄头下地去了，太阳下山了，背一把锄头回来了，一天过去了。时间是永不停歇的，不可逆的，不断向前、不断地流逝的，就像一条直线；还有，时间的每一个点都被假定为是同质的、均匀的。在这种线性时间观念中，我们每个人一天一天等着死亡的到来，这就是自然人类的时间观念。但技术工业已经改变了这种时间观念。我举个简单的例子，园子里面有一朵未盛开的花，你今天去看它没有开，明天后天去看它还是没有开，你有一天没去看它，它突然开在那儿了。我们要洞穿自然过程是很难的，但在技术工业条件下，摄像技术可以在十秒钟之内把一朵花的盛开和凋谢呈现给我们。时间被大大地压缩了。时间是均匀的吗？当然不是均匀的，相对论也证明了这一些。所以我根据尼采的“相同者的永恒轮回”学说提出了一个“圆性时间”概念，今天不宜展开讨论。我在此想告诉大家

① 相关讨论可参看孙周兴:《存在历史的转向与语言论转向》，载孙周兴:《我们时代的思想姿态》，第85页以下。

的是，时间不是直线，世上哪来的直线。直线时间是科学的时间概念，但难道只有科学的时间概念吗？不是直线的时间是什么呢？我有意把它叫作“圆性时间”，以便与“线性时间”相对举。

时间是不直的，那么空间呢？空间是空的吗？空的空间也是一个技术物理的概念。空间就是空虚，有长、宽、高三维。空间的三维化是欧洲人以时间为中心的空间理解，他们把空间问题时间化或者说维度化了。中国古人可不是这样想的。空间是不空的。我们今天这个课堂就是一个空间，这空间怎么会是空的呢？这里面充满着紧张的对峙、敌意、善意、挤压、排斥、吸引等等。你们每个人对我来说都构成一种挤压或者吸引，这是另外一种空间，但这才是原初的空间。怎么可能只有三维空间呢？那就不对了。时间不直，空间不空，只有这样，我们才能把生活世界理解成一个温暖的、具体的、可接近的、可以触摸的圆性世界，而不是一个线性世界。①

第三，感觉的重塑。人类的感觉能力越来越差，按照人智学家鲁道夫·施泰纳的说法，我们本来应该有12种感觉，比方说语言感、运动感、平衡感等一大堆，有些也不一定对，但确实人类本来应该有更丰富多样的感觉方式。施泰纳说我们在技术工业的改造和支配下只剩下了五种感觉，而在这五种感觉里我们只强调两种，即视觉和听觉。这样对吗？感觉的丰富性越来越缩减，另一方面感觉被相互分隔开来。比如我们认为听觉与视觉是不搭界的，这是什么鬼话？它们是同时发挥作用的，是相互影响的。我在看你们，同时也在听你们。如果此刻突然有人哈哈大笑，这个课堂现场就崩溃了，我对你们的看当然也变了。对不对？听觉和视觉是相通的，两者的相互

① 关于时间和空间的讨论，可参看本人2019年4月28日在四川大学的报告《时间是直的还是圆的？》（未发表），此报告后被改写为《圆性时间与实性空间》（本书第三编第二章）。

影响就表明时间与空间是互通、一体的。这是最有力的证明。因为空间是视觉的问题，时间是听觉的问题。这一点康德已经说清楚了。今天我们已经进入到“弱感觉世界”——这不是我的说法，而是鲁道夫·施泰纳的说法。20世纪的哲学都提出了这样一个任务，即如何保存和恢复我们的感受能力？这一点又跟我前面提到的问题相关，就是寻找技术时代人类的新的快乐方式。

第四，虚拟与虚无。这是人类现在已经面临的重大问题，已经无法改变了，我都不知道怎么来说这个事情。人类生命最后是虚无的，最后我们都要死掉的，哪怕活到150岁或者500岁，最后也要完蛋的。人类终有一死，尼采才说我们要以“积极的虚无主义”对待生命。人类必有一死，就表明我们要更加珍惜今天的生活。你不能因为人类终究要死掉的，你就不活了。尼采为什么讨厌叔本华的虚无主义？因为叔本华认为，人生就是一场痛苦的游戏，在欲望和无聊之间摆来摆去。如果想不痛苦，只有一个办法，就是把欲望降低。怎么降低呢？叔本华的馊主意是少吃东西，把自己饿死。这个方案可把尼采气坏了，尼采说这不是我们要干的。我们分明知道人生本质上是痛苦的和虚无的，我们不可自欺，更要积极承担和担当，这种担当本身要通过艺术和哲学来实现，最后是要把这种根本的虚无和痛苦转化为快乐。所以尼采说，至高的痛苦就是至高的快乐。这当然是高难度的，需要我们拥有一种伟大的力量、一种伟大的心力。在此意义上，尼采说自己哲学是积极的虚无主义，而叔本华属于消极的虚无主义和悲观主义，是不可取的。我不得不承认，尼采式的“积极的虚无主义”应该是我们时代最佳的人生态度。

再就是虚拟。今天我们已经进入到虚拟时代。最近国内正热烈讨论区块链技术，技术性的东西我不一定能懂，光说这个虚拟货币。

在金钱或者货币历史上就可以看出来，人类越来越走向虚拟化了。货币史就是虚拟化的历史：黄金是对实物交易的虚拟化，本来我一斗米跟你换一座山，现在我给你一块黄金，把你的山拿下了；纸币是对黄金的虚拟化；刚刚兴起的互联网金融是对纸币的虚拟化；现在的区块链则是对电子货币和网上银行的虚拟化。这是人类走向虚拟的过程。所以我有一个大胆的想法，我认为在未来世界中，金钱对于个体来说将变得越来越不重要——当然现在说这话，各位要拍死我的。我特别不看好黄金，除非人类开历史倒车，商量好要回归金本位的货币体系了。什么叫金本位？一个国家印多少钱（纸币），以前是以该国有多少黄金储备来安排的，有多少黄金印多少纸币。但在20世纪70年代，美国开始把美元与黄金脱钩了，就可以任性印钱了。其他国家也开始仿效，没钱了就印一些。这样一来，世界就开始乱了。这里就有难题出来了：各国本来有一个公正公平的交易体系，然后各国开始乱印钱，其中有的国家印了以后也不公布，又想方设法维持同样的汇率，那么这时候没印钱和少印钱的国家就吃大亏了。这大概就是今天的世界格局。

我比较看好区块链技术的未来。虚拟货币应该就是马克思所说的对主权国家货币的消除。只要主权货币在，这个世界就是不得安宁的。马克思为什么是大哲学家？因为他预先把这些问题都想通想透了。主权国家发行主权货币，比如人民币就是我们的主权货币。只要货币是主权国家发行的主权货币，那么国与国之间的欺诈就不可避免，那么这个世界就不会太平。马克思早就看清楚了这些。

虚拟也是一种虚无，是另一种虚无状态，但已经是我们生活的一部分。所以我提出一个说法来，供大家参考，我的说法是：我们要慢慢适应和习惯这种虚拟性。比方说今天的网上交易系统，已经挑动了一大批人（特别是女性）毫无节制的购买欲望，因为反正看不到纸币实物，所以就把钱不当回事情了，加上无处不在、神出鬼没的中国特色物流快递系统，购物成了对购买者来说毫无体力要求的事。你们也有这样的感觉吧？反正我家里已经堆满了东西，地下室根本进不去了，实在太恐怖了。没办法，我们要慢慢习惯技术带来的虚拟性，今天什么东西都可以虚拟化了，包括人类活动和生活方式的虚拟化。网络上出现了本来只在现实生活中发生的行动，诸如“数字暴力”（Digital Violence）、“虚拟霸凌”（Cyberbullying）、“数字诈骗”（Digital fraud）、“数字抢劫”（Digital robbery）之类的新名堂；网上可以游戏，可以交友，甚至可以虚拟做爱。你不喜欢不要紧，得慢慢习惯和接受。在大多数情况下，人们总是首先会抵制，然后慢慢就适应和习惯了。可以预期的是，生命的虚拟性将越来越得到加强，一种虚拟化的网络生存或者数字化生存已经出现，而且将不断得到推进，成为未来技术人类的一种存在方式。

再申明一下，我关于未来生命哲学的构想还在进行当中，特别是在未来生活世界经验的重建这个主题上，我做了一些思索，但还没有真正深入，所以今天只能讲到这里。根本上，未来不可言说，更不可明言。更何况我们生不逢时，属于尼采所谓的“末人”。尼采曾说过，“生不逢时的人，又怎能死得其时呢？”——作为“末人”的人类现在已进入一种根本性的尴尬和纠缠中了。

参考文献

1. 亚里士多德:《物理学》，中译本，张竹明译，商务印书馆，1982年。

2. 牛顿:《自然哲学的数学原理》，中译本，赵振江译，商务印书馆，2006年。

3. 费尔巴哈:《未来哲学原理》，中译本，洪谦译，生活·读书·新知三联书店，1955年。

4. 马克思、恩格斯:《马克思恩格斯全集》第42卷，中译本，人民出版社，1979年。

5. 马克思、恩格斯:《马克思恩格斯全集》第46卷下册，中译本，人民出版社，1979年。

6. 马克思、恩格斯:《马克思恩格斯全集》第47卷，中译本，人民出版社，1979年。

7. 马克思:《〈黑格尔法哲学批判〉导言》，《马克思恩格斯选集》第1卷，中译本，人民出版社，1972年。

8. 马克思:《资本论》，中译本，中国社会科学出版社，1983年。

9. 马克思:《资本论》第3卷，中译本，人民出版社，2004年。

10. 尼采:《漫游者及其阴影》，科利版《尼采著作全集》第2卷，德文版，柏林/纽约，1999年；Friedrich Nietzsche, *Menschliches, Allzumenschliches I un II,* Sämtliche Werke, Hrsg. von G.Colli und M. Montinari, Berlin/New York: de Gruyter.1999。

11. 尼采:《快乐的科学》，科利版《尼采著作全集》第3卷，德文版，柏林/纽约，1999年；Friedrich Nietzsche,*Morgenröte, Idyllen aus Messina, Die fröhliche Wissenschaft.* Sämtliche Werke, Hrsg. von G.Colli und M. Montinari, Berlin/New York: de Gruyter, 1999。

12. 尼采:《查拉图斯特拉如是说》，科利版《尼采著作全集》第4卷，德文版，柏林/纽约，1999年；中译本，孙周兴译，商务印书馆，2010年。

13. 尼采：科利版《尼采著作全集》第5卷，德文版，柏林/纽约，1999年；中译本，赵千帆译，孙周兴校，商务印书馆，2015年。

14. 尼采：《瓦格纳事件·偶像的黄昏》，科利版《尼采著作全集》第6卷，德文版，柏林/纽约，1999年；中译本，孙周兴等译，商务印书馆，2015年。

15. 尼采：《1882—1884年遗稿》，科利版《尼采著作全集》第10卷，德文版，柏林/纽约，1999年；Friedrich Nietzsche, *Nachlaß 1882-1884*. Sämtliche Werke, Hrsg. von G.Colli und M. Montinari, Berlin/New York: de Gruyter, 1999。

16. 尼采：科利版《尼采著作全集》第11卷，德文版，柏林/纽约，1999年；Friedrich Nietzsche, *Nachlaß 1884-1885*. Sämtliche Werke, Bd. 11, Hrsg. von G.Colli und M. Montinari, Berlin/New York: de Gruyter, 1999。

17. 尼采：《权力意志》，科利版《尼采著作全集》第12、13卷，德文版，柏林/纽约，1999年；中译本，孙周兴译，商务印书馆，2010年。

18. 刘小枫选编：《尼采与古典传统续编》，田立年译，华东师范大学出版社，2008年。

19. 胡塞尔：《现象学的观念》，《全集》第2卷，德文版，海牙，1973年；中译本，倪梁康译，上海译文出版社，1986年。

20. 胡塞尔：《现象学的方法》，中译本，黑尔德编，倪梁康译，上海译文出版社，2005年。

21. 海德格尔：《存在与时间》，德文版，图宾根，1993年；中译本，陈嘉映、王庆节译，熊伟校，商务印书馆，2016年。

22. 海德格尔：《林中路》，德文版，美茵法兰克福，1994年；中译本，孙周兴译，商务印书馆，2015年。

23. 海德格尔：《艺术的起源与思想的规定》，中译本，孙周兴译，载孙周兴编译：《依于本源而居——海德格尔艺术现象学文选》，中国美术学院出版社，2010年。

24. 海德格尔：《演讲与论文集》，德文版，美茵法兰克福，2000年；中译本，孙周兴译，商务印书馆，2018年。

25. 海德格尔：《尼采》，德文版，斯图加特，1998年；中译本，孙周兴译，商务印书馆，2015年。

26. 海德格尔：《什么叫思想？》，德文版，美茵法兰克福，2002年；中译本，孙周兴译，商务印书馆，2017年。
27. 海德格尔:《讲话与生平证词》，中译本，孙周兴等译，商务印书馆，2018年。
28. 海德格尔:《形而上学的基本概念——世界、有限性、孤独性》(1929/1930年冬季学期讲座,《全集》第29/30卷)，中译本，赵卫国译，商务印书馆，2017年。
29. 海德格尔:《物的追问》,《全集》第41卷，德文版，美茵法兰克福，1984年；M.Heidegger, *Die Frage nach dem Ding*, GA. Bd.41, Frankfurt a. M. 1984。
30. 海德格尔:《时间概念》,《全集》第64卷，德文版，美茵法兰克福，2004年；M. Heidegger, *Der Begriff der Zeit*, GA. Bd. 64, Frankfurt a. M. 2004。
31. 海德格尔:《哲学论稿（从本有而来）》,《全集》第65卷，德文版，美茵法兰克福，2003年；中译本，孙周兴译，商务印书馆，2014年。
32. 海德格尔:《乡间路上的谈话》，中译本，孙周兴译，商务印书馆，2018年。
33. 海德格尔:《存在的天命——海德格尔技术哲学文选》，中译本，孙周兴编译，中国美术学院出版社，2018年。
34. 西美尔:《货币哲学》，中译本，陈戎女、耿开君、文聘元译，华夏出版社，2002年。
35. 安德斯:《过时的人》第一卷，中译本，范捷平译，上海译文出版社，2010年。
36. 罗素:《西方哲学史》上卷，中译本，何兆武译，商务印书馆，1986年。
37. 怀特海:《科学与近代世界》，中译本，何钦译，商务印书馆，1989年。
38. 霍克海姆、阿多诺:《启蒙辩证法》，德文版，美茵法兰克福，1998年。
39. 哈贝马斯:《作为"意识形态"的技术与科学》，中译本，李黎、郭官义译，学林出版社，1999年。
40. 弗朗西斯·福山:《我们的后人类未来：生物技术革命的后果》，中译本，黄立志译，广西师范大学出版社，2017年。
41. 斯蒂格勒:《人类纪里的艺术：斯蒂格勒中国美院演讲》，中译本，陆兴华、许煜译，重庆大学出版社，2016年。
42.《斯蒂格勒专访：全球范围内熵在加速增加，这是最严重的问题》，"澎湃新闻"，https://www.thepaper.cn/newsDetail_forward_1702787_1。
43. 欧文·亚隆:《存在心理治疗》上卷，中译本，易之新译，张老师文化事业股份有限公司，2013年。
44. 居伊·珀蒂德芒热:《20世纪的哲学与哲学家》，中译本，刘成富等译，江苏教育出版社，2007年。

45. 希尔德·海嫩:《建筑与现代性批判》，中译本，卢永毅、周鸣浩译，商务印书馆，2015年。

46. 德博拉·海登:《天才、狂人的霉毒之谜》，中译本，李振昌译，上海人民出版社，2005年。

47. 萨弗兰斯基:《尼采思想传记》，中译本，卫茂平译，华东师范大学出版社，2007年。

48. 彼珀:《动物与超人之间的绳索——〈查拉图斯特拉如是说〉第一卷义疏》，中译本，李洁译，华夏出版社，2006年。

49. 德勒兹:《解读尼采》，中译本，张唤民译，百花文艺出版社，2000年。

50. 克劳斯·黑尔德:《世界现象学》，中译本，孙周兴编，倪梁康、孙周兴等译，生活·读书·新知三联书店，2003年。

51. 基弗:《艺术在没落中升起》，中译本，梅宁、孙周兴译，商务印书馆，2016年。

52. 拉图尔:《我们从未现代过》，德译本，美茵法兰克福，2017年。

53. 徐英瑾:《维特根斯坦哲学转型期中的“现象学”之谜》，复旦大学出版社，2005年。

54. 赫拉利:《未来简史》，中译本，林俊宏译，中信出版集团，2017年。

55. 赫拉利:《人工智能会最终消灭人类吗?》，作者2017年7月6日在中信出版集团举办的首届“X World”大会上的报告。

56. 雷·库兹韦尔:《奇点临近》,中译本，董振华等译，机械工业出版社，2011年。

57. 雷·库兹韦尔:《人工智能的未来》，中译本，盛杨燕译，浙江人民出版社，2017年。

58. 詹姆斯·巴拉特:《我们最后的发明——人工智能与人类时代的终结》，中译本，闻佳译，电子工业出版社，2016年。

59. 希拉·贾萨诺夫:《发明的伦理：技术与人类未来》，中译本，尚智丛等译，中国人民大学出版社，2018年。

60. 舒尔曼:《科技时代与人类未来》，中译本，李小兵等译，东方出版社，1995年。

61. 布莱恩·阿瑟:《技术的本质》，中译本，曹东溟、王健译，浙江人民出版社，2018年。

62. 凯文·凯利:《必然》，中译本，周蜂等译，电子工业出版社，2016年。

63. 吴国盛编:《技术哲学经典读本》，上海交通大学出版社，2008年。

64. 温斯顿:《人工智能》,中译本,崔良沂、赵永昌译,清华大学出版社,2005年。
65. 马栩泉:《核能开发与应用》,化学工业出版社,2005年。
66. 罗伯特·兰札、鲍勃·伯曼:《超越生物中心主义——以生命和意识为中心,重构时间、空间、宇宙与万物》,中译本,杨泓等译,湖南科学技术出版社,2017年。
67. 杨建邺:《科学的双刃器:诺贝尔奖和蘑菇云》,商务印书馆,2008年。
68. 曾北危、姜平(主编):《环境激素》,化学工业出版社,2005年。
69. 基辛格:《启蒙运动是怎样结束的?》(How the Enlightenment Ends),载《大西洋月刊》(*The Atlantic*),2018年第6期;中译文可参看基辛格:《人工智能:启蒙运动如何结束》,桑暘编译,载《社会科学报》第1617期第7版。
70. 凯特·朱利安:《年轻人性生活为什么这样少?》(Why Are Young People Having So Little Sex?),载《大西洋月刊》,2018年第12期。
71. 朱永新:《未来学习中心构想》("人工智能与未来教育"笔谈[上]),载《华东师范大学学报》(教育科学版),2017年第4期。
72. 孙周兴:《我们时代的思想姿态》,同济大学出版社,2009年。
73. 孙周兴:《后哲学的哲学问题》,商务印书馆,2009年。
74. 孙周兴:《一只革命的手》,商务印书馆,2017年。
75. 孙周兴:《未来哲学序曲——尼采与后形而上学》,商务印书馆,2018年。
76. 孙周兴:《以创造抵御平庸——艺术现象学演讲录》(增订本),商务印书馆,2019年。
77. 孙周兴:《超越之辩与中西哲学的差异:评安乐哲北大学术讲演》,载《中国书评》第一辑,广西师范大学出版社,2005年4月。
78. 孙周兴:《后神学的神思》,载《世界哲学》,2010年第2期。
79. 孙周兴:《存在与超越——西哲汉译的困境及其语言哲学意蕴》,载《中国社会科学》,2012年第9期。
80. 孙周兴:《尼采的科学批判,兼论尼采的现象学》,载《世界哲学》,2016年第2期。
81. 孙周兴:《尼采与现代性美学精神》,载《学术界》,2018年第6期。
82. 孙周兴:《试论一种总体阐释学的任务》,载《哲学研究》,2020年第4期。

后　记

最近一些年来，因为各种内外机缘的合成，但主要是由于自己的学术背景，特别是从自己的尼采研究和海德格尔研究出发，我渐渐转向了当代艺术理论研究，进而又自然而然地转向了技术哲学的探讨。至此，我终于把自己的研究领域界定为三大块：德国哲学＋艺术哲学＋技术哲学。更准确些，就可以说是四大块：尼采＋海德格尔＋艺术＋技术。这样蛮好。无论三块还是四块，其实是连通的，相互之间不存在严重的裂隙。

2016年上半年，我写的一本“尼采书”，以《未来哲学序曲——尼采与后形而上学》为书名，在上海人民出版社出版，两年后又由商务印书馆出版修订本。“未来哲学”这个晚年尼采的隐蔽概念被我重新推了出来，也成为我近期的思考焦点和工作重点。差不多两年内，我在各地做了不少于20场与“未来哲学”专题相关的演讲报告或会议发言（其中有一些是重复的）。2018年11月23—24日，我与友人唐春山先生合作，在上海浦东新区张江ATLATL创新研发中心组织了“首届未来哲学论坛”，讨论主题设为“技术与未来”，其时受到了学界和媒体相当热烈的关注。“未来哲学”一时成了热词，争议当然也有了。2019年11月23—24日，“第二届未来哲学论坛”在同济大学举行，主题是“生命科学与生命哲学”。

何谓“未来哲学”？“未来哲学”何为？哲学不是以“反思”为主业吗？而“反思”难道不是回顾性的和历史性的吗？难道有对“未来”的“反思”吗？正如老黑格尔所言，哲学就像密涅瓦的猫头鹰一样要到黄昏才起飞。那么，为何我们可以说“未来哲学”，为何我们要说哲学变成“未来的”了？这恐怕是最先和最直接的疑问了。尤其是在当前的中国学界，人文学者们普遍地开始怀旧，复古思潮日盛，古典主义和保守主义成了主流；甚至在国际上，地方主义和民族主义的文化主张也时有抬头，与全球化的工业资本体系以及人类普遍交往的局面构成了明显的相悖和冲突。这时候我来提出——重提——“未来哲学”，不是有点不合时宜吗？

必须承认，“怀旧”和“复古”是文人和人文科学的传统固有特性和偏好，人们通常也喜欢强调人文科学的“历史性”。古今中外莫不如此。我曾经把它称为“乐园假设”，就是认为从前人类有美好生活，有“乐园”，后来怎么就不好了，等于失了“乐园”，现在我们只好要求和期盼“复乐园”。这是自然的，人本来就有这种虚构美好、保存记忆的爱好，我想我自己也不例外。欧洲自柏拉图开始就有了这样的“复辟梦”；中国先秦的孔子也是如此，总念叨着“克己复礼”。往近处说，尼采早期就迷恋希腊悲剧时代，认为那是人类历史上没有之一的最美好时代；海德格尔主张“返回步伐”，对于“第一开端”和前苏格拉底的早期希腊思想文化，明显是情有所钟的——尼采和海德格尔因此给人一个假象，仿佛两者也持有“乐园梦”或“复古梦”。实际上，这两位思想家，加上更早些时候的马克思，他们当然具有深厚的历史感和历史记忆，但他们的根本关切却在“另一开端”，即人类今天的文明现实。本书有几篇文章（特别是

第一编）论及这三位大哲的未来哲学，应该已经表明了这一点。“权力意志”时期的尼采已经转向了“未来哲学”构思；而海德格尔后期的最大关切是现代技术和技术世界人类生活经验的重建。

在一个场合里，我曾经说过，如果文人们（人文学者们）都忙于虚构人类过去时代的美好生活，告诉我们古人活得多么多么美好，而今人活得多么多么不美不好，那么，这样的人文科学当然就没戏了，也应该熄火了。这里面有两个问题：其一，被虚构出来的古人的美好生活是真的吗？其二，古人活得好不好跟我们今人有直接关系吗？到底有多大的关系？历史上人类的平均寿命直到1900年都没超过40岁，而在刚刚过去的一个世纪里，主要拜现代技术所赐，人类平均寿命已经差不多翻了一番，这时候，我们还能相信古人的美好生活吗？难道传统人文科学的基本目标和使命不正是求不朽和永生吗？如今，现代技术帮助我们在一定程度上实现了这个目标，为何我们反而会认为今不如昔，反而会恐慌呢？

我前面提的问题是：何谓“未来哲学”？为何哲学变成“未来的”了？我认为必须从人类文明的大变局中来认识这一点。上面讲的人文学者们固守于传统哲学概念和人文理想，甚至抱持“乐园假设”，在我看来主要是因为未能有此认识，未能从根本上确认无可挽回的文明大断裂。在过去的两三个世纪里，由欧洲发起的技术工业和资本商业体系，已经完成了人类文明的根本转变，我称之为从“自然人类文明”向“技术人类文明”的转变。这种转变是断裂性的，是前所未有的。我们也必须正确认识这种“断裂”——也许用海德格尔所讲的“转向”（Kehre）是适恰的。另外需要指出的是，此所谓“断裂”并不是瞬时完成的，而是渐渐实现的，经历了两个世纪的能量积累，就仿佛人们拗一根竹子，用力之后，起初露出了一道道裂痕，但依然裂而未断，最后发生了断裂，断裂后也还连接在一起，并非断为完全分离的两截。从“自然人类文明”到“技术人类文明”的“断裂”经由1945年原子弹爆炸而得到了最后的确证。这种断裂被叫作“历史的终结”，也被叫作“人的终结”。

因为文明进入断裂阶段，技术生活世界对于哲思的要求变了。传统哲学和传统宗教是自然人类精神表达的基本方式，其基本特征是我所谓的“线性超越”，也就是基于传统线性时间观的基础之上的生命经验和世界理解。传统哲学和传统宗教当然也在历史进程中发生变动，没有恒定不变的文化因素，但线性时间观保障了传统哲学和传统宗教的线性渐进式变化；只有到了技术工业时代，传统线性时间观以及以此为基础的自然人类精神表达体系进入裂变之中，终于在尼采那里被宣告为“上帝死了”，用我的说法就是：自然人类精神表达方式和价值系统瓦解了。而正如上述，这种瓦解和崩溃是在第二次世界大战结束之际才告完成的。海德格尔在此时此际宣称“哲学的终结”和“思想的兴起”，这种“后哲学的思想”对应的是裂变后的技术生活世界的哲思，它就是我们讲的“未来哲学”。

作为自然人类精神表达方式，传统哲学固守线性连续的历史之维，追本溯源是它的基本任务，这时候的哲学当然不是“未来的”。然而，在“断裂”或“转向”发生之后，在“自然人类文明”转变为“技术人类文明”之后，哲学的定向就得相应地改变了，“过去的”哲学就不得不转向“未来的”哲学了，因为“未来之维”变得越来越重要，因为线性的自然流变不再是主导性的时间经验。在19世纪中期以来的现代哲学中，我们看到传统的线性时间意识以及与此相关的科学进步意识已经被消解掉了，一种非线性时间经验的重塑以及与之相随的非抽象空间经验的变异，已经构成“未来哲学”

的准备性步骤。本书的工作恐怕也还归属于此。

本书主要根据作者的12个演讲稿加工而成，主题是“技术与未来”或“人类世的哲学”。正文分为四编，每编各三章。第一编“未来哲学”讨论马克思、尼采、海德格尔三位大哲的指向未来的哲思；第二编“技术统治”是关于现代技术和技术统治地位的讨论；第三编“新世界经验”收录关于技术生活世界人类经验重建这个主题的三篇演讲；第四篇“未来人类”主要讨论未来人类及其可能的生命形态，提出一种新生命哲学的构想。这四编的区分和规划当然是相对的，不可当真。

我最初把本书书名立为《人类世，或者末人与超人——未来哲学演讲录》，后来觉得有点莫名其妙，大概属于找不到合适的标题，但又急于表达的情况；在快要整理成稿时，我把书名改为《生活世界经验的重建——人类世哲学导论》；不过到最后，我参考了商务印书馆上海分馆贺圣遂先生和鲍静静女士的建议，终于决定采取简化策略，定下了现在这个书名:《人类世的哲学》。

这个书名意在突出人类此在的危急性。所谓“人类世”意味着一个文明大变局，即自然人类文明及其精神表达系统的颓败以及技术统治时代新文明的形成。作为“人类世的哲学”尝试，本书力图突破技术乐观主义与技术悲观主义的线性思维藩篱，开展一种“二重性”或“二重化”的技术哲学和生命哲学之思，认为哲学人文科学必须调转目光，以“未来性”为指向，把新生活世界经验的重建视为本己的任务。

如上所述，本书四编12章其实是根据12篇文章改造的，其中多数文章已经公开发表过：第1篇文章刊于《学术月刊》2019年第6

期。第2篇文章刊于《同济大学学报》2019年第5期。第4篇文章是我在2018年6月24日在《开放时代》杂志社、北京大学中国社会与发展研究中心主办的“第五次开放时代工作坊——技术与社会”（北京大学）上的报告，原载《开放时代》2018年第6期。第5篇文章是我在“首届未来哲学论坛”上的报告，刊于《未来哲学》第一辑（商务印书馆，2019年）。第7篇文章刊于《学术界》2019年第10期。第9篇文章刊于邓安庆教授主编的《伦理学术》第8辑（上海教育出版社，2020年）。第10篇文章刊于《陕西师范大学学报》2020年第2期。第11篇文章刊于《哲学研究》2019年第2期。本书第12篇文章系我应《探索与争鸣》杂志社之约而作，发表于该刊2018年第12期，但当时为一篇4000字的短文，收入本书时做了大幅度的扩充。

在此我要感谢相关杂志和报纸的编辑们的辛劳。特别要感谢的是《中国社会科学》杂志社的孙麾副主编和《哲学研究》杂志社的陈德中副主编，他们在本书12篇文章（演讲稿）被汇集在一起、多数尚未定稿之际就建议我扩充和修改其中几篇，因而给我不小的压力，让我不得不对讲稿进行规范化处理。这是本书得以成立的一个重要动力，要不然我恐怕还不会想到把这些文章（讲稿）编写成书。惭愧和抱歉的是，孙麾兄的约稿，我拖了半年多才得以完成，最终却因故未能为他所用。

有几篇演讲稿本无底稿（只有PPT），而是由演讲邀请单位根据现场录音整理出来的，我再根据录音整理稿加工成文。这个过程是十分复杂累人的，感觉不如新写一篇。相关信息均在文章开头标注说明。在此也要感谢有关组织者和录音整理者的辛劳。

因为本书大部分文章原先为演讲稿，故难免有话题方面和细节上的重复——尤其在一个有限的时间段里，一个人能想的事是相对稳定的，能说的话是有限的。在本书编辑和定稿过程中，我已经尽量做了一些必要的修补和改造，断断续续，前后耗时约有一年光景，但仍未能完全避免啰唆。特此说明。

孙周兴

2019 年 6 月 24 日记于香港沙田

2020 年 4 月 29 日定稿于沪上同济

未来哲学丛书·首批书目

《未来哲学序曲——尼采与后形而上学》（修订本）	孙周兴 著
《时间、存在与精神：在海德格尔与黑格尔之间敞开未来》	柯小刚 著
《人类世的哲学》	孙周兴 著
《尼采与启蒙——在中国与在德国》	孙周兴、赵千帆 主编
《海德格尔导论》（修订版）	〔德〕彼得·特拉夫尼 著 张振华、杨小刚 译
《善恶的彼岸：一种未来哲学的序曲》	〔德〕尼采 著　赵千帆 译
《瞧，这个人》	〔德〕尼采 著　孙周兴 译
《生成与超越——尼采思想中的神性问题》	余明锋 著
《存在与超越——海德格尔与汉语哲学》	孙周兴 著
《语言存在论——海德格尔后期思想研究》	孙周兴 著

图书在版编目（CIP）数据

人类世的哲学 / 孙周兴著. — 北京：商务印书馆，2020
（2025.8重印）
（未来哲学丛书）
ISBN 978 - 7 - 100 - 18781 - 7

Ⅰ.①人… Ⅱ.①孙… Ⅲ.①哲学—研究 Ⅳ.①B

中国版本图书馆 CIP 数据核字（2020）第128440号

人类世的哲学

孙周兴 著

商务印书馆出版
（北京王府井大街36号 邮政编码 100710）
商务印书馆发行
山东临沂新华印刷物流
集团有限责任公司印刷
ISBN 978 - 7 - 100 - 18781 - 7

2020年8月第1版 开本 640×960 1/16
2025年8月第3次印刷 印张 23

定价：82.00元